Industriegebiet HOHENSTÜCKEN
Brielower Ausbau
Schindelbruch
Brielower-Grenze
Friedrichshafener Straße
Brielower-Landstraße
Brielower Landstraße
REGATTASTRECKE
LSG
Beetzsee
Beetzsee Center
Rathenower Straße
Upstallstraße
Upstall-straße
Industriegebiet NORD
Fohrder Landstr.
Am Industriegelände
Stadtteil BRANDENBURG-NORD
Brielower Brücke
Silokanal
Görden-Brücke
August-Bebel-Straße
Am Gallberg
Am Hafen
Werner-Seelenbinder-Straße
Emsterstr.
Willi-Sänger-Straße
Fontanestr.
Weinmeisterweg
Gerostraße
Brielower Straße
Silostr.
Beetzseeufer
Homeyenbrücke
Walter-Rathenau-Platz
Mühlentorstraße
Grillendamm
Krakauer Straße
Krakauer Landstraße
Mötzower Landstraße
Grabower Weg
Ketzürer Weg
Butzower Weg
Lünower Weg
Mötzower Weg
Hagelberger Str.
Vorstadtschleuse
Brandenburger Niederhavel
Schorters Wehl
Mittelbruch
Brandenburger Stadtkanal
Marienberg
Friedenswarte
Kultur- und Erholungspark
Freilichtbühne
Freibad
Sprengelstr.
R.-Koch-Str.
Harlunger Str.
Magdeburger Straße
Am Marienberg
Stadtteil DOM
Kleine Insel
Domlinden
Mühlendamm
Molkenmarkt
Hammerstraße
Packhofstraße
Jahrtausendbrücke
Stadtteil ALTSTADT
Ritterstr.
Plauer Str.
Nicolaiplatz
Humboldthain
Hauptstraße
Sankt-Annen-Str.
Stadtteil NEUSTADT
Am Klostergraben
Alte Potsdamer Str.
Potsdamer Straße
102
1
Zander Str.
Vereinsstraße
Neuendorfer Straße
Lückenberger Brücke
Havelstraße
Wollenweberstr.
Kurstraße
Steinstraße
Jungfernstraße
Kirchhofstraße
Bauhofstraße
Jacobstraße
Niedere Havel
Wiesenweg
Wredowstr.
Wredowplatz
Gutenbergstr.
Jahnstraße
Franz-Ziegler-Straße
Großer Berg
Gartenstr.
Werderstraße
Hausmannstraße
Geschw.-Scholl-St.
Am Hauptbahnhof
Schützenstr.
Sidowstraße
Gartzstraße
Wilhelmsdorfer Straße
Otto-Sidow-Straße
Grüne Aue
Am Büttelhandfaßgraben
Koppehlstr.
Potsdamer Landstraße

Wolfgang Kusior

Die Stadt Brandenburg im Jahrhundertrückblick

Streiflichter durch eine bewegte Zeit

Verlag B. Neddermeyer

Titel:
Die Stadtwappen Brandenburgs im 20. Jahrhundert. Obere Reihe: links: 1901, Entwurf von Prof. A. Hildebrandt; rechts mit Kurhut: verschiedentlich ab 1910 im Gebrauch; mittlere Reihe links: ab 1929, nach Arthur Heyde; rechts: ab 1950, Entwurf: Georg Kaiser; unten: ab 1990.

Foto Innentitel:
Den Kriegsereignissen fielen auch das Neustädtische Rathaus in der Bildmitte und das links am Bildrand sichtbare Kurfürstenhaus zum Opfer.

Fotos auf der Rückseite:
Oben: Blick in die Neustadt von der Friedenswarte auf dem Marienberg.
Unten: Blick auf die Friedenswarte mit Marienbergaufgang vom Brunnen am Rosenhag gesehen

Vorsatz: Stadtplan zum Anfang des 20. Jahrhunderts
Nachsatz: Stadtplan am Ende des Jahrhunderts (Elbe-Havel-Verlag Wolmirstedt)

Impressum

*Publikation im Rahmen des Projektes „Brandenburg 2000“
des Arbeitskreises Stadtgeschichte Brandenburg (Havel)
im Brandenburgischen Kulturbund e. V.,*

gefördert durch die Robert Bosch Stiftung

VBN – Verlag Bernd Neddermeyer GmbH, Zeppelinstraße 68, 13583 Berlin
Tel.: 030/372 73 60 - Fax 030/378 873 23
e-mail: vbn@eisenbahn-verlag.de, Internet: www.eisenbahn-verlag.de

ISBN 3-933254-28-0

Layout: Bernd Neddermeyer

Druck: Druck- und Verlagshaus Erfurt seit 1848 GmbH

Inhaltsverzeichnis

Der Oberbürgermeister

BRANDENBURG
AN DER HAVEL

Grußwort

"Wer sich nicht weiß, von dreitausend Jahren, Rechenschaft zu geben, leb im Dunklen, unerfahren, mag von Tag zu Tage leben" - heißt es im West-östlichen Diwan von Johann Wolfgang von Goethe. Reflektiert wird in diesem Zitat die uralte menschliche Frage nach dem Woher und Wohin, nach dem Sinn des Lebens. Und wenn auch im alltäglichen Einerlei die Frage, ob die Menschheit aus der Geschichte zu lernen imstande ist, eher mit einem Fragezeichen versehen werden mag, so kann uns doch nur der Vergleich mit den historischen Erfahrungen unserer Vorfahren wirkungsvolle Maßstäbe vermitteln, um Gegenwart und Zukunft zu meistern.

Immerhin auch schon über ein Jahrtausend währt die Geschichte der Stadt Brandenburg an der Havel. Von dem großen Stadthistoriker Prof. Dr. Otto Tschirch wurde anlässlich der Jahrtausendfeier 1929 die bis heute umfassendste Darstellung der Stadtgeschichte geliefert. Diese Darstellung ging von der ersten Erwähnung Brandenburgs bis zum Beginn des zwanzigsten Jahrhunderts. Seitdem wurden zahlreiche Einzelstudien vorgelegt und 1998 erschien ein Sammelband mit Aufsätzen zur Geschichte der Stadt im 19. und 20. Jahrhundert.

Um so verdienstvoller ist es deshalb zu werten, wenn Wolfgang Kusior am Beginn des 21. Jahrhunderts den Versuch unternimmt - durchaus im Anschluss an Tschirch - eine zusammenfassende Darstellung des gesamten 20. Jahrhunderts zu wagen, die aufgrund des kurzen Abstands zu dem Geschehenen und dem eigenen Duktus der Darstellung sicherlich auch zu Kritik herausfordern wird. Aber das Streben nach wissenschaftlicher Objektivität, so notwendig dies ist, darf andererseits nicht dazu führen, Elemente wie eigenes Erleben in der Darstellung völlig zu negieren, denn dies gibt der Einschätzung des Autors eine besondere Authentizität.

Diese Publikation bereichert unser Bild von der Geschichte unserer Stadt. Möge sie eine weite Verbreitung finden. Danken möchte ich an dieser Stelle aber auch ausdrücklich der Robert Bosch Stiftung Stuttgart, die in großzügiger Weise förderte und damit viele Projekte erst ermöglichte.

Dr. Helmut Schliesing

Vorwort

Das Vorhaben, eine Gesamtübersicht uber das Geschehen in der Stadt Brandenburg an der Havel einem breiten Leserkreis zu vermitteln, hat sich bereits vor Erscheinen dieser Schrift als ein lohnenswertes Unternehmen erwiesen. Ein Vorabdruck der ersten Fassung in fünf Folgen im "Brandenburger Wochenblatt" hatte eine unerwartet große, ermutigende Resonanz gehabt. Die Anregung zu der Artikelserie verdanke ich dem Chefredakteur des Brandenburger Wochenblattes, Hans Gerd Schubert. Die Herausgabe dieser Arbeit, nunmehr als geschlossene Publikation, förderte in dankenswerter Weise die Robert Bosch Stiftung. Trotz einiger Bedenken wage ich es, hundert Jahre Brandenburger Stadtgeschichte des zwanzigsten Jahrhunderts bis in die jüngste Vergangenheit hinein zu beschreiben und setze mich damit bewußt der Gefahr aus, in einigen Passagen mißverstanden zu werden. Die Auswahl der dargebotenen zeitgeschichtlichen Ereignisse soll möglichst das widerspiegeln, was dem Erleben einer breiten Bevölkerungsmehrheit entsprach. Trotz des Bemühens um Objektivität sind subjektive Bewertungen nicht auszuschließen. Einige Aspekte jüngerer Zeitgeschichte Brandenburgs wurden bereits publiziert. Viele Teile unserer Stadtgeschichte blieben freilich bisher unerschlossen, insbesondere aus den letzten Jahrzehnten des Jahrhunderts. Gerade das ist jedoch der Zeitraum, aus dem Zeitzeugen noch vielfältige Erinnerungen haben. Je kürzer die Zeit zurückliegt, desto schwieriger wird ihre Beschreibung, weil allzuschnell der Berichterstatter in eine „politische Schublade“ eingeordnet wird.
Ich gehe auf meiner Zeitreise ausführlicher auf die NS-Zeit und auf die umwälzenden Nachkriegsjahre als die eigentlich große "Wende" in diesem Jahrhundert ein, da diese Zäsur die tiefsten Spuren im Leben der Stadt Brandenburg hinterlassen hat und ihre „Bewältigung" Zeitzeugen bisweilen sehr schwer fällt, während junge Leute oft wenig oder nichts darüber wissen. Die zweite Jahrhunderthälfte fing im Grunde bereits 1945, fünf Jahre vor der arithmetischen an, als das „gute alte Brandenburg“ in großen Teilen in Trümmern lag. Die letzten Jahrzehnte des Jahrhunderts können verständlicherweise kürzer gefaßt werden – sie sind noch zu „jung" und damit den meisten Menschen noch in der Erinnerung. Ungeachtet aller Bedenken wage ich mich an die DDR-Zeit und an die 90er Jahre heran – als einen „ersten Versuch", mit diesen umstrittenen Zeiträumen umzugehen. Die 41 DDR-Jahre sollen nicht als „weißer Fleck der Geschichte" in die Vergessenheit sinken oder oberflächlich und unscharf betrachtet werden. Nicht zuletzt deshalb versuche ich, mich an die Mahnung zu halten, welche einst Marco Polo vom chinesischen Großchan zur Berichterstattung beim Papst erhielt: *„Mache das Schlechte nicht schlechter und das Gute nicht besser!"*
Mit dieser Brandenburger „Jahrhundertgeschichte" versuche ich, „große" mit „kleiner" Geschichte zu verbinden, das heißt: deutsche Geschichte in der Brandenburger Stadtgeschichte und im Alltag der Bürger sichtbar werden zu lassen und ein möglichst breites Spektrum des Lebens in der Stadt anzudeuten. Dabei werden kulturelle Entwicklungen als Ausdruck der Gesamtkultur einer Gesellschaft besonders berücksichtigt. Ich würde mich freuen, wenn es mir annähernd gelänge, den Leser die Stadtgeschichte Brandenburgs möglichst nacherleben zu lassen. Deshalb richte ich mich in erster Linie an ein breites Publikum, vor allem aus meiner Heimatstadt. In dieser Arbeit werden sachliche Darstellungen mit subjektiven Beschreibungen und Betrachtungen verbunden. Mit dem Einflechten persönlicher Bezüge oder Reflexionen soll Zeitgeschichte aus individueller Sicht veranschaulicht werden. Diese sowie alle Zitate sind an der kursiven Schreibweise erkennbar. Anmerkungen zu den einzelnen Kapiteln befinden sich jeweils an deren Schluß.
Wolfgang Kusior — Brandenburg (Havel) im März 2001

1 Eine Ansichtskarte zeigt die Hauptstraße um 1900

Erstes Kapitel

Das erste Drittel des 20. Jahrhunderts (1900 bis 1933)

Ein Jahrhundertaufbruch - eine kleine Vor- und Rückschau und ein kleiner Familienexkurs

Das Jahr 1900 begann in der alten Chur- und Hauptstadt Brandenburg „in hergebrachter Weise" – wie das führende hiesige Tageblatt, der „Brandenburger Anzeiger", am Dienstag, dem 2. Januar zu berichten wußte. Die Familien saßen „um die dampfende Bowle versammelt", die Kirchen waren am Silvesterabend voller Besucher, und das tanzlustige Volk hielt sich in den zahlreichen „Vergnügungs-Etablissements" auf. Als um Mitternacht von allen Kirchtürmen der Stadt das neue Jahrhundert eingeläutet wurde, war das Volk auf den Straßen. Die Polizei hatte „keine Störungen" festzustellen. Das Wetter war mild, mit leichtem Südwind und zeitweiligem Regen, kurzum: wie so oft eine Silvesternacht ohne Schnee und Eis. Besondere Feiern zur Jahrhundertwende hatte die Stadtführung nicht arrangiert, und nur die Garnison machte sich auf Allerhöchstem Befehl des Kaisers deutlicher bemerkbar: das Musikkorps und die Spielleute des Füsilier-Regiments Nr. 35 „Prinz Heinrich" marschierten am Morgen des Neujahrstages zum „Wecken" mit klingendem Spiel durch die Stadt, während im Exerzierschuppen der Infanteriekaserne an der Magdeburger Straße die „35er" zum Regimentsappell mit Feldzeichen und Standarten angetreten waren unter Beteiligung einer Delegation der benachbarten Kürassiere. Anschließend ging es im Gleichschritt zum Gottesdienst, je nach Bekenntnis in den evangelischen oder katholischen. Danach fand auf dem Neustädtischen Markt gegen 11.30 Uhr ein Appell mit der Ausgabe der Tagesparole statt, während gleichzeitig vom Marienberg herunter 100 Salutschüsse einer Batterie Feldartillerie in die Stadt donnerten. Nun konnte das neue Jahrhundert beginnen!

2 Füsilier-Regiment 35 beim Exerzieren

Der „Anzeiger" kommentierte: *„So sind wir denn hoffnungsfroh in das Jahr 1900 eingetreten, möchte sich nur ein kleiner Theil all der guten Wünsche verwirklichen, welche gestern brieflich und mündlich zu Tausenden alle Luft durchschwirrten, es wäre schon so Manchem, der nicht gerade übermäßige Ansprüche an das Leben stellt, gründlich geholfen."* - ein Spruch, den man am 2. Januar 2000 wiederholen könnte.

„Die Zukunft liegt im Ungewiß" - heißt es in einem schönen irischen Volkslied (es ist ein Glück, daß das so ist!). So stellte der „Brandenburger Anzeiger" am 30. Dezember des alten Jahrhunderts die bange Frage, „was das neue uns bringen wird". Wir wissen nun heute - nach 100 Jahren zurückblickend - daß es zwei mörderische Weltkriege gebracht hat, die von maßgeblichen Teilen der herrschenden Gesellschaft in Deutschland verschuldet wurden, was immer noch gern übersehen wird. Wir wissen jetzt, daß in jenem Jahrhundert der größte Genozid der deutschen Geschichte stattgefunden hat, daß diese schaurige Geschichte eine gewaltige Massenvertreibung Deutscher und ein zweigespaltenes Nachkriegsdeutschland zur Folge hatte. Wir mussten erleben, dass im Ergebnis dieser Spaltung über 40 Jahre hin zwei Erfahrungs- und Mentalitäts-Kulturen entstanden sind, die wohl auch im folgenden Jahrhundert für das Bild Deutschlands prägend sein werden (so wie auch Bayern seit der Reichseinigung 1871 noch bis heute eine gewisse Sonderrolle spielt). Die Vorzeichen dieser Jahrhundertgeschichte erschienen schon damals am politischen Horizont, was man im Brandenburger Anzeiger vom 30.12.1899 nachlesen kann: *„Jetzt sind wir ein Volk in Waffen geworden, das, wohlgeleitet im Innern in glänzenden wirthschaftlichen und socialen Verhältnissen, ein Hort des Friedens von der ganzen Welt Achtung und Ansehen heischt."* Nun denn: auf in den Frieden des 20. Jahrhunderts! [1]

3 Ansichtskarte vom Jahrhundertbeginn

Doch zurück zu unseren Vorfahren vor 100 Jahren. Am 10. Januar - der Alltag war wieder eingekehrt - meldete das Königliche Standesamt Brandenburg seit Jahresbeginn 14 Neugeburten von namentlich genannten Vätern (die Mütter blieben ungenannt); von den 14 Babies wurden zwei als unehelich anonym genannt, ohne Angabe der Eltern (also in „Schande" geboren).

Unter den „ehrenhaften" Neugeburten entdecke ich für den 6. Januar: „Steindrucker Woldemar Gutmann eine T."(ochter). Das war meine Mutter - ein Jahrhundertkind!

Neunzig Jahre waren ihr beschert. Von der „Wende" 1990 hatte sie nur ein halbes Jahr erlebt - mit Erschütterung und Angst ...; denn die zurückliegenden 40 Jahre hatte sie mit ihrem Mann als „die schönste Zeit ihres Lebens" benannt - nach einem bitteren Proletarierdasein, von einigen schönen Jahren unterbrochen und nach dem Erleben zweier großer Kriege mit übermenschlichen Entbehrungen. Was entdecke ich in den Standesamtnachrichten noch? Unter „Aufgebote" kündigen ihre Hochzeit an: „Arbeiter Stanislaus Maztalerz zu Wysoczka mit Josefa Napierala zu Großdorf, ..., Arbeiter Andreas Klorek mit Antonie Grzelinska, beide zu Bukowiec, ..., Arbeiter Johann Wesoly mit Anna Woytkowiak, beide zu Posadowo", insgesamt von 22 Heiratslustigen 10 Personen polnischer Herkunft, also fast die Hälfte. *So stand schon zwei Jahre früher im Dezember 1898 eine ähnliche Geburtsanzeige in der Zeitung: „Arbeiter Ignatz Kusior ein S."(ohn) - mein polnischer Großvater, der leider schon 1906 starb.*

Zu jener Zeit hatten die zahlreichen zugezogenen Polen – meist aus der Preußischen Provinz Posen – kein „Ausländerproblem" oder Schwierigkeiten mit einer „Leitkultur". Sie waren anerkannte und gleichberechtigte Bürger, als Arbeiterinnen und Arbeiter in der noch jungen Brandenburger Industrie hochwillkommen. Sie verdienten in der Fabrik oder als Putzfrau ein mehr oder weniger gutes Geld, wagten es, eine Familie zu gründen und mieteten eine Neubauwohnung in der „Schwindelschweiz" - dem Gebiet um die Linienstraße oder in der Neuendorfer Vorstadt oder der Bahnhofsvorstadt, dem ersten Neubaugebiet vor den alten Toren der Stadt. Die jungen Eheleute aus dem Osten schlossen sich vielleicht der noch kleinen katholischen Gemeinde an, und Vater trat außerdem der SPD bei, damals noch eine reine Arbeiterpartei mit sozialistischen Zukunftszielen. Allmählich wurde Brandenburg immer „roter"...

Die große Aufbruchstimmung und ihr baldiges Ende

Was war mit Brandenburg geschehen? In den zurückliegenden etwa 35 Jahren hatten sich in unserer Stadt 11 sowohl einheimische als auch auswärtige „Investoren" mit recht großen Industriebetrieben angesiedelt - von zahlreichen kleineren Firmen abgesehen. Von diesen 11 waren allein 6 mit der Metallverarbeitung, insbesondere dem Fahrzeugbau, beschäftigt, 3 davon wieder als Fahrradfabriken. Ihre Namen klingen noch bis heute nach: Brennabor (Reichstein) und Corona vor dem Hauptbahnhof, Excelsior gegenüber dem Schlachthof, die Schiffswerft Wiemann an der „Langen Brücke" (heute Jahrtausendbrücke), die Elisabethhütte (Krüger) Richtung Neuendorf, die Berliner Blechemballagenfabrik Gerson in der Bauhofstraße, die Kammgarnspinnerei Kummerle' in der Neuendorfer Straße, die Hutfabrik Silbermann in der Krakauer Straße, die Spielwarenfabrik Ernst Paul Lehmann in der Klosterstraße und viele mehr. Im Jahr 1900 produzierten die Brennabor-Werke immerhin etwa 40 000 Fahrräder und 150 000 Kinderwagen, ab 1903 kamen Motorräder und ab 1906 Automobile hinzu: ein damals führender Fahrzeugbetrieb in Deutschland! Allein 6 Fahrradfabriken hatte damals unsere Stadt (Brennabor-, Corona-, Excelsior-, Condor-, Alexander- und Brandenburgia-Werke).

4 Annonce im "Brandenburger Anzeiger"

5 Anzeige der Firma Reichstein

Hatte die Stadt 1867 nur knapp 24 000 Einwohner, so waren es Ende 1900 nicht ganz 50 000 (konkret: 49 250, wenn man die Soldaten der Garnison einbezieht): fast eine Verdopplung der Bevölkerung! Die Arbeitszeit in der Industrie betrug um 1900 etwa 10 Stunden. Die Wirtschaftslage war um die Jahrhundertwende wegen zurückgegangener Aufträge unsicher.

Viel Neues war zur Zeit der Jahrhundertwende im Brandenburger Stadtbild noch im Entstehen. Die meisten Straßenzeilen zwischen Linien- und Wilhelmsdorfer Straße waren erst höchstens 10 Jahre alt. Das Gebiet nördlich ab Jahnstraße war noch unbebaut (Baebenrothsches Worth). Im Jahre 1898 hatte der „Bau- und Sparverein" unter der Leitung eines Konsortiums von je 20 Unternehmern und Arbeitern mit der Errichtung der ersten für damalige Zeiten modernen Sozialwohnungen am Jakobsgraben begonnen. Andererseits hatten sich einheimische Bauunternehmer im Linienstraßen-Viertel mit Bauschwindel gesund gestoßen, so daß der Brandenburger Volksmund dafür den Namen „Schwindelschweiz" geprägt hatte.[2] Seit drei Jahren fuhr eine von Pferden gezogene Straßenbahn, die Pferdebahn, durch die Stadt. Um die Jahrhundertwende war das Krankenhaus an der Hochstraße noch im Bau. In der Wilhelmsdorfer Landstraße war gerade im letzten Jahr des alten Jahrhunderts auf Initiative des größten Bauunternehmers der Stadt Carl Jurth ein großer Sportpark mit Radrennbahn, großer Restauration, mit zwei Kegelbahnen und

6 Offiziere und Unteroffiziere vor Café Graf (Stadtcafé)

7 Vorbeimarsch der "35er" in der St. Annenstraße September 1910 vor Kronprinz Wilhelm in das Garde-Korps-Manöver zum Biwack bei Lütte

diversen Vereinszimmern, mit Sportboothafen und Parkanlage entstanden. Der Sportpark befand sich etwa 300 Meter rechts hinter dem Bahnübergang am Schlachthof und war 1906 Stätte einer großen Provinz-Gartenbauausstellung gewesen. Das Gebäude brannte 1913 leider ab. Im Jahr 1901 bekam die Stadt in der Bauhofstraße ihr eigenes Elektrizitätswerk, und in der Altstadt wurden am zukünftigen Nikolaiplatz die letzten Scheunen abgerissen, um mit seiner großzügigen Gestaltung den Ausbau der Magdeburger Straße beginnen zu können. Ab 1903 setzte mit der Gründung der Laubenkolonie „Helgoland" an der Grünen Aue die Entwicklung eines stattlichen grünen Gürtels von Kleingartenkolonien mit sogenannten „Schrebergärten" ein, vorrangig für Arbeiterfamilien initiiert. So hatte Brandenburg auch seine Kolonien. Ein überaus reiches geistiges Leben wurde von einer wohlhabenden alteingesessenen Bürgerschaft in einer Vielzahl von Vereinen gepflegt, von denen der Historische Verein und die Steinbeck'sche Singakademie besonders profiliert waren. Die evangelische Gemeinde der St. Katharinenkirche begann das Jahrhundert mit einer besonders ehrwürdigen Feier: im Oktober 1901 beging sie ihr 500jähriges Bestehen. Vier Jahre später 1905 fanden sich die Vertreter der traditionellen Bürgerschaft auf dem Marienberg zur Einweihung der Bismarck-Warte ein, an deren Errichtung der besonders nationalgesinnte Spielwarenfabrikant Ernst Paul Lehmann einen maßgeblichen Anteil hatte.

8 Die "Elektrische" fuhr ab 1911

9 Der Sportpark aus der Richtung Schlachthof gesehen. Links befindet sich die Wilhelmsdorfer Landstraße, rechts der Sportgraben

10 Gedenkmünze zur Gartenausstellung 1906 im Sportpark

Um die Jahrhundertwende besaß das Bürgertum zur politischen Interessenvertretung den „Konservativen Verein", den „Liberalen Verein" und den „Nationalliberalen Verein". Seit der Aufhebung des Sozialistengesetzes 1890 wurde die nun zur zahlenmäßig größten Bevölkerungsschicht gewordene Arbeiterschaft durch den „Verein zur Erzielung volkstümlicher Wahlen" (auch: „Wahlverein"), der SPD, politisch repräsentiert. Ihre Mitgliederzahl war von 2761 im Februar 1909 auf 4492 im April 1914 angestiegen.[3] Dazu kam noch eine von der Partei beeinflusste erstaunliche Massenbasis: Anfang 1914 hatten 39 Gewerkschaften oder Berufsverbände in Brandenburg über achttausend Mitglieder, und im Konsumverein „Vorwärts" mit 10 Verkaufsstellen waren annähernd viertausend Mitglieder organisiert.[4] Erst ab 1897 war die SPD in der Stadtverordnetenversammlung vertreten - aufgrund des Dreiklassenwahlrechtes[5] noch in der Minderheit, ab 1902 aber schon mit 15 Abgeordneten von insgesamt 45. Der Oberbürgermeister zur Zeit der Jahrhundertwende war Rudolf Hammer, Sohn einer angesehenen Brandenburger Bürgerfamilie mit liberalen Traditionen der 48er–Revolution.[6]

11 Vorbereitung für die Errichtung der Volksschule an der Kaiser Friedrich-Straße, heute "Saldria"

12 Wahlrechtskundgebung auf dem Trauerberg, 1910

13 Kaiserbesuch 1912 zur Hohenzollernfeier

Im ersten Jahrzehnt des neuen Jahrhunderts ging das Wachstum der Stadt kraftvoll weiter. Die Vorstädte in Richtung Wilhelmsdorf und Neuendorf wurden vollendet. Im Jahre 1908 wurde ein großer Schulneubau fertig – die spätere Doppelschule, welche vielen Brandenburgern noch als „Franz-Ziegler-Schule" für Mädchen und „Jahnschule" für Jungen in Erinnerung ist. Heute ist diese traditionelle Volksschule in der Wilhelmsdorfer Vorstadt das „Von-Saldern-Gymnasium". Gleichzeitig entstanden ein neues Gaswerk vor der Neuendorfer Straße; zwei Jahre später konnte der Silokanal seiner Bestimmung übergeben werden, und ab 1911 fuhr durch Brandenburg schließlich die elektrische Straßenbahn. Die Organisationen der Arbeiterschaft waren indessen so erstarkt, daß sie 1910 den Ankauf eines seit 1835 traditionellen Bürgerhauses als zukünftiges „Volkshaus" in der Steinstraße finanzieren konnten (das Klubhaus „Philipp Müller"), um dort auch in Kultur- und Bildungsvereinen den durch die soziale Lage und die politische Struktur der damaligen Gesellschaft bedingten kulturellen Rückstand hinter dem Bürgertum aufzuholen.

Diese Fortschritte konnten nicht darüber hinweg täuschen, daß den guten Neujahrswünschen für das neue Jahrhundert bald das Ende der bisher gewohnten konjunkturellen Stabilität folgte, verbunden mit sozialen Auseinandersetzungen. Mit dem einsetzenden allgemeinen

Preisanstieg bei Lebensmitteln von jährlich 1 bis 6 Prozent ging eine Zunahme der Arbeitslosigkeit einher, so daß zwischen 1907 und 1910 zeitweilig etwa 7000 Einwohner keine Arbeit hatten. Zwischen 1906 und 1912 sah unsere sonst so friedliche Heimatstadt eine ganze Reihe zum Teil erbitterter Massenstreiks, vor allem im Bauwesen und in der Metallindustrie, so zum Beispiel gegen Senkungen des Akkordlohnes.

Die Spannungen spitzten sich besonders 1910 und 1912 zu. Eine Reihe von Protestversammlungen gegen das Dreiklassenwahlrecht 1910 in Preußen zog tausende Brandenburger auf die Straße, bis am 15. März die aus dem Volkshaus strömende Menschenmenge, welche die Steinstraße füllte, von einem Polizeikommando mit blankem Säbel angegriffen wurde. Weit über 30 Verletzte waren das Ergebnis. Die „Polizeischlacht in Brandenburg" fand deutschlandweit in der Presse Beachtung. Das hatte Brandenburg bis dato noch nicht gesehen - nicht einmal in den unruhigen Monaten der Revolution 1848. Zu den namhaften Rednern der SPD hatten gehört: Gustav Noske (der spätere Reichswehrminister 1919 und 1920 und in seinen frühen Berufsjahren ein Brandenburger Korbmacher in der Firma Reichstein), Hermann Müller, der spätere Reichskanzler, Erich Baron, der Redakteur der „Brandenburger Zeitung" und Otto Sidow, der Ortsvereinsvorsitzende der Partei. Bisher unbekannte Sturmzeichen erschienen am Horizont der Stadtgeschichte.[7]

14 Das 1912 eingeweihte Kurfürstendenkmal

Doch vorerst stellte sich Kaiser Wilhelm II., der König von Preußen und Kurfürst von Brandenburg, in unserer Stadt ein – am 30. Mai 1912 zum 500jährigen Jubiläum des Einzuges des ersten Hohenzollern in die Mark Brandenburg. Nachdem Wilhelm um 10.00 Uhr im Auto eingetroffen war, nahm er gemeinsam mit Prinz Oskar und dem Reichskanzler v. Bethmann Hollweg an der feierlichen Wiedereröffnung der renovierten St. Katharinenkirche teil, begab sich anschließend um 11.00 Uhr zur feierlichen Enthüllung des Kurfürstendenkmals auf den Altstädtischen Markt, besichtigte danach das restaurierte Altstädtische Rathaus und verließ um 12.00 Uhr wieder die Stadt. Dieses Jubiläum hatte in Preußen, so auch in Brandenburg, als Anlaß gedient, marode mittelalterliche Baudenkmale wie Rathäuser und Tortürme zu sanieren. Dem recht kurzen Kaiserbesuch folgte am Nachmittag ein stattlicher historischer Festumzug durch die ganze Stadt, der von 83 Vereinen oder Körperschaften ausgerichtet worden

15 Festumzug 1912. Vorne beritten: "Burggraf Friedrich VI. von Hohenzollern

war und fast 900 Teilnehmer umfaßte. Dieser Jubiläumstag war maßgeblich vom Stadtarchivar und Vorsitzenden des Historischen Vereins (seit 1909) Prof. Dr. Otto Tschirch konzipiert worden.

Dem Kaiserbesuch war am Vortag ein Besuch des sozialdemokratischen Reichstagsabgeordneten Karl Liebknecht vorausgegangen. Im Garten des Volkshauses hatte er vor fast 5000 Brandenburgern vor der heraufziehenden Kriegsgefahr gewarnt. Für zwei Tage stand unsere Stadt im Brennpunkt der großen Politik.

Bittere Kriegsjahre in Brandenburg

Im Juli 1914 nach dem Mord von Sarajewo verschärften sich die schon seit längerem entwickelnden internationalen Gegensätze zur „Julikrise". Zwei Tage nach einer Antikriegskundgebung mit dem Redakteur Erich Baron mit etwa 4000 Teilnehmern am 27. Juli im Garten des Volkshauses kündigte das sozialdemokratische Arbeiterblatt, die Brandenburger Zeitung, zwei besondere Ereignisse an: am folgenden Sonntag ein großes Sängertreffen vom Gau Berlin-Brandenburg im Garten des Volkshauses und die Kriegserklärung Österreichs an Serbien. Die Sänger kamen nicht mehr zum Singen, denn die Kriegslawine rollte an. Am Nachmittag des 31. Juli waren an allen Anschlagsäulen große weiße Plakate mit der Kriegsankündigung erschienen. Das löste einen Sturm der Einwohner auf die Sparkassen und Banken aus, um Geld abzuheben oder Papiergeld in Gold und Silber umzutauschen.

Der Mobilmachungserklärung am Sonnabend, dem 1. August, folgten schon am Sonntag Abschiedsstunden in den Familien. Unzählige Neugierige füllten den Platz vor dem von Militär abgesperrten Hauptbahnhof, um die in die Brandenburger Garnison einrückenden Reservisten zu beschauen. Auch vor den Kasernen versammelten sich viele Brandenburger; Abschiedsszenen beherrschten das Bild. Der normale Verkehr in den Straßen war unterbrochen. Dort winkten Brandenburger den ausmarschierenden Truppen Abschiedsgrüße zu. Der Anblick der neuen feldgrauen Uniformen war ungewohnt. Die Soldaten boten ein unterschiedliches Bild. Während das I. Bataillon der 35er-Füsiliere mit Hochstimmung und Späßen der Militärkapelle folgte, rückte das II. Bataillon in recht ernster Stimmung aus. Ahnten diese Soldaten, dass sie in den ersten Kämpfen, welche um Lüttich in Belgien stattfanden, die größten Verluste zu erleiden hatten? Noch am 31. Juli hatte die BZ angesichts des zu erwartenden Weltenbrandes gegen patriotische Kundgebungen mit den Worten polemisiert: *„Das Volk hat mit ihnen nichts zu tun."* Dabei wurde die „Deutsche Armeezeitung" zitiert: *„Wir fangen an zu verweichlichen. Ein Krieg löst alle großen guten und edlen Eigenschaften in einem Volke. Das könnte uns gut tun."*

16 Ausmarsch der „35er" am 2. August 1914 in der Plauer Straße Richtung Güterbahnhof

Zwei Tage nach der Bewilligung der Kriegskredite im Reichstag beschloß die Stadtverordnetenversammlung die Kreditaufnahme von einer halben Million Reichsmark zur Linderung der zu erwartenden Kriegsnot.

17 Reserve-Füsiliere auf dem „Mötzower" Übungsplatz nach Kriegsbeginn, hinten: Krakauer Straße

18 „35er" 1915 auf dem Bahntransport von Flandern nach Galizien (Przemysl)

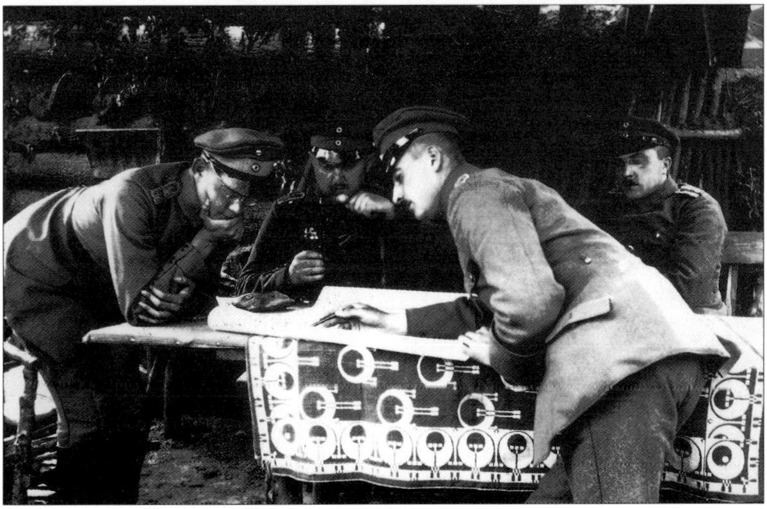

19 Bataillonsstab der „35er" in Flandern

Jetzt wurde die Unterstützung von 5360 Familien nötig. Eine „Kriegskommission" der Stadt nahm dazu ihre Arbeit auf. Am 8. August konnte die BZ unter *„Kriegsstimmung"* berichten, daß ein starkerer Bedarf nach Zeitungen und Extrablättern (den einzigen Informationsmitteln damals) bestünde, daß *"in den Familien mehr Zuversicht und gute Hoffnung als erwartet"* wäre und daß *"die eingezogenen...Männer...frohe Laune"* beherrsche. Der Hoffnung auf ein Friedensjahrhundert war die Hoffnung auf einen kurzen und möglichst "fröhlichen" Krieg gefolgt.

So aber sahen einige Folgen des Krieges für unsere Stadt aus: Über 8000 Brandenburger Männer wurden im Kriegsverlauf an die Fronten geschickt, von denen bis Anfang 1917 schon etwa 10 Prozent gefallen waren. Die gesamte - bisher noch nicht erkundete - Zahl der Gefallenen dürfte bei 15 Prozent liegen. Der Magistrat hatte nach Kriegsende etwa 1500 Kriegsbeschädigte und über 3300 kriegshinterbliebene Familienangehörige zu unterstützen. Nicht minder katastrophal hatte sich die zunehmende Versorgungskrise ausgewirkt. Während beispielsweise 1914 im Schlachthof noch 31 000 Schweine geschlachtet worden waren, war die Zahl 1917 auf etwa 3000 und 1918 auf etwa 1000 zurückgegangen. Fleisch gehörte kaum noch zur Nahrung. Die Rationierung der Lebensmittel dauerte von 1915 bis 1921. Der erbitterte Kampf des Magistrats unter dem seit 1914 amtierenden Oberbürgermeister Schleusener zur Sicherung der Lebensmittelversorgung reichte nicht aus. In den „Hungerjahren" 1916 und 1917 konnte er sogar noch beschaffen: Nudeln, Reis, Graupen, Zwieback, Kohlrüben, Brotaufstrich mit Leberwurstgeschmack, Suppenwürfel, Wickenmehl, Bohnenmehl, Sirup, Magermilch, Stärkeersatz usw. Einige Speisehallen bzw. Volksküchen trugen zur Notlinderung bei.

20 Das Stahl- und Walzwerk von Rudolf Weber nach 1914; hinten verläuft die Magdeburger Landstraße

21 Ansicht eines Siemens-Martin-Ofens im alten Stahlwerk

Meine Mutter - oben „Jahrhundertkind" genannt - hatte als Spätfolge der Hungersnot und der „Englischen Krankheit" im „Kohlrübenwinter" 1916 zu 1917 - sie war im 16. Lebensjahr - als ältere Frau eine Knochenerweichung bekommen, sodaß sie an den Rollstuhl gefesselt war.

Wie ihr ging es vielen Zeitgenossen ihrer Generation. Die Zahl der Todesfälle durch Schwindsucht (Lungentuberculose/Tbc) war von 42 im Jahre 1914 bis auf annähernd das Dreifache 1919 gestiegen. Hinzu kam der Brennstoffmangel, der schon bei Kindern rheumatische Erkrankungen hervorrief.[8]

Es gab aber auch „Fortschritte": Brandenburg erlebte durch den Krieg einen bedeutenden industriellen Zuwachs. Zwischen 1912 und 1914 hatte der Industrielle aus dem Saarland Rudolf Weber am Silokanal ein Stahl- und Walzwerk mit vorerst vier Siemens-Martin-Öfen und zwei Walzstraßen errichtet, welches am 15. Mai 1914 mit der Stahlschmelze begann und am 1. Juni mit der Produktion von Walzstahl. Im Frühjahr 1914 wurden vor Briest recht schnell auf Initiative des deutschen Flugpioniers Etrich die „Hansa- und Brandenburgischen

Flugzeugwerke AG" mit einem großen Flugplatz errichtet, wo bis Kriegsende stattliche 976 Militärflugzeuge hergestellt wurden. Im Jahr 1915 entstand zwischen Plaue und dem Dorf Möser (ab 1916 Kirchmöser) eine Pulverfabrik zur Herstellung von rauchlosem Pulver mit einem Feuerwerkslaboratorium für Zünder und Granatenzubehör. Zugleich entstanden Steinbaracken für etwa 3000 Arbeiter, in der Mehrzahl Frauen; außerdem wurden Wohnsiedlungen für Meister, Angestellte, Beamte und Offiziere errichtet. Aus ganz Deutschland, vorwiegend aus Sachsen, Thüringen und Schlesien, wurden Hunderte von jungen Frauen nach Kirchmöser dienstverpflichtet. An milden Sommerabenden erklangen dann am Ufer des Plauer Sees Heimatlieder aus dem Vogtland. Bis zu 5000 Arbeitskräfte einschließlich Kriegsgefangene produzierten dort die Munition, zu der die traditionelle Brandenburger Fahrzeugindustrie die Granaten lieferte, hergestellt teilweise unter unsäglichen Arbeitsschutzbedingungen für die Frauen an der Drehbank, die dort „ihren Mann" standen. Ende Januar 1918 war die Belastbarkeitsgrenze überschritten: Etwa 8500 Arbeiterinnen und die restlich verbliebenen Arbeiter aus 17 Brandenburger Betrieben beteiligten sich an dem gesamtdeutschen Munitionsarbeiterstreik. Der Krieg ging seinem Ende entgegen. Die Hoffnungen auf einen „schnellen Siegfrieden" hatten sich nicht erfüllt.

Besitzzeugnis

Auf Allerhöchsten Befehl Seiner Majestät des Königs bezeugt die Generalkommission in Angelegenheiten der Königlich Preußischen Orden hierdurch, daß Seine Majestät dem [illegible]
August Spitta Söhne, Brandenburg (Havel)
[illegible]
das Verdienstkreuz für Kriegshilfe zu verleihen geruht haben.

Berlin, den 17. April 1918.

Generalkommission in Angelegenheiten der Königlich Preußischen Orden

22 Flugzeughalle in Briest nach 1914

23 Gefangene britische Seeoffiziere in der Plauer Straße

24 Kaiserliche Auszeichnungsurkunde 1918

Die erste „Wende" im neuen Jahrhundert und folgende turbulente Nachkriegsjahre

Die erste Zäsur in diesem Jahrhundert wurde durch den 9. November 1918 markiert - ein Systemwechsel, den unsere Ur-/Großeltern mit dem Ende des I. Weltkrieges und mit der Novemberrevolution erlebt hatten - ein Ereignis, das heutzutage zu Unrecht weithin in der politischen Öffentlichkeit vergessen wird, obwohl damals Deutschland einen historischen Schritt zur Demokratie unternahm. Nach dem Kieler Matrosenaufstand am 4. November hatte auch in unserer Stadt die spannungsvolle Unruhe zugenommen, zumal Erschöpfung, Kriegsmüdigkeit und Kriegselend eine tiefe Unzufriedenheit mit der herrschenden Gesellschaft erzeugt hatten.

Vom 7. November an waren der Zugverkehr, die Post- und Telegrafenverbindung mit Berlin durch die zentrale Militärführung unterbrochen worden, um die Hauptstadt von der Provinz zu isolieren. Mit dem Ziel, ein Blutvergießen, den Zusammenbruch der Versorgung und Anarchie zu

25 Steinstraße mit Volkshaus

vermeiden, trafen sich am Nachmittag des 9. November die Führer der SPD Otto Sidow, der Gewerkschaften Franz Gemoll und des Militärs General Kaempf mit dem Oberbürgermeister Schleusener zu Absprachen über ein koordiniertes Handeln. Der Kaiser hatte bereits abgedankt, war geflohen, und Deutschland hatte kapituliert. Während dieser Verhandlungen hatten sich im Volkshaus Steinstraße 42 die Obleute aus den Betrieben versammelt, bereit, gemeinsam mit den Reservesoldaten in den Kasernen zu handeln. Endlich kam wieder eine Nachricht aus Berlin; die Redaktion der Brandenburger Zeitung erhielt ein Telegramm: *„An alle. Berlin völlig unblutig in die Hände der Revolution übergegangen!"* Eine große Menge Neugieriger in der St. Annenstraße vor dem Verlagshaus der BZ griff gierig nach Extrablättern, die gegen 18.00 Uhr herauskamen. Der Saal des Volkshauses hatte sich indessen gefüllt. Die Soldatenvertreter drängten zum Handeln. Unter der Wortführung des sozialistischen Redakteurs Erich Baron war bald ein Arbeiter- und Soldatenrat mit einem Aktionsausschuß gewählt. Aus dem Oberbürgermeisterbüro traf die Meldung ein, daß sich die Verwaltung zur Entgegennahme von Weisungen bereit halte. Die Entwaffnung der Offiziere in den Kasernen verlief reibungslos.

Ein ständig größer werdender Massenumzug füllte in den Abendstunden des 9. November, einem Sonnabend, die Innenstadt. Die lange Jahre von der Polizei verbotenen und von Arbeitern vielfach versteckt gehaltenen roten Fahnen beherrschten das Stadtbild. Die größte Demonstration in der bisherigen Stadtgeschichte fand aber am Montagnachmittag statt - am 11. November. Eine erregte Aufbruchstimmung mit großen Erwartungen und Hoffnungen beherrschte die Mehrheit der Brandenburger Bürgerschaft. Für eine Minderheit brach ihre alte Welt zusammen.

In jenen Tagen begannen die ersten Erfahrungen im Umgang mit Demokratie in diesem Jahrhundert - wenn auch noch recht unsicher. Wie bereits in der Revolution 1848 hatte sich das stattliche Bürgerhaus in der Steinstraße, seit 1910 „Volkshaus", auch jetzt, jedoch unter neuen Bedingungen, als Geburtsstätte der Demokratie in unserer Stadt dargestellt - ein wahrhaft würdiges Denkmal! Der Arbeiter- und Soldatenrat gliederte sich in wichtige Verwaltungsbereiche wie Lebensmittelversorgung, Waffen und Bekleidung, Wach- und Streifendienst und koordinierte sich mit dem Magistrat, der ja seine Legitimation noch von dem Dreiklassenwahlrecht hatte, welches bekanntlich Wohlhabende politisch privilegiert hatte. Sein Handeln zeigte in der folgenden Zeit, dass er mit hoher Verantwortung „Basisdemokratie" übte, wenn auch nicht pluralistisch im Sinne des „Runden Tisches" siebzig Jahre später. Am 14. November bildete sich als Gegenkraft ein „Bürgerausschuß". Der Arbeiter- und Soldatenrat verweigerte die Zusammenarbeit mit diesem Bürgerrat. Pluralismus war damals nach bittersten Erfahrungen mit oft volksfremden und bornierten Exponenten der „gehobenen Gesellschaft", wie man zu sagen pflegte, nicht gefragt.[9]

Viele neue Hoffnungen und Erwartungen an die Zukunft wurden in der folgenden Zeit nicht erfüllt - wie es so zumeist mit „Wendezeiten" ist - entbehrungsreiche Jahre standen noch bevor. Das Wichtigste dieser letzten Wochen des Jahres 1918 war wohl die Erfahrung, daß nur soviel Prozent „Demokratie" vorhanden ist, wie real darum gerungen wird, eine immer noch aktuelle Lehre.

26 Karikatur über die "Tanzwut" nach 1919

Welches Bild bot die Stadt Brandenburg in der kühlen Morgendämmerung einer neuen Zeit? Die Väter, Brüder und Söhne kehrten aus dem Krieg zurück. Bis Juli 1919 waren es aber erst etwa 380. Im endlich erlangten Frieden trieb eine große Euphorie der Sinnenfreude die unruhigen Massen auf die Straßen und in die zahlreichen Lokalitäten wie den „Blauen Himmel" in der Kurstraße, den „Hohenzollernpark" in der Jakobstraße; am 23. März 1919 war allein in 16 Etablissements Tanz. Die Brandenburger Zeitung schrieb über die „Tanzwut": *„Ein Teil des Volkes tanzt, der andere streikt".* Dem wäre noch hinzuzufügen: und ein Teil der Jugend wandert. Das waren z.B. die 1917 gegründeten „Naturfreunde", die sich aus der „Arbeiterjugend" herausgelöst hatten und in die Natur flüchteten; später bepflanzten sie die Insel Buhnenwerder mit seltenen Gehölzen.

Dort lernten sich auch meine Eltern kennen, spielten Geige und Wanderlaute, sangen mit ihren Wandergenossen und zeugten ein Kind: meine Schwester.

Solche Gruppen bildeten eine Minderheit. Weitaus auffälliger waren andere Seiten der Nachkriegsstimmung: das Grassieren von Epidemien, insbesondere von Geschlechtskrankheiten, die Hochkonjunktur von Prostitution und Kriminalität, vor allem durch die große Not bedingt. Täglich meldeten die Zeitungen Einbrüche, Überfälle, Schlägereien, Morde und Selbstmorde. Gegenüber 1914 war die Jugendkriminalität in der Stadt um fast das Dreifache angestiegen; von 123 auf 356 jugendliche Straftäter. Während Hunger- und Wohnungsnot herrschten, bereicherte sich unermeßlich mit Schieberei und Spekulation eine kleine von der BZ genannte „Parasiten –Schicht", welcher der Staat das Geld abnehmen solle,

27 Gruppe des Vereins „Naturfreunde" 1918

um damit Wohnungen bauen zu können, wie das Arbeiterblatt forderte. Das geschah natürlich nicht. Eine Preisprüfungskommission und eine Wohnungskommission des Arbeiter- und Soldatenrates gingen aber bemerkenswert konsequent gegen Wucher, Schieberei und Warenhortung vor, wovon auch einige namhafte Brandenburger Unternehmen betroffen waren.

Der Weg in die junge Demokratie begann zunächst mit einem zünftigen Krach. Vertreter der zu Jahresanfang von etwa 20 Leuten gegründeten Kommunistischen Partei hatten sich im Bahnhofsrestaurant mit einigen USPD-Leuten und Soldatensprechern getroffen, um die Besetzung der öffentlichen Gebäude am 7. Januar vorzubereiten und damit, wie auch in Berlin, versucht, den Weg in eine sozialistische Arbeiterrepublik zu öffnen. Doch die Arbeitermehrheit hatte dafür keinen Sinn. Sie folgte am 7. Januar der Brandenburger SPD-Führung, versammelte sich in den Betrieben und zog anschließend in einer großen Demonstration durch die Stadt mit der Losung: „Für die Regierung! Für Frieden, Ordnung und Brot! Gegen Spartakus und Anarchie!" - Damit war auch in Brandenburg der weitere Weg klar: nämlich in die bürgerlich-parlamentarische Demokratie. Am 19. Januar traten Erich Baron und andere Linke aus dem Arbeiter- und Soldatenrat aus. Dieser wurde am 31. Oktober unter Protest der USPD aufgelöst, nachdem er im Zusammenwirken mit dem Magistrat eine wertvolle Arbeit zur Sicherung des öffentlichen Lebens und der öffentlichen Ordnung geleistet hatte. Zu Jahresbeginn 1919 fanden drei Wahlen kurz hintereinander statt. Die erste Kommunalwahl in Brandenburg auf der Grundlage des allgemeinen, gleichen, geheimen und direkten Wahlrechtes am 23. Februar ergab eine absolute SPD-Mehrheit. In der Stadtverordnetenversammlung dominierte jetzt eine Arbeitermehrheit. Die SPD erhielt 27 Sitze. Mit den zwei USPD-Sitzen hatte die Arbeiterschaft 29 Vertreter gegen 19 Stimmen der bürgerlichen Parteien[10]. Brandenburg war "rot" geworden.
Auch der neue Magistrat, noch bis 1920 unter Oberbürgermeister Schleusener, danach unter dem ersten sozialdemokratischen Oberbürgermeister Walther Ausländer, konzentrierte sich auf die Bekämpfung der Auswirkungen der Nachkriegsnot. Ab Herbst 1919 arbeiteten die neu organisierten Sozialverwaltungen als „Wohlfahrtsamt". In ehemaligen Kasernen an der Magdeburger Straße wurden zum Beispiel ein Altersheim und ein Säuglingsheim eingerichtet. Ab September 1920 erhielten die bedürftigen Kinder und jungen Mütter eine „Quäkerspeisung" [11]. Einen wertvollen Beitrag zur Linderung der Not leisteten einige namhafte Brandenburger Fabrikanten, wie z.B. Carl Reichstein mit einer Stiftung von einer Million Goldmark für ein Heim für verkrüppelte und gelähmte Kinder im ehemaligen Offizierskasino Magdeburger Straße. Der Spielzeugfabrikant Ernst-Paul Lehmann finanzierte die Errichtung und den Unterhalt einer Kindertagesstätte. In der Nähe der Homeyenbrücke erinnern jetzt noch die ab 1919 durch Aufschüttung entstandenen Promenadenwege am Beetzseeufer und Sportplätze am Grillendamm an die Notstandsarbeiten jener Zeit. Dort wurde im Mai 1922 eine recht stattliche Badeanstalt eröffnet. Gleichzeitig wurde zügig mit dem Wohnungsneubau begonnen. Im Frühjahr 1920 konnten als „Siedlung Wilhelmshof" im heutigen Bereich der Bayernstraße und Thüringer Straße 146 neue Wohnungen bezugsfertig übergeben werden. Sie waren mit Unterstützung der Deutsch-Luxemburgischen Bergwerks- und Hütten AG geschaffen worden und vor allem für die aus dem Saarland zugereisten Stahl- und Walzwerker bestimmt, welche zwischen 1912 und 1914 während der Errichtung des Stahl- und Walzwerkes, aber auch später, nach Brandenburg gekommen waren.

28 Mandolinengruppe der "Arbeiterjugend" 1920

Trotz der Not blühten Kultur und Bildungswesen. Allein vom Herbst 1918 bis Mitte 1919 führte das seit 1909 in der Blumenstraße befindliche „Stadttheater" unter Intendant Ceblin 20 Sprechstücke 66 mal auf, u.a. von Shakespeare, Schiller und Ibsen. Dazu kamen 35 Musikstücke mit 161 Aufführungen. Im Oktober 1919 begann die Volkshochschule ihre Arbeit mit einem städtischen Zuschuß von 6000 Goldmark – damals war das viel Geld – und im März 1920 wurde in der Stadt die „Einheitsschule" mit fakultativem Religionsunterricht und verstärkter Forderung zur ethischen Erziehung eingeführt. Das entsprach einem traditionellen Bildungsziel der deutschen Sozialdemokratie. Daran hatte der damalige Schulrat Grußendorf einen verdienstvollen Anteil. So hatte er in einer Artikelserie des Brandenburger Anzeigers zur Gewinnung des Bürgertums für dieses Projekt im Juli 1919 öffentlich vor moralischem Verfall mit den Worten gewarnt: *„Wohin wir auch sehen ..., überall eine sich überstürzende Gier nach Geld, eine widerwärtige Hast, dem anderen den Profit abzujagen."*

Der hoffnungsvolle Aufbruch in eine neue Zeit war voll schmerzhafter Dramatik – wie es zumeist bei einem Neubeginn nach tiefem Einschnitt in das Geschehen der Fall ist. Dieser Zäsur werden im 20. Jahrhundert noch mehr folgen.

Die Not in den Familien trieb viele Brandenburger auf die Straßen und in den Streik. Im Juni 1919 ereigneten sich Hunger-Tumulte, so z.B. auf dem Mühlendamm vor dem Kahn von Fischer Karl Schröder, auch in Fohrde und auf dem Altstädtischen Güterbahnhof vor Kartoffel-Waggons. Dort hatten Einwohner bis zu 2000 Zentner Kartoffeln „abgeschleppt", die für die Stärkefabrik Scholten in der Neuendorfer Straße bestimmt waren. Im November 1922 führten die Theaterschauspieler eine Hunger-Demonstration durch. Hunger-Unruhen ereigneten sich immer wieder bis 1923. So wurden im Oktober dieses Jahres Lebensmittelläden geplündert. Allein zwischen 1920 und 1922 fanden etwa 45 Streiks statt, etliche in Kleinbetrieben mit Handwerkern und Angestellten, jedoch auch große und erbitterte Streiks wie der in der Metallindustrie im Januar 1921 mit fast 4900 Teilnehmern und der gescheiterte 5-Wochen-Streik im Frühjahr 1922 mit fast 6000 Metallarbeitern. Bemerkenswert waren auch die Aussperrungen am 2. Mai 1922 bei Brennabor, in der Spielzeugfabrik von Ernst-Paul Lehmann und in den Gundkawerken in der Kurstraße[12] wegen der Arbeitsniederlegung am Vortage, dem 1. Mai. Die Streiks hatten ihren Höhepunkt schließlich im Juni 1923, als über 10 000 Arbeitnehmer zwei Wochen lang in 22 Betrieben streikten.

29 Brandenburger Notgeld 1922

Die Anzeichen der Verelendung in der Bevölkerung waren maßgeblich durch die inflationäre Geldentwertung, durch laufenden Preisanstieg und - besonders ab 1922 - durch den deutlichen Rückgang des Realeinkommens bedingt. Wie die Inflation immer schneller „galoppierte", bis zu dem Moment, wo *„Vater täglich mit einer Aktentasche voll Geldscheinen nach Hause kam"- so wußten die Eltern zu erzählen* - mögen folgende Zahlen illustrieren: Einer Goldmark entsprachen im Dezember 1919 etwa 10 Papiermark, im November 1921 etwa 50 Papiermark, im Oktober 1922 etwa 1000 Papiermark, im Mai 1923 etwa 10 000 Papiermark, am 8. August 1923 etwa eine Million, am 6. September etwa 10 Millionen, am 15. Oktober etwa 1 Milliarde und am 2. November etwa 1000 Milliarden Papiermark. Im Juni 1923 kostete ein Ei fast 800 Mark. Vom Mai 1917 bis Herbst 1923 gab der Magistrat der Stadt in 20 Emissionen Notgeld heraus, dabei ab 26. Oktober 1923 für 1,2 Millionen Goldmark den „Haveldollar" auf Goldbasis noch vor der Währungsreform in Deutschland am 5. November. Das erleichterte etwas die Lage der Bevölkerung. Erkämpft wurde diese Maßnahme mit besonderem Nachdruck der Brennabor-Arbeiter durch die Gewerkschaften. Dem schloß sich schließlich auch der Fabrikanten-Verein an.

Der Übergang in die Friedenswirtschaft hatte jedoch nur für eine kürzere Zeit die einheimische Industrie verunsichert Die ehemalige Pulverfabrik wurde der Deutschen Reichsbahn als Reparaturwerk zugeordnet Die Bestände an Munition wurden zum Teil infolge der Versailler Verträge den Siegerländern Belgien und Serbien übergeben und dem neu entstandenen polnischen Staat. Weitere Bestände wurden 1919 und 1920 auf der Halbinsel Wusterau gesprengt und zwar in solcher Menge, daß auf diesem Platz bis heute noch kein Grashalm wächst. Dafür kann man dort noch immer unzählige verrostete Granatsplitterreste finden.

Die Turbulenzen, welche unsere Eltern, Großeltern oder Urgroßeltern damals zu ertragen hatten, waren nicht nur sozialer und finanzpolitischer Natur. Auch das Militär hatte seinen Anteil. Die zurückkehrenden Soldaten waren ab Ende 1918 entlassen worden. Freiwillige - meist Soldaten, Unteroffiziere und Offiziere mit Zukunftsangst vor einer zivilen Existenz belastet - blieben als „Vorläufige Reichswehr-Brigade 25" bei der Truppe. Zugleich wurde im Offizierskasino am Neustädtischen Markt – Gewerkschafts-Haus in der DDR-Zeit - ein Werbebüro für die Aufstellung eines Freikorps eingerichtet. Dieses Büro mußte auf Drängen in der Arbeiterschaft die Stadt verlassen und in eine „politisch ruhigere Landschaft" nach Werder ausweichen. Das dort formierte „Detachement Brandenburg" soll sich im Bestand des Freikorps Hülsen bei den Märzkämpfen 1919 in Berlin bei der massenhaften Erschießung gefangener Arbeiter besonders brutal und fanatisch benommen haben.[13]

30 Domherr Feldmarschall v. Hindenburg 1921 auf dem Burghof des Doms in Brandenburg

Brandenburg erlebte erstmals in diesem Jahrhundert eine Truppenbesetzung, nämlich am Montag, dem 15. März 1920. Zwei Tage zuvor, am Sonnabend, dem 13. März, hatten in Berlin putschende Truppen - zum Teil mit dem Hakenkreuz am Stahlhelm - unter der Führung des Großgrundbesitzers Kapp und des kaisertreuen Generals v. Lüttwitz die Macht übernommen. Die überwiegende Mehrheit der Brandenburger Einwohner folgte dem Aktionsausschuß der Arbeiterparteien SPD, USPD und KPD und dem Aufruf zum Generalstreik. Dieser währte eine Woche, vom 14. bis 21. März. Unübersehbare Menschenmengen am Sonnabend und auch Sonntag auf dem Trauerberg sowie vor dem von Brandenburger Kürassieren besetzten Verlagshaus Otto Sidow & Co. in der St. Annenstraße bekannten sich zur Verteidigung der noch jungen Demokratie. Der Beschluß zur Bildung einer Einwohnerwehr im Einvernehmen zwischen allen Parteien der Stadt und die folgende Bewaffnung von etwa 3000 Brandenburgern zur Erhaltung der inneren Ordnung machte die Garnisonsführung nervös. Sie forderte aus Potsdam Verstärkung an. Montag Nachmittag rückte eine der putschenden Kapp-Regierung gehorchende Reichswehrabteilung unter Oberstleutnant von Viereck von der Potsdamer Straße her in die St. Annenstraße ein. Dort fielen die ersten Schüsse. Auch Schulkinder standen am Straßenrand und sahen dem martialischen Einmarsch in taktischer Formation zu. In den nächsten Tagen kam es zu einem blutigen Zusammenstoß am Neustädtischen Rathaus, zu Verwüstungen des Arbeitersekretariats gegenüber dem Rathaus am Neustädtischen Markt und zur Zerschlagung der Druckerei Meyerheim neben dem Café Graf in der Hauptstraße, dem heutigen Stadtcafé. Ein Schüler des Saldria-Gymnasiums hatte die Druckerei wegen des Druckes eines Flugblattes bei der Militärführung denunziert. Später wurde der Kommandeur v. Viereck vom Reichsgericht freigesprochen. Den Schadenersatz für den Druckereibesitzer Meyerheim mußte die Stadt bezahlen. Am Sonntag, dem 21. März gegen 6 Uhr früh, zog die Besatzungstruppe in aller Stille wieder aus Brandenburg ab. Sie hatte fünf Brandenburger das Leben gekostet: einen Bäcker, zwei Arbeiter, einen Schuljungen und ein Dienstmädchen.

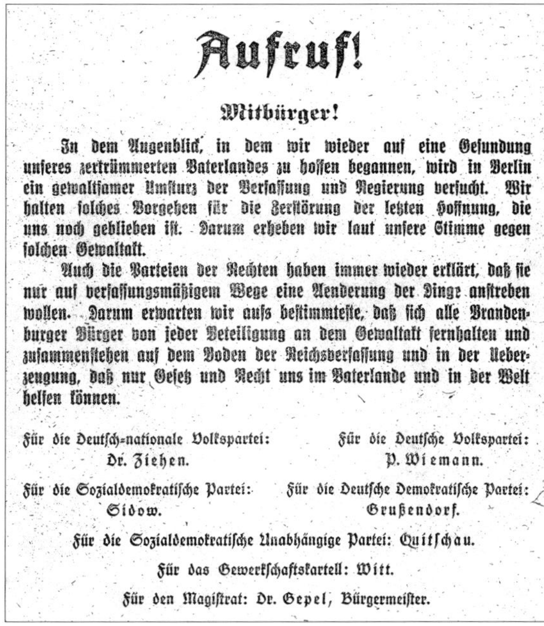

Aufruf!

Mitbürger!

In dem Augenblick, in dem wir wieder auf eine Gesundung unseres zertrümmerten Vaterlandes zu hoffen begannen, wird in Berlin ein gewaltsamer Umsturz der Verfassung und Regierung versucht. Wir halten solches Vorgehen für die Zerstörung der letzten Hoffnung, die uns noch geblieben ist. Darum erheben wir laut unsere Stimme gegen solchen Gewaltakt.

Auch die Parteien der Rechten haben immer wieder erklärt, daß sie nur auf verfassungsmäßigem Wege eine Aenderung der Dinge anstreben wollen. Darum erwarten wir aufs bestimmteste, daß sich alle Brandenburger Bürger von jeder Beteiligung an dem Gewaltakt fernhalten und zusammenstehen auf dem Boden der Reichsverfassung und in der Ueberzeugung, daß nur Gesetz und Recht uns im Vaterlande und in der Welt helfen können.

Für die Deutsch-nationale Volkspartei:
Dr. Ziehen.

Für die Deutsche Volkspartei:
P. Wiemann.

Für die Sozialdemokratische Partei:
Sidow.

Für die Deutsche Demokratische Partei:
Grußendorf.

Für die Sozialdemokratische Unabhängige Partei: Quitschau.

Für das Gewerkschaftskartell: Witt.

Für den Magistrat: Dr. Gepel, Bürgermeister.

31 Aufruf gegen den Kapp-Putsch März 1920

32 Putschende Reichswehr „sichert" mit Artillerie vor dem Neustädtischen Rathaus die Steinstraße

Fotos auf der Seite 24:
33 Marschplan für die Besetzung einer Stadt

34 Aufruf zur Beendigung des Generalstreiks März 1920

Die preußisch-deutsche Militärgeschichte hat unter den Zeichen des Eichenlaubs und des Eisernen Kreuzes ein Erbgut hinterlassen, welches wenig mit demokratischen Traditionen und aufgeklärter Toleranz zu tun hat, in der Regel diesen entgegengesetzt ist. Zurecht schrieb der namhafte deutsche Historiker und Dichtersohn Golo Mann siebzig Jahre später, dass des sozial-

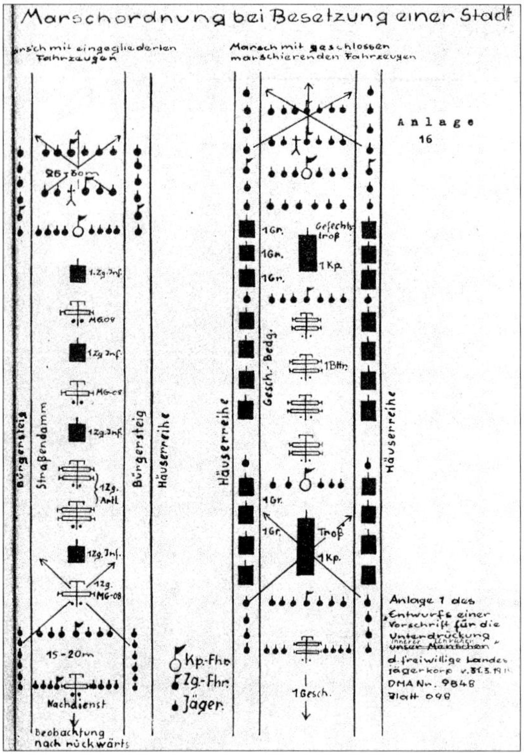

Arbeiter, Bürger, Volksgenossen!

Die Reaktionsregierung Kapp und Genossen ist durch Euren einmütigen Willen beseitigt.

Die in Brandenburg herrschende Militärdiktatur ist beendet. Das **zugezogene Militär hat Brandenburg wieder verlassen** und die Zivilgewalt ist wieder in Händen der Stadtverwaltung. Das hier garnisonierende Kürassier-Regiment wird unter Befehl eines treuen Stabsoffiziers gestellt.

Volksgenossen! Der Sieg ist für Brandenburg ein voller Sieg! Von diesem Gesichtspunkte aus hat der Aktionsausschuß beschlossen:

Der Generalstreik für Brandenburg ist beendet!

Alle Arbeiter nehmen am Montag früh die Arbeit wieder auf, die Heizer und Maschinisten so rechtzeitig, daß der Betrieb zur rechten Zeit voll aufgenommen werden kann.

Theater, Kinos und Restaurationen können heute geöffnet werden. Die Kellner haben sofort die Arbeit aufzunehmen.

Tanzvergnügen dürfen stattfinden.

Die Straßenbahn nimmt sofort den Betrieb wieder auf, ebenso erfolgt sofort die Arbeitsaufnahme in der Gasanstalt.

Arbeiter! Es muß Euer Stolz sein, daß in dieser Zeit jeder danach strebt, die Ordnung wieder herzustellen. Die Soldateska war nicht in der Lage, die Straßen zu säubern! Zeigt, daß Ihr es seid, die die Kraft in sich tragen.

Meidet möglichst die Straße! Laßt nichts aufkommen, was des Arbeiters unwürdig ist.

Hoch die Einigkeit des Proletariats!

Der Aktionsausschuß.

Beinkämpen (S.P.D.), **Eichler** (S.P.D.), **Ganske** (K.P.D.), **Giesch** (U.S.P.D.), **Herm** (K.P.D.), **Langsam** (U.S.P.D), **Quitschau** (U.S.P.D.), **Schönenberg** (S.P.D.), **Witt** (S.P.D.).

demokratischen Kriegsministers Noske *„...kurzer Versuch, Heer und Volk, Preußentum und Sozialismus zu versöhnen, gescheitert ..."* war. Den damaligen Reichswehrchef General v. Seeckt schilderte er als *„hochmütig und von abgründiger Frechheit im Verkehr mit den neuen demokratischen Politikern"*. Die „Demokratisierung" der Reichswehr erwies sich als eine Illusion, was besonders 1933/34 deutlich wurde, als die Machtergreifung durch die Nationalsozialisten der Reichswehrgeneralität durchaus gelegen kam. *Zur Zeit des Kapp-Putsches 1920 sangen unsere Großeltern in den Tanzlokalen nach einem „Schieber": „Licht aus - Messer raus! Haut sie, daß die Fetzen fliegen! Licht aus - Straße frei - runter vom Balkon!" Das war ein Schlager jener Tage.*

Nicht die mehrheitlich proletarisch sozialisierte Brandenburger Bevölkerung hatte sich als „Sicherheitsrisiko" erwiesen, sondern das Militär selber. Die Arbeiterschaft der roten Hochburg Brandenburg verhielt sich in der Masse diszipliniert und besonnen, zumal der Brandenburger Bürger ohnehin traditionell eher ein ruhiger und friedlicher Bürger ist, der erst dann in Wallung gerät, wenn Unfug oder Unrecht die Ertragensgrenze überschritten haben. Schließlich hatte 1919 fast ein dreiviertel Jahr lang eine vorwiegend aus Arbeitern bestehende Volkswehr neben Polizei und Militär verantwortungsbewußt die öffentliche Ordnung aufrecht zu erhalten verstanden.

Als ein besonderes Sicherheitsrisiko hatte sich aber das Zuchthaus am Nikolaiplatz erwiesen. Dort waren Anfang 1920 trotz der Belegungskapazität von 200 Plätzen 647 Häftlinge untergebracht, zur Hälfte etwa politische Gefangene, die an den bewaffneten Kämpfen 1919 und danach in Berlin und Sachsen beteiligt waren. Wiederholt ereigneten sich im Zuchthaus Gefangenenrevolten, wie zum Beispiel am 18. Februar 1920 wegen der Kürzung der Verpflegungsrationen. Vor dem Zuchthaustor hatte sich eine solidarisierende Menge von Einheimischen versammelt; diese konnte erst durch Reichswehreinsatz zerstreut werden. Fünf Wochen später brach eine große Gruppe von etwa 300 Kriminellen aus, wobei es zwei Tote gab und etliche Plünderungen in der Nähe des Nikolaiplatzes. Die Lage in der Anstalt spitzte sich im Frühling 1923 besonders zu. Am 11. April brach dort eine Hungerrevolte aus und am

35 Die Strafanstalt am Nikolaiplatz

7. Mai ein Streik wegen der schlechten Verpflegung. Etwa 3000 Brandenburger fanden sich zur solidarisierenden Demonstration vor dem Zuchthaus ein. Daraufhin wurden Polizeischüler eingesetzt, die erst nach längerem Einsatz die Massen unter vorsichtigem Einsatz der scharfen Waffen verdrängen konnten. Schüsse fielen, und ein Häftling wurde getötet, mehrere schwer verwundet. Das Zuchthaus mitten in der Stadt wurde zunehmend eine Belastung für den Magistrat und die Ordnungskräfte. Der Entschluß zum moderneren Neubau eines Zuchthauses in einem großen Waldgebiet weit außerhalb der Stadt stand auf der Tagesordnung.

Mit dem Jahresende 1920 wurden Sondermaßnahmen zur Erhaltung der Sicherheit ergriffen. Mit Wirkung des 21. Dezember verfügte der Chef der Heeresleitung der Reichswehr-General von Seeckt, daß die 3. Infanterie-Division die Territorialbefugnisse über die Stadt Brandenburg und über den Raum der südlichen Mittelmark und des Osthavellandes bekommen solle. Ab März 1921 - als im Gebiet von Leuna-Merseburg blutige Kämpfe tobten - waren dann die Handlungen von Militär und Polizei bürgerkriegsmäßig koordiniert worden. Die Polizeistärke in der Stadt Brandenburg betrug im Oktober 1921 77, Ende 1923 142 und Ende 1924, als die Lage sich beruhigt hatte, 64 Exekutivbeamte.[14] Im Jahr 1922 blieb vorerst die Lage in der Stadt verhältnismäßig ruhig. Im Herbst 1923, als die Geldinflation rasant auswucherte, sah Brandenburg noch einmal Bürgertumulte. Bereits im September war der Ausnahmezustand ausgerufen worden und vom Reichswehrbefehlshaber in Potsdam unter Androhung von Gefängnis oder Geldstrafen bis zu 15 000 Goldmark verschärft worden. Die Weisung an Militär und Polizei lautete, daß *„Hetze aus persönlicher Not nicht ins Gewicht fällt"* und *„übergroße Vorsicht im Waffengebrauch nicht zu rechtfertigen"* wäre. Von einem allgemeinen Versammlungsverbot für die Stadt

36 bis 38 Die Errichtung der Strafanstalt Görden zwischen 1926 und 1928

39 Einweihung des Heimatmuseums in der Ritterstraße 1923 durch den Historischen Verein

Brandenburg war jedoch abgesehen worden – wohl ein Ausdruck des Vertrauens in die Brandenburger.[15] Am 23. November kam es am Neustädtischen Rathaus vor dem Kaufhaus Conitzer Ecke St. Annenstraße zu Schlägereien zwischen diskutierenden Bürgern und Polizei, wobei der Wachtmeister Runge eine schwere Kopfverletzung erhielt. Noch am selben Abend sprach die „Union der Hand- und Kopfarbeiter" an den Oberbürgermeister ihr Bedauern für diese Vorfälle aus. Sie war eine kommunistisch orientierte Splitter-Gewerkschaft, die vier Tage später in „Kähnes Volksgarten" – heute „Bismarck-Terrassen" - etwa 800 Besucher, vorwiegend Arbeitslose, zu einer Kundgebung versammeln konnte. Danach wurde diese Union wie auch die KPD verboten; Zusammenstöße folgten diesen Restriktionen. Die Radikalisierung der ärmeren Schichten war die verständliche Folge der Entwicklung. Der Mittelstand wie auch das Großbürgertum kamen in Brandenburg ohne größere Schäden durch diese Krise. Die meisten Unternehmen blieben erhalten. Die Zahl der Konkurse war niedrig geblieben.

Im April 1923 bildete sich in Brandenburg eine neue kleine Partei, die sich damals noch "Sozialnationale Vereinigung" nannte. Schon am 30. Mai waren einige ihrer ersten 12 Leute in Schlägereien verwickelt. Ihr Gründer war später für längere Zeit ein Exponent der NSDAP in Brandenburg: Prof. Ludwig Ziehen, der Oberstudiendirektor der Ritterakademie auf dem Dom und spätere Vorsitzende des Historischen Vereins. Diese Gründung hatte noch eine fatale Fernwirkung für Brandenburg, war sie doch das erste Signal für die Formierung extremer konservativ-nationalistischer Kräfte.

40 Garnisonsausstellung im Heimatmuseum

Eine nachhaltige Kulturleistung jener Zeit sei noch zu erwähnen: Die Einweihung des Heimatmuseums in der Ritterstraße auf Initiative des Stadtarchivars Prof. Dr. Otto Tschirch am 15. April 1923. Seine Bemühungen galten in jener Zeit landesweit als beispielhaft.

Die "Goldenen Zwanziger" - kurze Erholungsjahre mit "stabiler Labilität"

Diese ersten Jahrzehnte des Jahrhunderts waren bestimmend für die weitere Geschichte der Stadt. Was unsere Ur-/Groß-/Eltern damals erlebten, hatte eine Initialwirkung für alle weiteren Entwicklungen, für alle „Wenden", die dann kamen: die schicksalhaften Zäsuren in den Jahren 1933, 1945, 1949 und 1989. Immer wieder verbanden sich damit neue Hoffnungen und Enttäuschungen. Was dann folgte, läßt sich vielfach aus dem bis dahin Geschehenen erklären.

Weihnachten 1923 war nun endlich die aufreibende Inflationszeit überwunden; seit gut einem Monat hatte Deutschland die solide „Rentenmark" - noch bis 1948 gültig. *Vater hatte einen fast sicheren Arbeitsplatz, die Stundenlöhne lagen unter einer Mark, aber die Preise waren erträglich. Jetzt konnte man nach langen zehn schlimmen Jahren endlich einmal wieder tief durchatmen.*

Die Proletariereltern suchten mehr Bildung und Kultur; sie suchten Geselligkeit in der Laubenkolonie „Erdenglück", wo Vater den Gesangverein dirigierte. Diese Kolonie befand sich damals noch am Silokanal hinter der Gördenbrücke und war 1931 Gegenstand eines gleichnamigen Romans vom schreibenden Schuldirektor Otto Bernhard Wendler, „O.B.W." genannt – ein schönes Milieuzeugnis des Alltags der unteren Klasse in unserer Stadt in jener Zeit! Schon 1921 war Vater „Laubenpieper" in der Laubenkolonie „Wilhelmshof" am Neuendorfer Übungsplatz.[16] geworden, also „Schrebergärtner", wie es damals hieß. Noch im selben Jahr hatte er bei dem Konservatoriumsdirektor Walther Schmidt und bei dem Volkschordirigenten Paul Köhler eine Chorleiterprüfung abgelegt. Mutter ging in die Wredowschule[17] und lernte, ihr Talent im Zeichnen und Malen zu entfalten. Die Eltern waren junge Eheleute mit einem Kind. Das Zweite war bald unterwegs. Sie fanden die Gemeinschaft Gleichaltriger und Gleichgesinnter.

41 und 42 Kleingartenfeste in den Laubenkolonien Erdenglück und Wilhelmshof (jetzt "Einheit" Thüringer Straße) 1927

Gegen Kriegsende und nach dem Krieg war der grüne Kleingartenring um einen Teil der Stadt schnell angewachsen. Laubenfeste und organisierte Kinderspiele bestimmten das Leben dort am Sommerwochenende. Andere Kollegen von Vater suchten manchmal mit Frau, meist aber ohne sie, die Kneipe drei Häuser weiter auf, damals über 200 in unserer Stadt. In den Tanzlokalen erklangen neue Tänze aus England und Amerika: der „Boston", „Hiawatha" oder der „Charleston"; am beliebtesten blieben aber immer noch der Walzer, Rheinländer, Schieber oder die Polka. Astoria, Elysium, Blauer Himmel, Drei Raben, Goldene Kugel, Wilhelmsgarten,

43 bis 45 Das Landhaus an der Plane, Kinderfest mit "Onkel Pelle"

46 Sportfest der "Freien Schwimmer" an der Langen Brücke wahrscheinlich 1926

Hohenzollernpark oder Zum lustigen Kleeblatt hießen einige Restaurationen des kleinen Mannes. Die namhaftesten „Kneiper" hießen Vettermann, Elsasser, Matzke, Kähne, Schottstedt, Ganschow, Laßner und Noske. Der sich für bessergestellt haltende Kleinbürger ging zum Weihenstephan und zum Dortmunder in der Hauptstraße, zu Escher in der St. Annenstraße oder zu Nelte gegenüber dem Volkshaus in der Steinstraße. Dort gab es als Neltes spezielle Schöpfung den Likör „Janz ejal". Die gehobene Gesellschaft traf sich in Cramers Weinstuben in der Steinstraße kurz vor dem Kurfürstenhaus, in Wiesickes Weinstuben in der Plauer Straße oder im Cafe´Graf an der Ecke Kur- und Hauptstraße. Man blieb lieber „unter sich". Das Standesgefühl blieb ausgeprägt, man hatte durchaus „Klassenbewusstsein". Das Vereinsleben blühte auf. Um 1926 agierten in der Stadt an die 400 Vereine, scharf getrennt in bürgerliche und Arbeitervereine. Davon gab es 122 Freizeitvereine, 124 gewerbliche und Standesvereine, z.T. streng hierarchisch getrennt, wie zum Beispiel bei der Post in Ober- und Unterbeamtenvereine. Dazu kamen unter anderen 57 kirchliche Vereine, 19 Kriegervereine, 16 Chöre und jede Menge Sportvereine. Wenn sich auch das Bürgertum als Träger der Kultur in Brandenburg verstand, war daneben eine breite und leistungsfähige Arbeiterkulturbewegung entstanden. Allein 1926 fanden sich zu Pfingsten fast 8000 Arbeitersänger aus der Provinz und aus Berlin in unserer Stadt zu einem großen Sängerfest ein: Männer und Frauen. Das Volkshaus war Zentrum des fröhlichen Treffens. Begann jetzt die „Goldene Zeit"?

Neue Hoffnung machte die Menschen fröhlicher. Zwischen St. Annenstraße und Lange Brücke - ab 1929 die Jahrtausendbrücke - konnte man in den Kaufhäusern Siegmund Haagen, Conitzer, Flakowski, Loewenthal und Vandsburger günstig einkaufen. Ab 1929 hatten diese sogar Kundenkreditabteilungen eingerichtet, gleichsam als Vorgriff auf zukünftige Kaufkraft, die in der Zeit der großen Arbeitslosigkeit rapide verloren ging - mit dramatischen Wirkungen für die Schuldner. Die Kaufhausunternehmen bedrohten die Existenz vieler kleiner Ladenbesitzer. Über 40 von ihnen schlossen sich deshalb in der Einkaufsgenossenschaft Edeka zusammen. Das größte Handelsunternehmen war jedoch der von der Sozialdemokratie unterstützte Konsumverein „Vorwärts" mit etwa 14 000 Mitgliedern und mit einer Verdreifachung des Umsatzes von 1924 bis 1928. Handel und Wandel blühten.

Die Stadt blieb sozialdemokratisch regiert. Bei den Stadtverordnetenwahlen am 4. Mai 1924 waren die SPD-Stimmen zurückgegangen; der Bürgerblock hatte jetzt 19 Abgeordnete und stellte nun als Stadtverordnetenvorsteher den Fabrikbesitzer der Firma Motz & Co. Walter Glomp; doch die Arbeiterparteien SPD und KPD behielten die Mehrheit (16 und 6 Abgeordnete). Ungeachtet einiger Erklärungen von KPD-Abgeordneten gegen jegliche Kompromißpolitik nutzten jedoch die beiden „feindlichen Brüder" SPD und KPD gemeinsam diesen Stimmenvorteil, wenn es zum Beispiel um die Durchsetzung von Bauvorhaben ging wie um Brückenbau, um sozialen Wohnungsbau und die Schaffung von Sozialeinrichtungen. Erstmals in der Stadtgeschichte erhielt Brandenburg 1925 einen Perspektivplan zur langfristigen Stadtentwicklung, den von Stadtbaurat Wolf maßgeblich entwickelten „General-Siedlungsplan". Im Jahr 1926 waren noch immer fast 2800 Einwohner ohne Wohnung. Doch es ging vorwärts. Am Silokanal entstanden die ersten Häuser der Gördensiedlung – die Zollbausiedlung, weitere an der Göttiner Straße; dazu kamen Brückenbauten zwischen Linien- und Hausmannstraße und die Steintorbrücke 1925, die Luckenberger Brücke bereits 1923. Von 1924 bis 1927 wurden über 2000 neue Wohnungen gebaut; 1928 und 1929 noch einmal 878. So enstanden ein Teil der Franz-Ziegler-Straße, später um 1930 auch die Straßen vor dem Schlachthof an der Wilhelmsdorfer Landstraße, die Rochow-, Meyer-, Maerker- und Reimerstraße. Kasernenunterkünfte der Artillerie in der Magdeburger Straße wurden zu Wohnungen ausgebaut. Im Jahr 1926 wurde am nördlichen Hang des Marienberges das vom Oberbürgermeister Walther Ausländer und vom Verein für Freidenker und Feuerbestattung initiierte Krematorium eingeweiht. Die Tragik bestand darin, dass der Oberbürgermeister Ausländer dort als erster beigesetzt wurde. Er starb infolge einer schweren Kriegsverletzung. Die unter seiner Amtszeit eingeleitete Entwicklung hatte sich nach der Wahl des neuen sozialdemokratischen Oberbürgermeisters Dr. Fresdorf im November 1926 verstärkt. Es ging voran; man konnte neue Hoffnungen schöpfen.

Die Zahl der Arbeitslosen war von etwa 2000 zum Jahresbeginn 1927 auf 80 im Oktober zurückgegangen, also auf ein ungewöhnliches Minimum. In diesem Jahr stellten die Brennaborwerke 8200 PKW her, weiterhin

47 Stadtverordnetenfraktion der SPD 1929, sitzend Mitte: Friedrich Ebert jun.

48 Badeanstalt am Grillendamm

49 Angler an der alten Homeyenbrücke

115 000 Fahrräder und 165 000 Kinderwagen – erstaunliche Zahlen! Besonders gefragt waren Fahrräder und Kinderwagen. Noch hatte die einheimische Industrie Hochkonjunktur, aber nicht mehr lange. Die nächste große Krise stand bevor, und neue Konfliktwolken ließen am politischen Horizont in Deutschland ein drohendes Wetterleuchten erkennen.

Die politischen Leidenschaften ließen die Brandenburger nicht zur Ruhe kommen. Zuweilen heftig ausgedrückte Parteiinteressen, manchmal auch mit unredlichen Argumenten vertreten, widerspiegelten zumeist Widersprüche in der sozialen Interessenlage. Nachfolgend seien die wichtigsten Parteien und deren Exponenten genannt. An der Spitze der SPD stand der 1922 zum Ehrenbürger ernannte Stadtverordnetenvorsteher Otto Sidow. Er war Vorsitzender des Kreiswahlvereins, des Unterbezirks und zugleich auch des Provinzialverbandes der Partei. Er erhielt ab 1925 Verstärkung durch den neuen Redakteur der Brandenburger Zeitung Friedrich Ebert jun., der Sohn des ersten Reichspräsidenten Ebert. Die liberale Deutsche Demokratische Partei (DDP) wurde von den namhaften Schulmännern Oberstudiendirektor Ferdinand Grußendorf und Rektor Karl Pohle vertreten. Die konservativ-liberale Deutsche Volkspartei (DVP) wurde vorerst vom Stadtarchivar und Historiker Prof. Otto Tschirch, später vom Kreisschulrat Wolff vertreten. Otto Tschirch war ein Mann des Ausgleiches, des Brückenschlages zwischen den konträren Kräften. Zu den Exponenten der monarchistisch-konservativen Deutschnationalen Volkspartei (DNVP) gehörten der Spielzeugfabrikant Ernst Paul Lehmann und der Syndikus und „kaiserliche Bezirksamtmann i. R." Gustav Adolf Spieth. Die namhaftesten Vertreter der KPD waren der Vorsitzende Paul Redlich und Max Herm, zwei Arbeiter mit autodidaktischer Bildung. Am rechten Rand fand sich - wie erwähnt - der Ritterakademie-Direktor Prof. Ziehen, der, wie Zeitzeugen einschätzten, *„in unserem Vaterland ... ein Heer von feindlichen Agenten"* sah - ein Mann des ausgeprägten Feindbildes. Dieser gehörte jedoch nicht zu den Gründern der NSDAP am 30. April 1925. Das waren "kleinere Leute": ein Zollbeamter, ein Kaufmann, zwei Handwerker, ein Lederhändler, ein Ingenieur, ein Handelsgehilfe, ein Invalide und eine Hausfrau - kurzum: Kleinbürger – nicht zuletzt auch angezogen von solchen neuen demagogischen Begriffen wie „Volksgenosse" oder Parolen wie „Brechung der Zinsknechtschaft". Zu den „Kleinen", welche die Chance nutzten, „groß" zu werden, gehörte auch der Buchhalter Rhinow, der spätere Ortsgruppenleiter der NSDAP-Ortsgruppe „Bismarck" in der Altstadt, in der NS-Zeit wohnhaft Ecke Sprengelstraße-Triglafweg. Die „Großen" kamen später, nach einer Zeit der vornehmen Zurückhaltung. Das war dann zum Beispiel Prof. Dr. Ziehen von der Ritterakademie. Die ganz Großen wie Angehörige namhafter Brandenburger Fabrikantenfamilien warteten noch etwas länger mit ihrem Beitritt in Hitlers Partei. Die ersten Sturmlokale der Nazis waren das Restaurant Stadt Straßburg gegenüber dem seit 1923 bestehenden Heimatmuseum in der Rittertraße und danach die Havelterrassen an der Langen Brücke, der heutige Fontane-Klub mit dem Kulturlabor. Den Parteien nahestehende paramilitärische Organisationen

50 Prof. Dr. Otto Tschirch in seinem Arbeitszimmer am Flügel

sorgten für demonstrativ-martialische Aufmärsche und zuweilen für entsetzliche Schlägereien. Den konservativen Parteien DNVP/DVP stand der monarchistische „Stahlhelm" nahe, den republikanischen Parteien SPD und DDP das „Reichsbanner Schwarz-Rot-Gold", der KPD nahe stand der "Rote Frontkämpfer-Bund"(RFB), und mit der NSDAP verbunden war vorerst der "Frontbann" in schwarzen Hemden, danach später die braune „Sturmabteilung"(SA) und die „Sturmstaffel" (SS) in Schwarz. Für einen trainierten Umgang mit der Waffe sorgte Oberstleutnant a. D. von Derschau vom Domstift mit dem „Sportverband Kleinkaliber" als Dachorganisation zur Anleitung diverser Verbände und zur Ausbildung von „Haupt- und Gruppen-Schießleitern".[18]

51 Am 9. Mai 1926 fand eine KPD-Kundgebung mit Ernst Thälmann auf dem Sportplatz Grillendamm statt

Und so sahen dann die Aufmärsche aus: Am 8. August 1925, dem Garnisonstag, marschierten fast 3000 nationalistische Wehrleute des Stahlhelm, etlicher Kriegervereine und des faschistischen Frontbann durch Brandenburg . Die meisten von ihnen kamen aus der Provinz und aus Berlin, insbesondere etwa 700 Berliner Frontbann-Nazis. Nach kleineren Zusammenstößen mit protestierenden Einheimischen in den Straßen ereignete sich ein größerer Tumult, als die Rechten zum „Sturm" auf das Volkshaus ansetzten. Dieses wurde mit Erfolg von SPD-Leuten des Reichsbanner und auch etlichen Kommunisten verteidigt, bis alarmierte Polizeischüler aus der Kaserne in der Magdeburger Straße[19] eintrafen und mit gefälltem Bajonett die Angreifer verdrängten.

Ein Jahr später, am 8. und 9. Mai 1926, führte die KPD einen roten Tag durch. Etwa 5000 Kundgebungsteilnehmer waren Sonntagnachmittag auf dem Fußballplatz Grillendamm versammelt, etwa 1200 RFB-Leute marschierten mit roten Fahnen auf, und als Gastredner wurde der Parteivorsitzende Ernst Thälmann begrüßt. Die Polizei hatte Verstärkung von 60 Leuten, einschließlich 12 Berittenen , erhalten. Dieses Treffen verlief friedlich, nicht zuletzt wegen des Verzichts der Polizei auf ein Eingreifen gegen ein provokantes Transparent gegen die „Klassenjustiz". Kurz danach, am 20. Juni entschied sich - im deutlichen Unterschied zum Reichsdurchschnitt - die Mehrheit der Brandenburger mit 55,9 Prozent für eine entschädigungslose Fürstenenteignung.[20] Ähnlich friedlich verlief 1928 ein Reichsbanner-Gaufest Pfingsten 1928 mit bis zu 12 000 Teilnehmern. Da die Polizei Zusammenstöße mit „Rot Front" erwartet hatte, wurde wiederum Verstärkung aus Potsdam mit 25 Mann herangeholt.[21]

52 und 53 Pfingsttreffen des "Reichsbanner Schwarz-Rot-Gold" 1928. Oben: In der Steinstraße

Auch jetzt gab es keine Störungen. Diese kamen erst später, als Anfang der 30er Jahre die faschistische SA stark genug war. Die Rechtsextremen schlugen zu; dann floß auch Blut.

Soziale Gegensätze hatten bereits 1925 zu einem erbitterten Arbeitskampf geführt. In einem 10wöchigen Streik der gesamten Brandenburger Metallindustrie hatten über 10 000 Metallarbeiter mit der Forderung der Erhöhung der Akkordlohn-Basis um 50 Pfennige pro Stunde die Arbeit niedergelegt. Die Geschäftsführung der Brennabor-Werke unter Carl Reichstein sen. mit seinen Söhnen antwortete daraufhin mit der Aussperrung. Mit dem Schiedsspruch einer mageren Erhöhung um 10 Prozent mußten die Arbeiter nach über zwei Monaten klein beigeben.

Es kann darauf verzichtet werden, auf die erregten Wahlkampagnen zu den Reichstags- oder Reichspräsidentenwahlen in den Weimarer Jahren einzugehen. Es sei nur ein grobes Bild des durchschnittlichen Wahlverhaltens gezeichnet: Die Arbeitervorstädte – das Bahnhofsviertel, die Wilhelmsdorfer-und die Neuendorfer Vorstadt und einige „Kietze" in der Altstadt wählten mehrheitlich links, die innere Neustadt - besonders vom Packhof bis zur Kanalstraße wählte mehrheitlich rechts beziehungsweise bürgerlich. 1927 hatte die SPD durch eine neuerliche Stadtverordnetenwahl am 15. Mai wieder eine deutliche Mehrheit. Sie brachte es auf 49,9 Prozent und 22 Abgeordnete, die Vereinigte Bürgerliste nur auf 32,4 Prozent mit 14 Abgeordneten. Die KPD stellte fünf Abgeordnete, die „Liste der Mitte" drei. Damit war die linke Mehrheit vorerst stabil.

Die Aufbauarbeit des Magistrats, die unter Oberbürgermeister Schleusener begonnen hatte, ging vorerst weiter, wohl nicht immer reibungslos, aber doch mit Ergebnissen, die man jetzt noch sehen kann. Ab 1927 wurde in der Bergstraße das neue katholische Krankenhaus dort errichtet, wo früher das berühmte Ahlert'sche Sommertheater war. Ostern desselben Jahres bekam die Stadt am Katharinenkirchplatz eine Musterschule für fortschrittliche Reformpädagogik: die weltliche „Sammelschule" mit 14 Klassen und einem schriftstellernden Direktor, Otto Bernhard Wendler.[22] Hinter dem Gördensee hatte am 1. Juli 1927 der Bau eines modernen Zuchthauses als Beispiel für einen humanitären Strafvollzug begonnen. Im Havelgut vor Plaue errichtete die Arbeiterwohlfahrt ein Kindererholungsheim. Vor der Luckenberger Brücke begann der Bau eines Wohlfahrtsforums mit Hallenbad, Turnhalle und AOK-Gebäude - ein besonderer Fortschritt. Dieses soziale Projekt wurde später von den sogenannten „Nationalsozialisten" in der ihnen eigenen Demagogie als „verschwenderisch" und als Zeichen der „marxistischen Misswirtschaft" angegriffen. Das Wohnungsbauprogramm ging weiter, und die Durchschnittsmiete für eine Zweizimmer-Neubauwohnung konnte unter 35 Mark gehalten werden.

54 Beisetzung von Otto Sidow am 6. 9. 1927 auf dem Krematorium

Der für Brandenburg wichtige Vordenker dieser Entwicklung Otto Sidow schloß am 6. September 1927 als 70jähriger die Augen. Seit 1898 hatte er im Stadtparlament die Interessen der „kleinen Leute" vertreten. Am folgenden Sonntag dankten ihm mehrere Tausend Brandenburger bei der Trauerfeier im Volkshaus mit Ansprachen, Volkschor und Reichsbannerkapelle und dem anschließenden großen Zug durch die Stadt zum noch neuen Krematorium am Marienberg.

Die "Zeit der großen Arbeitslosigkeit"

55 Anzeige aus der "Brandenburger Zeitung"

Doch schon im nächsten Jahr gingen die wenigen „Goldenen Jahre", die unsere Vorfahren genießen durften, in Brandenburg zuende, über ein Jahr früher als im Deutschen Reich nach dem berüchtigten „Schwarzen Freitag", dem 29. Oktober 1929, als in den USA der New Yorker Aktienmarkt zusammengebrochen war und eine rasante Weltwirtschaftskrise ausgelöst hatte. Der Absatz von Fahrzeugen ging vorher schon zurück. Das Jahr 1928 begann mit Produktionseinschränkungen vor allem in der Fahrzeugindustrie mit knapp 2000 Arbeitslosen, das folgende Jahr 1929 begann mit fast viereinhalb Tausend Arbeitslosen, und so ging es zum Jahresende weiter, nachdem die Pleitewelle nun durch ganz Deutschland rollte: Anfang 1930 über 6000, Anfang 1931 über 9500, Anfang 1932 über 12 000 und Ende Dezember 1932 14 096 Arbeitslose. Damit hatte die Stadt Brandenburg die höchste Arbeitslosenrate in der Provinz. Im Jahre 1930 fanden Exmittierungen von über 200 Bürgern statt. Das neue Jahrhundert war erst drei Jahrzehnte alt, und wieder einmal gingen schöne Hoffnungen und Zukunftserwartungen verloren!
Unter solchen drohenden Vorzeichen feierte Brandenburg seine 1000 Jahre der chronikalischen Ersterwähnung[23] am 6. und 7. September 1929 mit einem bemerkenswerten Programm. Außer der obligatorischen Festsitzung im Altstädtischen Rathaus fand die Einweihung der Jahrtausendbrücke statt. Im Stadttheater wurde ein Heimatspiel „Triglav" aufgeführt, der ADAC gestaltete einen Autokorso – vorwiegend mit Brennabor-PKW – und ein UFA-Tonfilm über unsere Stadt wurde uraufgeführt. Tonfilme waren damals noch neu, also eine Sensation für die Stadt. Daß die Parteien sich streiten mußten und in ihrem kleinlichen Gezänk beinahe das Fest gefährdet hätten, entsprach ganz dem Klima jener Zeit. Zwei Heimatforscher hatten zuvor unbeirrt von dem Parteienhader an ihren Werken geschaffen. Professor Otto Tschirch hatte 1928 seine „Geschichte der Chur- und Hauptstadt Brandenburg" herausgegeben und der Lehrer Friedrich Grasow das Buch „Brandenburg – die tausendjährige Stadt", Produkte emsigen Schaffens zum Wohle der Bürgerschaft. In Zusammenhang mit diesem Stadtjubiläum wuchs die Stadt Brandenburg 1929 um 44 Prozent ihrer Fläche; so kamen zum Beispiel die Dominsel und der Ort Neuendorf in die Verwaltung der Stadt.

56 Titelblatt des Festprogramms zur Jahrtausendfeier 1929

Bilder freudig versammelter Brandenburger boten zwei Sensationen für die damalige Zeit noch besonderer Art. Im März 1927 konnten sie auf dem Neuendorfer Übungsplatz Kunstflieger und Fallschirmspringer bewundern und im Juni 1930 über der Stadt das Luftschiff „Graf Zeppelin" mit drei Flügen .

57 Das Neustädtische Rathaus,war zur Jahrtausendfeier 1929 festlich geschmückt.

Die Krise wurde schärfer. Im Jahr 1932 war über die Hälfte der Brandenburger unterstützungsabhängig; mit 30 950 Brandenburgern waren das 58%. Wer in der Metallindustrie als Facharbeiter noch eine Arbeit hatte, bekam Anfang 1932 einen Stundenlohn zwischen 40 und 80 Pfennigen.

Vater wurde 1929 arbeitslos und blieb es nun ein paar Jahre. Er verschaffte sich einen Nebenverdienst, indem er einige Gesangvereine dirigierte, und Mutter malte in Heimarbeit für die Firma Wiederholz Spielsoldaten an. Der Alte Fritz mit seinen Offizieren und Grenadieren war auch dabei.

Als markantes Beispiel für die Auswirkungen der Weltwirtschaftskrise auf die Industriestadt Brandenburg sei das Ende der Brennaborwerke als Familienbetrieb der Familie Reichstein erwähnt. Hatte dieser Großbetrieb 1928 noch über 7000 Mitarbeiter, so waren es im November 1931 nur noch 2500 und danach schließlich etwa 500. Das Unternehmen war in Konkurs geraten und wurde im April 1932 in eine Aktiengesellschaft umgebildet, deren Aufsichtsrat im Juli seine Arbeit aufnahm. Mit der wachsenden Spannung wurde wieder mehr marschiert. Jetzt schlugen auch die Fäuste zu. Bei einem Rotfontkämpfer-Treffen am 2. Juni 1929 marschierten die Kommunisten; es gab Handgemenge und Schläge mit polizeilichen Gummiknüppeln; rund 200 Personen wurden festgenommen. Am 1. September desselben Jahres trafen sich 15 000 kaisertreue Stahlhelm-Mitglieder aus der Provinz in unserer Stadt. Dazu waren die kaiserlichen Hohenzollernprinzen Eitel Friedrich, August Wilhelm, Oskar und Wilhelm als Ehrengäste in unserer Stadt eingetroffen. Eine bei dem Fackelzug protestierende Gruppe von etwa 100 Kommunisten wurde von der Polizei zerstreut.[24] Das Treffen verlief ruhig. Die rote Hochburg Brandenburg blieb bei allen Gegensätzen vergleichsweise zu anderen deutschen Regionen noch eine relativ friedliche „Burg".

Doch die Auseinandersetzungen wurden härter. Im Februar 1931 schlugen sich in der Steinstraße Reichsbannerleute mit SA-Nazis. Bei den Reichspräsidentenwahlen im März und April 1932 konnte die NSDAP bereits 41,3 Prozent der Stimmen für sich verbuchen. Großzügige und lange verschwiegene Parteispenden durch große namhafte Unternehmen begannen „zu greifen" (wie der NS-Propagandaführer Josef Goebbels in dem Buch „Vom Kaiserhof zur Reichskanzlei" offenbart hatte). Der Ruf nach dem „starken Mann" wurde lauter. Und er kam! – Am 18. Juli 1932 tauchte Hitler im Auto in der St.Annenstraße auf, von Peitschenhiebe austeilenden SS-Leuten im nächsten Auto gefolgt. Am Straßenrand gab es Tumulte. Am

58 Die Prinzen Eitel Friedrich, August Wilhelm, Oskar und Wilhelm von Preußen bei dem Treffen des "Stahlhelm" am 1. September 1929 auf dem Grillendamm

Nummer 84 1. Beilage „Brandenburger Zeitung" Montag, den 11. April 1932

Wir haben Hitler geschlagen

Wie die Bezirke wählten

Wahlbezirke (Wahllokal)	Abstimmungsberechtigte	Abgegebene gültige Stimmen	v. Hindenburg		Hitler		Thälmann		Duesterberg	Ungültig
			10. April	13. März	10. April	13. März	10. April	13. März	13. März	
1. Bezirk, Neuendorfer Straße 22	1546	1451	792	787	469	343	190	258	70	13
2. Bezirk, Nikolaiplatz 19	1508	1460	713	677	590	470	113	161	104	8
3. Bezirk, Vereinsstraße 11	1554	1446	823	798	507	391	116	160	88	11
4. Bezirk, Harlunger Straße	1646	1541	792	784	635	529	114	154	66	14
5. Bezirk, Magdeburger Straße 18	1387	1381	929	888	397	330	55	66	64	11
6. Bezirk, Am Salzhof 2	1496	1399	551	540	718	587	130	167	125	13
7. Bezirk, Altstädt. Rathaus	1628	1487	603	582	732	633	152	209	98	12
8. Bezirk, Gotthardkirchplatz 9	1719	1599	819	789	577	456	202	268	80	11
9. Bezirk, Brielower Straße 34	1729	1628	812	816	601	491	215	249	85	12
10. Bezirk, Turnhalle I, Hammerstraße	1671	1583	468	483	1059	862	56	85	139	12
11. Bezirk, Kurstraße 69/70	1538	1428	583	556	749	626	96	148	110	10
12. Bezirk, Große Münzenstraße 14	1689	1555	544	542	880	759	131	178	114	10
13. Bezirk, Steinstraße 42	1540	1424	673	634	585	468	166	212	96	17
14. Bezirk, Augustaschule, Hammerstraße	1517	1418	606	578	704	538	111	147	113	9
15. Bezirk, Lyzeum, Tennitz	1583	1454	597	596	749	602	108	164	125	9
16. Bezirk, Kleine Gartenstraße 42	1530	1450	743	731	535	427	172	215	81	11
17. Bezirk, Kleine Gartenstraße 42	1564	1483	680	675	643	487	140	185	138	15
18. Bezirk, Große Gartenstraße 62	1470	1389	584	558	683	535	122	191	124	10
19. Bezirk, Bürgerschule, Wredowplatz	1694	1585	1044	1004	397	337	144	233	61	14
20. Bezirk, Bürgerschule, Wredowplatz	1595	1505	628	656	754	597	123	147	136	1
21. Bezirk, Tismarstraße 12	1503	1409	925	891	332	287	152	206	39	3
22. Bezirk, Jahnstraße 18/19	1381	1328	863	890	369	397	91	126	36	14
23. Bezirk, Wilhelmsdorfer Straße 73	1432	1360	721	708	537	452	102	146	76	17
24. Bezirk, Kaffeehaus Drücker Görden	1777	1542	852	826	598	479	92	127	85	7
25. Bezirk, Magdeburger Landstraße 104	698	631	393	367	134	90	104	135	44	--
26. Bezirk, Domschule	1841	1272	558	521	583	419	131	180	182	10
27. Bezirk, Jahnstraße 18/19	1096	1027	637	647	325	248	65	86	49	12
28. Bezirk, Neuendorf	331	298	127	128	98	71	74	103	12	2
29. Bezirk, Plauerhofstraße 1a	109	90	41	42	48	32	1	3	17	1
30. Bezirk, Neue Mühle	96	81	39	58	38	15	4	1	5	—
31. Bezirk, Nikolaiplatz 19	1608	1450	656	646	563	455	231	310	87	6
32. Bezirk, Schlachthof-Restaurant	1630	1487	782	797	577	454	128	195	99	13
Zusammen	44603	41572	20575	20139	17166	13786	3830	4152	2744	322

59 Adolf Hitler am am Altstädtischen Schützenhaus vor der Brielower Brücke

60 Wahlergebnisse, Brandenburg 1932

Altstädtischen Schützenhaus an der Brielower Brücke erwarteten ihn laut Zeitzeugenberichten etwa 15 000 Menschen. Der Brandenburger Anzeiger sprach von 30 000, die Mehrzahl SA-Leute, die auf LKW aus den Kreisen Zauch-Belzig und Westhavelland herantransportiert worden waren. Hitlers Rede war kurz. So schnell er kam, verschwand er auch wieder - und ward in Brandenburg seitdem nicht mehr gesehen. Als zurückfahrende LKW mit SA durch die Mühlentorstraße fuhren, wurden von den Braununiformierten Steine in Fenster geworfen, Bierflaschen flogen zurück.[25] Hitlers Parteigänger hatten es in dieser Stadt nicht besonders leicht. Traditionell war sie und blieb es: ein Ort der Demokratie.

Spannend für die Stadt wurde es im Februar/März 1932, als der bisherige Oberbürgermeister Dr. Fresdorf die Stadt verließ und ein neuer gewählt werden mußte. Die bürgerlichen Parteien einträchtig mit den NSDAP-Leuten traten im Stadtparlament zurück und wollten damit Neuwahlen und ein für sie besseres Stimmenverhältnis erreichen. Doch diese Rechnung ging nicht auf; für Neuwahlen gab es keine juristische Notwendigkeit. Von nun an blieben im Rumpfparlament die "feindlichen Brüder" SPD und KPD unter sich, was zuweilen skurrile Situationen erzeugte. So wurde erst nach einigem Hin und Her - vor allem wegen der zeitweiligen Verweigerungshaltung der Kommunisten - der Rathenower Stadtkämmerer Paul Szillat (SPD) neuer Oberbürgermeister. Ein Jahr später saß er im KZ Oranienburg als Häftling.[26]

61 Schlagzeile eines konservativen Blattes 1932

Brandenburger Warte

„Der Deutsche Vorwärts" für die Stadt Brandenburg

für Rathenow, das Havelland und den Kreis Zauch-Belzig

Schriftleiter: Oskar Krüger

Bezugspreis: Monatlich 75 Pf., zuzüglich 15 Pf. Bestellgeld frei Haus

Geschäftsstelle: Brandenburg/Havel, Plauer Straße 15. Telephon: 1064

Nachdruck aus dem Inhalt nur mit Quellenangabe. Anzeigen werden nach Raumumfang berechnet. Man fordere Insertionsbedingungen

Nr. 10 1932 (4. Jahrgang) Einzelpreis 20 Pfg.

Brandenburg/Havel März-Ausgabe Nr. 2

Schlagt die Bonzen!

Zerbrecht das System!

Im Jahre 1919 schleppten die Parteien der Novemberrevolution den Generalfeldmarschall von Hindenburg, den deutschnationalen Führer und späteren Ullstein, Stampfer von „nationaler Pflicht", heute wählen die Isac, Rabinowitsch, Bamberger und Rosenthal Hindenburg ...

burg von 1918 und 1925 die Treue halten. Weil wir die Kurage haben, am 13. März den Versuch zu machen, Hindenburg aus dem „Eisernen" Ring der Treulosen des Novembers herauszuhauen und ihn von der Gesellschaft, die sich heute, schutz- und hilfesuchend aus Angst vor dem

burg stellte sich gegen die nationale Rechte auf die Seite Brünings, auf die Seite der schwarzroten Front; er wurde, bewußt oder unbewußt, das ist im Resultat dasselbe, ihr Schirmherr in allen Phasen des mit allen Ränken und Schlichen gegen rechts durchgeführten par-

Die politische Stimmung schlug noch höher. Eine Vielzahl von politischen Versammlungen ließ 1932 die Brandenburger nicht zur Ruhe kommen. Zuweilen wurde geprügelt; in den „Saalschlachten" ging man mit Stuhlbeinen aufeinander zu – fast immer Rechts gegen Links oder umgekehrt. Indessen heckte der Redakteur des bürgerlichen Brandenburger Anzeigers,

Friedrich Cramer einen Strategieplan aus, um die Rechtsparteien geschlossen gegen die Linken zu formieren. Dabei ging er von der Auffassung aus, daß die Nazipartei *„die einzige ausgeprägte Kampfform gegen den Marxismus"* ist, also der wichtigste Verbündete für die bürgerlichen Parteien. Ähnlich strategisch betätigte sich der Stahlwerksdirektor Hennecke Anfang 1933, der zu einem internen *„kommunalpolitischen Kränzchen"* – wie es im Anzeiger hieß - eingeladen hatte, um die Haltung der örtlichen Wirtschaft mit der Kommunalpolitik während der faschistischen Machtergreifung zu koordinieren. Die Wirtschaft brauche jetzt *„eine stabile, von parlamentarischen und außerparlamentarischen Einflüssen unabhängige Staatsführung"*.[27] Die Aktionen wurden koordiniert. Dazu gehörten auch „Deutsche Tage" – eine einheimische Gewerbeausstellung im Schweizergarten[28] unter dem Motto: *„Kauft deutsche Waren!"* Keine Brandenburger Firma, die auf sich hielt, fehlte dabei. Dazu gehörten neben vielen anderen: Fahrzeug-Gensler, Waffel-König, Konditorei Oske, Thalysia, Konfektion-Seibt, Radio-Ferchland.[29]

Auf den Straßen wurde marschiert. Am Abend des 30. Januar marschierte die Polizei mit gezogenen Gummiknüppeln zwischen Trauerberg und Steinstraße gegen die Antifaschistische Aktion und diverse nazifeindliche Einwohner. Am Abend des 2. Februar marschierten die SA und der Stahlhelm in 5er-Reihen mit den *„ruhmreichen alten Kriegsflaggen"* mit Eichenlaub und Eisernem Kreuz und mit Hakenkreuzfahnen vom Altstädtischen Markt aus durch die Stadt bis zum Schweizergarten, um die Errichtung des „Tausendjährigen Reiches" zu feiern. Die Fenster waren von Neugierigen dicht besetzt.

Neue Hoffnungen erwachten in so manchem Brandenburger, für nicht minder viele gingen welche verloren. Vater und Mutter hatten ein unangenehmes Gefühl im Magen. Es sollte sie nicht täuschen ...

62 Abendstimmung am Kurfürstenhaus

Anmerkungen:

1 Brandenburger Anzeiger, (BAZ) Nr. 305 vom 30. Dezember 1899, 2. Beilage.
Zum Jahrhundertbeginn: Im Brandenburger Anzeiger vom 31. 12. 1901 wurde dazu folgende Position formuliert: *„Der officielle Jahrhundert-Anfang war ja schon, aber Die, welche den richtigen Jahrhundert-Beginn erst auf den 1. Januar 1901 setzen, können ja nun auch noch zu ihrem Recht kommen, und von den Uebrigen werden viele Tausende denken: Doppel hält besser! Also kann es sich jeder nach seiner Ueberzeugung einrichten, wie nach seinem Durst..."*

2 „Schwindelschweiz": Der Begriff entstand dadurch, dass eine Baufirma nach dem Aushub der Baugrube im Zusammenhang mit Spekulationen Konkurs gemacht hatte und nun die ausgehobene Erde in „Hügeln" herumlag. (lt. Hinweis des Brandenburger Stadtarchivars, Herrn Dr. Heß). Bald gab es eine Begriffserweiterung. Sowohl das geforderte hohe Bautempo als auch die Chance zum "schnellen Geld" hatten zur Folge, dass bei dem Bau eingespart wurde, wo es sich anbot. Beispiele: Verwendung von Holz und anderen Baumaterialien aus Abrisshäusern, in einigen Fällen die Einsparung von Brandmauern zwischen den Häusern, gemeinsame Rohrzüge für zwei Häuser und zu tiefer Bau etlicher Häuser, sodaß regelmäßig im Frühjahr Wasser in den Kellern stand (lt. Hinweis eines früheren Hausbesitzers).

3 Alfred Zeitz: Zur Geschichte der Arbeiterbewegung der Stadt Brandenburg vor dem ersten Weltkrieg, Potsdam 1965, S. 16

4 Ebenda, S. 18f

5 „Dreiklassenwahlrecht": Nach der gescheiterten Revolution von 1848/49 eingeführtes ungleiches und indirektes Wahlsystem mit Wahlmännern, geltend bis 1918 in Deutschland. Danach waren die Wähler entsprechend der Höhe der von ihnen gezahlten direkten Steuern in drei Wahlklassen eingeteilt. Von den drei Klassen hatte jede die gleiche Anzahl Wahlmänner zu wählen, welche in einem zweiten Wahlgang die Abgeordneten wählten.

6 Siehe dazu Otto Tschirch: Geschichte der Chur- und Hauptstadt Brandenburg (Havel), 3. Auflage, Brandenburg (Havel) 1941, S.241

7 Siehe dazu Gustav Noske: Erlebtes aus Aufstieg und Niedergang einer Demokratie, Offenbach/Main 1947. Mit den Namen Noske – Sidow – Baron widerspiegelte sich bald die Spaltung der deutschen Sozialdemokratie in Rechte, Zentristen und Linke. Erst in den Kriegsjahren ab 1914 wurden in Brandenburg die innerparteilichen Widersprüche deutlicher – bis zur offenen Spaltung 1916/17 in SPD und USPD („Unabhängige"), ab Anfang 1919 dazu auch die KPD.

8 Alle diese Angaben aus Franz Schleusener: Die Arbeit der Stadtverwaltung seit Kriegsausbruch. Eine Übersicht. Brandenburg 1915 und aus: Kriegswunden, Bericht über die Auswirkungen des Krieges auf Brandenburg (Havel), hsg. von Oberbürgermeister Walther Ausländer.

9 Franz Mitzkat: Aus den Tagen der Revolution in Brandenburg (Havel). Ein Rückblick in bewegte Zeit. Brandenburg 1919. Beiträge von Bernhard Bogedain u. Klaus Heß, Kulturspiegel, Brandenburg November/Dezember 1983. Zum Dreiklassenwahlrecht siehe Anm. 5.

10 Die wichtigsten Parteien des traditionellen Brandenburger Bürgertums hatten sich 1918 wie folgt neu konstituiert: am 30.11.1918 der Liberale Verein zur Deutschen Demokratischen Partei (DDP), am 12.12.1918 der Nationalliberale Verein in Deutsche Volkspartei (DVP) und am 18.12.1918 der Konservative Verein in Deutschnationale Volkspartei (DNVP), siehe: Karl-Heinz Röhring, Parteien und Wahlen, in: Stahl und Brennabor. Die Stadt Brandenburg im 19. und 20. Jahrhundert, Potsdam 1998, S. 199ff.

11 Nach Rückkehr der Truppe von den Fronten und der Entlassung des größten Teiles der Soldaten wurden die freiwillig verbliebenen Kräfte als Brandenburger Garnison der vorläufigen Reichswehr mehrfach umstrukturiert, reduziert, in

andere Garnisonen verlegt, so daß bis Ende 1920 nur noch eine Reiterschwadron der Reichswehr übriggeblieben war. Sie verließ auch bald Brandenburg. (Brandenburger Stadtarchiv/StadtA: Verwaltungsbericht 1920, S. 57f). „Quäkerspeisung": Von den US-amerikanischen Quäkern geleistete Hilfsaktion für die hungernden Kinder in den vom Krieg betroffenen Ländern. "Quäker": eine 1647 in England gegründete Religionsgemeinschaft mit demokratischer Gemeindeverfassung, in den USA verbreitet.

12 Gundkawerke: Ebenfalls Blechspielwaren, Wredowstraße 10 und Kurstraße 14, siehe Katharina Kreschel: Brandenburger Blechspielwaren – die Firmen und ihre Produkte, in: Stahl und Brennabor, a.a.O, S. 493ff.

13 Siehe: Militärgeschichtliches Forschungsamt, Archiv Potsdam, Stellv. Gen. Kdo. D- XII. AK, Deutsche Schutzdivision, Reichswehrbrigade Brandenburg, Abt. IA 1137, Biesdorf, d. 1.4.1919, pag. O45.

14 Brandenburgisches Landeshauptarchiv/BLHA, Pr. Br. Rep. 2A Reg. Potsdam, I Pol. Nr. 348, Pag.7, 14, 23, 26 u. 28. Hans v. Seeckt: von 1920 bis 1926 Chef der Heeresleitung der Reichswehr.

15 BLHA. Ebenda I Pol.Nr. 1116, Pag.11, 52 u,206.

16 Laubenkolonie Wilhelmshof: gegründet 1917, heute Teil der Sparte „Einheit" Thüringer Straße.

17 Wredowschule: die seit 1878 existierende vom Brandenburger Bildhauser August Julius Wredow gestiftete Zeichenschule unweit der Jakobskapelle.

18 BLHA, Pr. Br. Rep. 2 A Reg. Potsdam, I Pol. Nr. 1096, Pag. 10278.

19 Nach Verlegung der noch verbliebenen Reichswehreinheiten 1921 in andere Garnisonen wurden die Infanterie- und Kürassierkaserne bis 1935 als Polizeischule genutzt. In der Kürassierkaserne Magdeburger Straße befindet sich heute die Fachhochschule.

20 Am 20. Juni 1926 fand nach einem Volksbegehren ein Volksentscheid für die entschädigungslose Enteignung der im November 1918 entmachteten Fürsten statt. Im Deutschen Reich stimmten 36,4% der Wahlberechtigten für die Enteignung, zu deren Durchführung noch 20 Millionen Ja-Stimmen gefehlt hatten. In der Stadt Brandenburg wurde dazu eine absolute Mehrheit erreicht.

21 BLHA, Pr. Br. Rep. 2A, Reg. Potsdam I Pol. Nr. 660, Pag. 43.

22 „Weltliche Schule" oder „Sammelschule": Von der deutschen Sozialdemokratie in der Weimarer Republik auf der Grundlage eines sogen. Schulkompromisses und von den Kommunisten unterstützte Einrichtung von Schulen, welche statt des Religionsunterrichtes einen Lebenskundeunterricht erteilten, eine damals moderne Reformpädagogik – also ohne Prügelstrafe – anwandten und "gemischte Klassen" besaßen, d.h. gemeinsam mit Jungen und Mädchen.
Die „Volksschulen" dagegen blieben nach altem Muster geschlechtlich getrennt und durch den Religionsunterricht und die Anwendung der Prügelstrafe gekennzeichnet.

23 Die „chronikalische Ersterwähnung" Brandenburgs bezieht sich auf die Schilderung der Eroberung der slawischen Fürstenburg Brandenburg durch den König Heinrich I. im Winter 928-29 durch den sächsischen Geschichtsschreiber der Ottonen Widukind von Corvey etwa im Jahr 967. Siehe Anm. 6, Seiten 4 und 6.

24 Anmerkung 21, Pag. 55 – 58, 88ff und 100.

25 BAZ, Nr. 175 und 176, vom 28. und 29. Juli 1932.

26 Nach „Stahl und Brennabor..." a.o.O., Beitrag von Klaus Heß: "Republik und NS-Diktatur...", S. 71 und BLHA, Pr. Brd., Rep. 2A Reg. Pdm. I Pol., Nr. 1183.

27 StadtA, 21.16/139 Handakte Cramer und BAZ Nr. 24 v. 28. Januar 1933.

28 Das 1998 leider abgerissene "Theater der Stadt".

29 BAZ, Nr 6 u. 24 v. 6. u. 28. Januar 1933

63 Häuser in der Magdeburger Straße zur Zeit der NS-Machtübernahme Frühjahr 1933

Zweites Kapitel

Die Jahrhundertkatastrophe (1933 bis 1945)

Die Machtergreifung der „Nationalen Revolution" – Beginn des „Tausendjährigen Reiches"

Mit dem Fackelzug am Abend des 2. Februar 1933 durch Brandenburg begann eine geschichtliche Entwicklung auch in unserer Stadt, die schätzungsweise mindestens 10 000 Bewohner das Leben kostete: die Machtergreifung der „Nationalsozialisten"[1]. In den Frühjahrsmonaten des Jahres 1933 erregte eine dichte Folge von Ereignissen die politisierte Bürgerschaft. Selbst bei Tisch setzte sich in den Familien der Kampf zwischen Parteien und Ideologien fort. Oft standen sich Väter, Söhne oder Brüder bitter verfeindet gegenüber, zuweilen assistiert von der Frau des Hauses, der Mutter oder der Schwester, eine tragische Erscheinung in unserem Land bis in die jüngste Zeit dieses Jahrhunderts. Unsere Stadt hatte Ende Januar 1933 immerhin über 10 300 Arbeitslose. Jeder dritte Erwerbsfähige lebte von der Unterstützung durch die Stadt. Die Zukunft erschien ihnen aussichtslos. Neue Hoffnungen auf den „starken Mann" Hitler hatte so mancher Arbeitslose. Hoffnungen hatten aber auch viele kleine Gewerbetreibende und Händler, denen die NSDAP in ihrem Programm ein scharfes Vorgehen gegen die großen Kaufhausunternehmen, kapitalistischen „Plutokraten" und die „Brechung der Zinsknechtschaft" versprochen hatte. Größere Unternehmer und Fabrikanten erhofften sich durch die NS-Macht eine Disziplinierung der Arbeiterschaft und ein Ende des „Klassenkampfes". Der mit den zahllosen Arbeitskämpfen in den

64 Versammlungsankündigung im "Brandenburger Anzeiger" Januar 1933

zwanziger Jahren verbundene und von Kommunisten und Sozialdemokraten verwendete Begriff „Klasse" sollte aus dem Sprachgebrauch entfernt werden. Die Offiziere und Berufssoldaten der Reichswehr, aber auch manche ihrer alten Frontkameraden sehnten sich nach einer Revanche für den Versailler „Schmachfrieden" von 1919. Junge Männer schließlich suchten Abenteuer in einer zünftigen Kameradschaft. Es gab also genug Gründe, den braunen Verführern zu folgen. Zunehmend füllten sich Versammlungssäle, und auf den Straßen marschierte die braune Geforlgschaft mit martialischen Gesängen wie: *„Wir werden weiter marschieren, bis alles in Scherben fällt; denn heute (ge)hört uns Deutschland und morgen die ganze Welt!"*.[2] Diesen Klängen und Parolen wie „Deutschland erwache!" blieb die proletarisch geprägte Mehrheit der Brandenburger, die traditionelle SPD- und KPD-Wählerschaft gegenüber mißtrauisch. Sollte Brandenburg eine „rote Hochburg" bleiben? Die Zäsuren des 20. Jahrhunderts schienen einer Pendelbewegung folgen zu wollen: links - rechts - links – rechts ...

Fortsetzung der zweiten "Wende" des Jahrhunderts in unserer Stadt

In den Februar- und Märzwochen 1933 wurde das Brandenburger Wählervolk mit einer dichten Folge öffentlicher Versammlungen in Bewegung gehalten. In mindestens zwei Versammlungen pro Woche machten die NSDAP oder die sie unterstützende „Kampffront schwarz-weiß-rot"[3] Stimmung für eine Machtübernahme auch in Brandenburg. Dabei war das stattliche Gesellschaftshaus Escher in der St. Annenstraße das von den Nazis bevorzugte Propagandalokal. Stolz annoncierte dieses Unternehmen im Brandenburger Anzeiger: *„Erstes nationalsozialistisches Restaurant Brandenburgs"*. Die Versammlungsthemen ließen Schlimmes ahnen: *„Gegen die marxistische Lügenpest – wir fordern die Macht!", „Frau und Rasse – Erscheinen ist heiligste Pflicht!" oder „Die feindliche Stellung ist sturmreif!"* Gemeinsames Ziel aller Rechtsparteien war es, die bei den letzten demokratischen Stadtverordnetenwahlen am 12. März im Brandenburger Stadtparlament entstandene linke Mehrheit zu brechen.

Zuvor hatten am 5. März Reichstagswahlen stattgefunden. In den Abendstunden des 4. März hallten Marschmusik und marschierende Stiefel durch die Straßen der Stadt wieder. An diesem Fackelzug waren schon auffällig mehr Uniformierte beteiligt: nicht nur Mitglieder des kaisertreuen Stahlhelm und die braunen Naziverbände, sondern auch Schutzpolizei, Kriegervereine und die Schützenvereine der Alt- und Neustadt. Von der Fouquéstraße ging es zum Neustädtischen Markt. Dort wurde mit Lautsprechern eine Hitler-Rede übertragen. Die Lautsprecherübertragungen wurden in den folgenden 12 Jahre gewissermaßen zur „Mode". Anschließend zogen die Kolonnen national Gesinnter zum Marienberg, wo in einer Schale auf der obersten Plattform der Bismarckwarte ein „Freiheitsfeuer", weithin über die Stadt sichtbar abgefackelt wurde, während am Fuße des trutzigen Turmes schwarz-weiß-rote Banner und Hakenkreuzfahnen im Winde wehten.

Annähernd gleichzeitig startete die SPD in der Stadt gegen die politische Rechte eine Flugblattaktion. Das sollte der regierenden Partei schlecht bekommen. Bereits zwei Wochen vorher, am späten Abend des 20. Februar, hatten in der St. Annenstraße etwa 20 SA- und SS-Männer in Siegerlaune etwa 40 ihnen entgegenkommende SPD-nahe Reichsbannerleute provoziert. Bei der folgenden Schlägerei mußten die Nazis kräftige Prügel einstecken. Sie hatten das Kräfteverhältnis verkannt. Die NSDAP beklagte sich danach, daß die eingreifende Polizei ebenfalls gegen die Hitlerleute vorgegangen sei. Umgehend wurde aus Potsdam ein Polizeisonderkommando nach Brandenburg abkommandiert und übernahm die Polizeigewalt in der Stadt. Einer der Untersuchungsoffiziere, Major von Rossum, der nur die Nazis, nicht jedoch die SPD-Leute verhört hatte, schätzte ein, daß in Brandenburg *„die Polizeibeamtenschaft sich zum Teil auf den Gedanken der nationalen Regierung noch nicht hat einstellen können...“*, woran vor allem die sozialdemokratisch geführte Stadtverwaltung schuld wäre. Nun sei die Zeit gekommen, hieß es, in diesem roten Brandenburg „aufzuräumen".

Vorerst wurde die sozialdemokratische Brandenburger Zeitung für fünf Tage verboten, ab Mitte März auf Dauer. Am 1. März wurde der sozialdemokratische Polizeidirektor Albrecht vom Dienst suspendiert. In den Morgenstunden nach dem Berliner Reichstagsbrand am 28. Februar 1933 erlebten früh gegen 4 Uhr erstmals die Kommunisten einen Polizeialarm mit Hausdurchsuchungen nach Schriftgut und – vergeblich – nach Waffen. Solche nächtlichen Besuche sollten künftig öfter stattfinden ...

Für die letzten Kommunalwahlen am 12. März hatten sechs Parteien oder Wahlbündnisse ihre Kandidatenlisten aufgestellt. Die Wahllisten enthielten viele damals bekannte Persönlichkeiten: In der NSDAP-Liste u. a. Prof. Ziehen von der Ritterakademie, Fleischer Haack, Drogist Johannes Thomann, Landwirt Karl Bäß, Lehrer Pohl, Kaufmann Franz Rettig, der Arzt Dr. Büttner, in der SPD-Liste natürlich Friedrich Ebert jun., der Schuldirektor und Schriftsteller Otto Bernhard-Wendler, der Vorsitzende des Kleingartenverbandes Karl Petzli, der Vereinsvorsitzende des Volkschores Heinrich Engel, Wilhelm Krebs, der nach 1910 im Volkshaus das erste Brandenburger Stummfilmkino hatte, der Lehrer und damalige Leiter der sozialdemokratisch orientierten „Kinderfreunde" Fritz Niefindt, Karl Lippert, die Spitzenfunktioäre Gustav Schernikau, Hermann Ollenburg, Paul Voigt, Wilhelm Holtmann u.a. Bei den Kommunisten kandidierten Max Herm, die Schwestern Martha und Gertrud Piter, Rudolph Märksch, Paul Siegel, Willi Hamann, Erdreich Foth, 1945 der Begründer des FDGB in Brandenburg, Frieda Hildebrandt, Wilhelm Bahms, Eisenbahnarbeiter Richard Juchert u.a. Daneben gab es noch eine von der SPD abgespaltene Linkspartei, die Sozialistische Arbeiterpartei (SAP), für die u.a. Frieda Hoffmann, Fritz Lüdemann, Erich Seeger und die Sportlehrerin Lisa Müller kandidierten.

Vielfältig sind die Wurzeln der Vergangenheit. Familienerinnerungen werden bei einigen Namen aus dem traditionellen Arbeitermilieu wach. Friedrich Ebert und Karl Petzli waren Laubennachbarn meiner Großeltern in der Laubenkolonie „Jakobswerder" gewesen und mit Großvater befreundet. Karl Lippert war ein entfernter Verwandter unserer Familie. Mit dem Hausnachbarn Max Herm hatte Mutter als Kind in der Linienstraße gespielt; später war er Klassenbester in Vaters Schulklasse. Im Kreis der SAP-Leute hatte meine Schwiegermutter mitgewirkt.

Die Bürgerliche Arbeitsgemeinschaft, welche schließlich der NSDAP zur Mehrheit im Stadtparlament verhalf, hatte in ihrer Liste den Fabrikanten Walter Glomp, den Syndikus Spieth, den Syndikus Dr. Bauer, den Fabrikantensohn Carl Reichstein, den Kaufmann Riedel, den Bäcker Weyland aus der Altstadt und den Studienrat Dr. Grase.

Noch hatten die Arbeiterparteien zusammen mehr Stimmen als die NSDAP, aber mit deren Unterstützung durch die Bürgerliche Arbeitsgemeinschaft war das Ende der Demokratie auch in Brandenburg besiegelt. Hatten im Stadtparlament die Arbeiterparteien bis zu den Wahlen gemeinsam 26 Sitze gegenüber 17 der bürgerlichen Parteien und der NSDAP, standen jetzt 21 linke Abgeordnete 24 Rechten gegenüber. Ende März waren die KPD-Mandate annulliert worden, bis Ende Juni auch die der SPD. Die miteinander verfeindeten Arbeitervertreter hatten die Quittung dafür erhalten, daß sie sich lange Zeit gegenseitig als „Hauptfeind" betrachtet hatten. Jahre später trafen sich die Kontrahenten Fritz Ebert und Max Herm als Gefangene im KZ Oranienburg wieder.

Am Wahlsonntag fand zeitgleich eine denkwürdige Veranstaltung statt, die vielleicht die erste ökumenische Handlung in unserer Stadtgeschichte war. Vom „Volksbund Deutsche Kriegsgräberfürsorge e.V." angeregt, führten nach einem gemeinsamen Aufruf die drei Hauptkirchen Trauergottesdienste zum Gedenken an die Gefallenen des Weltkrieges 1914 bis 1918 durch. Die Initiatoren waren der evangelische Superintendent Lic. Baltzer, der später von den Nazis in den Tod getriebene katholische Pfarrer Schubert[4] und der jüdische Rechtsanwalt Cohn für die Synagogengemeinde.

65 Errichtung der NS-Herrschaft am 8. März 1933 in Brandenburg, Blick in die Hauptstraße

Das weitere Szenarium der „Machtergreifung"

Am 20. März wurden auf Veranlassung des Preußischen Ministerpräsidenten Hermann Göring die SPD-Vertreter des Brandenburger Magistrats beurlaubt: Oberbürgermeister Paul Szillat, die Stadträte Eichler und Möglich, Bürgermeister Prawitz, dazu der Schulleiter O. B. Wendler, der Kreisarzt Dr. Schneider, der AOK-Direktor Petzold und andere. Ein Führungswechsel war jetzt angezeigt. Alles „Linke" mußte weg. Am 20. März wurden alle "linkslastigen" Beamten abgesetzt. In jener Zeit wurde erstmals der Begriff "Vorruhestand" angewendet. An diesem Tag wurde vorübergehend Dr. Bauer als kommissarischer Oberbürgermeister eingesetzt. Ihm folgte Ende Juni Dr. Kreutz. Im Anzeiger wurde zufrieden verkündet, dass Brandenburg *„nicht mehr rot"* sei.

Am 8. März, vier Tage vor den Kommunalwahlen, wurden auf dem Neustädtischen Rathaus die Hakenkreuzfahne und die Schwarz-Weiß-Rote aufgezogen. Die Kolonnen waren aufmarschiert, der Widerstand des Stadt-Verwaltungsdirektors war ängstlich und müde. Noch demonstrativer ging es am 2. April zu, als das neugewählte Stadtparlament zusammentrat. Zuerst zogen die Volksvertreter in die Katharinenkirche, begleitet von fast 500 Gästen – fast alle in Uniform, vorwiegend in brauner. Musik ertönte im Kirchenschiff: abwechselnd vom Orchesterverein der Stadt, von der Kirchenorgel und von der SA-Blaskapelle. Pfarrer Wiesner pries den Führer und Gottes Vorsehung. Danach ging es zur Versammlung in das Gesellschaftshaus Escher. Dort saßen die Abgeordneten – auch die SPD-Fraktion. Der neu amtierende Oberbürgermeister Dr. Bauer kündigte das Ende der Demokratie an: *„Die Stadtverordnetenversammlung unserer Stadt Brandenburg soll und darf künftighin keineswegs mehr eine parlamentarische Körperschaft sein!"*

In den Seitengängen patroullierten uniformierte SA-Männer. Als nach den schmetternden Reden der Gesang des Horst-Wessel-Liedes zum ausgestreckten Arm des Hitlergrußes ertönte und die SPD-Abgeordneten passiv sitzenblieben, griff die SA ein. Gewaltsam prügelten sie die verhaßten „Sozis" aus dem Parlament.

Die nächste Stadtverordnetenversammlung am 12. April begann mit einer „Übung". Stadtverordnetenvorsteher Professor Ziehen trainierte mit den Abgeordneten den „Sieg – Heil!"– Ruf. Danach konnte die parlamentarische Arbeit beginnen. Es wurde die Umbenennung der St. Annenstraße in Adolf-Hitler-Straße beschlossen. Weitere Straßennamen-Umbenennungen folgten. Die Franz-Ziegler-Straße wurde wieder Kaiser-Friedrich-Straße, der Walther-Rathenau-Platz hieß jetzt wieder Kaiser-Otto-Ring. Am 21. April wurde Hitlers Geburtstag im Altstädtischen Rathaus unter dem Motto *„Hitler, der Überwinder des Marxismus"* gefeiert. Professor Ziehen sprach über die Geschichte des Marxismus und über die geniale Idee Hitlers, eine Symbiose von Nationalismus und Sozialismus herzustellen.[5] Fünf Tage später ereignete sich in den frühen Morgenstunden die nächste Polizeirazzia: diesmal – wie der Anzeiger

66 Aufmärsche zur „Machtübernahme", Blick in den Neustädtischen Markt

67 Festgottesdienst zur NS-Machtübernahme in der St. Katharinenkirche mit Pfarrer Wiesner am 2. April 1933

meldete – *„in den Schlupfwinkeln von Marxisten"* an der Wilhelmsdorfer und Ziesarer Landstraße, in Laubenkolonien wie „Abendfrieden" und „Sorgenfrei", im Turnerheim, auf der Eigenen Scholle und bei den „Freien Schwimmern" am Wiesenweg. Waffen, Munition und „Zersetzungsmaterial" waren zu suchen. Gefunden wurde außer einer Parabellum-Pistole nichts. Dennoch gab es etliche Festnahmen.

Auf den folgenden Stadtverordnetenversammlungen im Mai und Juni waren die Nazis nun unter sich. Die bürgerlichen Abgeordneten hatten sich ihnen angeschlossen. Von diesen waren als erste im Mai die Abgordneten Glomp, Reichstein und Winkel im Braunhend erschienen. Prof. Ziehen konnte verkünden: „Wir sind hier nunmehr unter uns." Oberbürgermeister Dr. Kreutz kündigte ein Regime der „barbarischen Sparsamkeit" gegenüber der bisherigen „marxistischen Mißwirtschaft" an. Als besonderen Ausdruck dessen war der Bau des Gesundheitsforums, des AOK-Gebäudes mit Turnhalle und Hallenbad, angegriffen worden. Dr. Kreutz versprach ein Arbeitsbeschaffungsprogramm im Rahmen der von Hitler angekündigten „Arbeitsschlacht". Seine Realisierung begann schon im Mai mit der Errichtung eines Arbeitsdienstlagers in Gollwitz, daß Rittmeister a.D. v. Rochow mit markigen Worten und der Pflanzung einer Hitler-Eiche einweihte. Bis Mitte Juli waren bereits etwa 400 junge Arbeitsdienstmänner außer in Gollwitz auch in Kirchmöser und Rädel kaserniert und uniformiert untergebracht. Die Brandenburger Bevölkerung mußte sich an zwei neue politische Begriffe gewöhnen: „Gleichschalten" und „Aufräumen".

„Gleichschalten" und „Aufräumen"

Was unter „Aufräumen" verstanden wurde, deutete sich bereits fünf Jahre vor der Pogromnacht des 9. November 1938 an. Die neue Stadtverordnetenversammlung war am 2. April gerade mit ihrer Neukonstituierung beschäftigt, da wurde in den Geschäftsstraßen zu einer Boykottbewegung gegen die jüdischen Läden mobilisiert. Auf Schildern stand die Losung: *„Deutsche, kauft nicht bei Juden!"*. Zwei SA-Männern „bewachten" mit diesem Schild ein jüdisches Geschäft. Im Anzeiger stand: *„Wir wehren uns!"* Die nichtjüdischen Geschäftsleute hatten sich jetzt in ein „Verzeichnis deutscher Geschäfte und Gewerbetreibender" eintragen zu lassen. Wenige Tage vorher war damit begonnen worden, im Schulwesen „aufzuräumen". Die Jugendweihe war am 23. März verboten worden, und die Sammelschule (Weltliche Schule) wurde am 29. März aufgelöst. Die meisten ihrer Lehrer erlebten herbe Maßreglungen. Dazu gehörten außer dem Direktor O. B. Wendler auch Johannes Senkpiel, Fritz Niefindt und Erich Funke. In ihr Schulgebäude am Katharinenkirchplatz zog die NSDAP-Kreisleitung.

68 Illegale Wanderung einer Gruppe der Sozialistischen Arbeiterjugend November 1933 bei Brandenburg

Die erste große „Gleichschaltungsaktion" war der 1. Mai. Um 8.00 Uhr wurden in den Betrieben die Gefolgschaftsmitglieder - wie die Arbeiter und Angestellten jetzt hießen – registriert; um 9.00 Uhr begann am Trauerberg der Umzug von etwa 25 000 Menschen zum Grillendamm, wo Pfarrer Wiesner einen „Feldgottesdienst" abhielt und mit der Forderung schloß: *„Das Wort ‚Proletarier' muß aus der Sprache des deutschen Volkes verschwinden"*. Nach der „Abschaffung des Proletariats" fanden Gartenkonzerte statt, und um 18.00 Uhr wurde in der ganzen Stadt eine Hitlerrede übertragen. Das war der erste „Tag der Arbeit" in Deutschland. Das Volk lief nun hinter neuen Fahnen. Am 2. Mai wurden die Freien Gewerkschaften verboten, das Vermögen beschlagnahmt. War die „rote Hochburg" Brandenburg gefallen?

Die meisten weiteren Gleichschaltungen verliefen fast reibungslos. Vereine mußten bei der NSDAP-Kreisleitung alle Unterlagen offenlegen und Veränderungen in Vorständen und Satzungen vornehmen, die Sportvereine wurden einem Sportkommissar der SA unterstellt, die Chöre mußten sich der NS-Sängerschaft anschließen. Einige Vereine wurden verboten, so der Männerchor „Sangestreue" und die Volkschöre in Briest und Fohrde. Von den Jugendverbänden blieben nur noch die HJ und die konfessionellen Gruppen übrig, welche sich den Vorrechten der HJ unterwerfen mußten. Die Erfassung beitrittswilliger Jugendlicher in die HJ erfolgte vorerst in der Ritterakademie auf dem Dom. Die Besetzung des Heimes der Sozialistischen Arbeiterjugend in der Schusterstraße erwies sich als Flop. Die HJ fand nur noch kahle Räume vor. Mühsamer waren die Vereinnahmung des Konsum und der Metallgewerkschaftler. Zügig wurde die "Abwicklung" des Konsum mit Umstrukturierungen und Personalveränderungen in Angriff genommen. Am 1. Juni fanden sich immerhin noch über 600 Metallarbeiter im Volkshaus ein[6], gerade zu dem Zeitpunkt, als diese Arbeiter-Kulturstätte enteignet, durch eine Treuhandverwaltung privatisiert und danach in „Märkisches Haus" umbenannt wurde. Die Arbeiter spendeten ihrem Vorsitzenden Heinrich Witt lebhaften Beifall, als er mutig die Gleichschaltung durch die Nazigewerkschaft NSBO[7] kritisierte. Seine Verhaftung erfolgte umgehend. Er landete im KZ Oranienburg.

Ohne Schwierigkeiten konnte der „Stahlhelm" aufgelöst und in die SA samt Vermögen übernommen werden. Wichtig war den „Evaluierern", festzustellen, wer nach dem 30. Januar 1933 dem Stahlhelm beigetreten war. Das waren 39 Unbescholtene und ein SPD-Mann.[8]

Als ich das las, wußte ich: Der Vater meiner Mutter! Mein Großvater war SPD-Funktionär und Provinzialvorsitzender der Kleingärtner gewesen. Ich hatte ihn nur noch als überzeugten Nazi kennengelernt. Ein „Stahlhelmer" und späterer SA-Mann hatte ihm Anfang 1933 nach vier zermürbenden Jahren der Arbeitslosigkeit eine Stelle bei Brennabor beschafft. Ein von mir und vielen anderen Brandenburgern hochgeehrter alter Herr hatte mir Ende 1999 aus der Erinnerung von peinlichsten „Wendehälsen" des Jahres 1933 berichtet, wie er sie auch ab 1990 erlebt hatte. Seine Achtung zollte er den Standhaften, ob Christ oder Nichtchrist ... Seine tiefste Erinnerung verband sich mit einer besonders schmerzhaften Gleichschaltung, nämlich die der evangelischen Kirche.

Der damalige Kreisjugendpfarrer Wiesner hatte die geplante Vereinnahmung seiner Kirche schon Anfang April 1933 unter dem Leitspruch *„der Führer ist das Werkzeug des Herrn"* in der St. Katharinenkirche angekündigt. Bei den Kirchenwahlen Ende Juli 1933 gelang es der hitlertreuen Listenvereinigung „Deutsche Christen" (DC), in den vier Gemeinden der Stadt einen Stimmen-

69 Ansichtskarte vom "Arbeitslager" (KZ) in der Strafanstalt am Nikolaiplatz 1933

anteil von durchschnittlich 85Prozent zu bekommen. Zuweilen waren in jener turbulenten Zeit Kirchen regelrecht Stätten nazistischer Propaganda gewesen. Von etlichen Beispielen sei das Erntedankfest Anfang Oktober 1933 erwähnt, wo Kirchen und Altäre mit Hakenkreuzfahnen geschmückt waren und bis zum letzten Platz mit uniformierten Zuhörern gefüllt. Allmählich machte sich bei zahlreichen Gemeindemitgliedern ein Unbehagen gegen die Verfälschung der christlichen Lehre breit. Die oppositionelle Vereinigung - später „bekennende Kirche" - hatte unter anderen in Pfarrer Tecklenburg zu St. Gotthardt einen starken Vertreter, so dass trotz einer Reihe von Maßregelungen und Personalveränderungen, später auch Verhaftungen, ihr Einfluß zunahm und Brandenburg in kirchlichen Kreisen der Provinz Brandenburg „Hochburg der Bekennenden Kirche" genannt wurde. Etliche Persönlichkeiten des Brandenburger Bürgertums schlossen sich ihr an wie beispielsweise die Ehefrau des Stadthistorikers Prof. Tschirch. Die Domgemeinde blieb ein Ort der „Deutschen Christen". Erst 1946 fand der von vielen Gläubigen als tragisch empfundene Kirchenkampf sein Ende – wie der frühere Kirchenälteste bei St.Gotthardt und Gymnasiallehrer Dr. Söchtig in seinem Tagebuch vermerkt hatte.[9]

Das Hauptaugenmerk bei der „Aufräumung" in Brandenburg legten die neuen Herrscher jedoch auf die *„Säuberung im Beamtenkörper"*, wie es aus dem städtischen Presseamt im Juli verlautete, weiterhin auf die Verfolgung „kommunistischer Hetzer", waren doch hier die hartnäkkigsten Nazigegner zu finden. Mitte Mai waren im provisorischen Konzentrationslager in der Strafanstalt am Nikolaiplatz 24 Brandenburger in Haft, Ende Juli schon 30. Diese Stätte wurde von der neuen Brandenburger Polizeiführung dem Regierungspräsidenten in Potsdam als reguläres KZ für 200 Personen vorgeschlagen; nach einigen Wochen waren es etwa 1200, teilweise von weither nach Brandenburg überführt. Im September wurden 45 Brandenburger dort verhört. Der Verhaftete Werner U. hatte Angst, packte aus und legte die gesamte erneuerte Betriebszellenstruktur der KPD offen. Einen Tag später kam Gertrud Piter bei einem „Verhör" zu Tode. Sie war das erste Opfer nationalsozialistischer Willkür in unserer Stadt. Die Verhörprotokolle zeichnen ein erschütterndes Bild von der beginnenden Barbarei in Brandenburg, die noch 12 Jahre währen sollte.[10] Am 31. Januar kamen die Häftlinge wegen „Platzmangels" in die Konzentrationslager Oranienburg, Sonnenburg und in andere Lager. Zu ihnen gehörten die SPD-Politiker Friedrich Ebert, Heinrich Witt und Gustav Schernikau.[11]

Zu den eingesperrten Spitzenfunktionären der KPD gehörten Paul Redlich, Max Herm und dessen Frau Mia. Ihr Kleinkind wurde bei Onkel und Tante untergebracht. Auch der Bildhauer Karl Lühnsdorf gehörte zu den Inhaftierten. Eine Intervention seines Vaters, Schöpfer des ersten Fritze-Bollmann-Denkmals, um den Sohn frei zu bekommen, war vergeblich. Im Krieg kam Karl Lühnsdorf als Angehöriger des Strafbataillons 999 bei einem Schiffstransport ums Leben.[12]

Eine „Aufräumungsaktion" besonderer Art spielte sich am 30. Juni 1934 ab. Nazis brachten sich gegenseitig um. Die Schlagzeilen im Anzeiger am 1. Juli 1934 lauteten: *„Die Säuberungsaktion abgeschlossen" und „In Brandenburg herrscht Ruhe".*

Am folgenden Tag kehrte die hiesige SS-Formation von ihrem Einsatz in Berlin zurück, marschierte in ihren schwarzen Uniformen mit Musik vom Bahnhof zum Neustädtischen Markt, wo ein Haupsturmführer nach einer Dankesrede die Kämpfer in die „Quartiere" ihrer Familien entließ. Was war geschehen? – Die allgemeine Stimmungslage im Reich war recht gedrückt, – in Brandenburg besonders, wo *„noch nicht so viel von einer allgemeinen Besserung zu spüren"* war, wie ein Gauamtsleiter bei Escher in der St. Annenstraße vor Gästen aus Handel und Handwerk bekundete. „Schluß mit der Meckerei" war die Losung des Tages. Das galt besonders für die größeren Städte wie Berlin, wo SA-Männer, Kleinhändler aber auch Kleinbürger, noch immer auf die versprochene Enteignung der großen Kaufhausunternehmen und Konzerne warteten. Was sie nicht wußten: Aus diesen Quellen flossen die größten Geldsummen für Hitler und seine Partei. Die Stadt Brandenburg bot dafür ein besonderes Beispiel. Seit 1926 war das Brandenburger Stahl- und Walzwerk Bestandteil der Mitteldeutschen Stahlwerke AG, Sitz Riesa, im Eigentum der Firma Friedrich Flick KG. Diese hatte sich mit Parteispenden an die NSDAP besonders hervorgetan.[13] Allmählich waren sowohl in der Volksstimmung als auch in der NS-Bewegung Spannungen entstanden, die eine Lösung verlangten. Bei einer Aktion wurden nun der SA-Chef Röhm und sieben seiner Führer, der ehemalige Reichskanzler und Reichswehr-General von Schleicher und etliche andere SA-Leute und Militärs unter dem Motto „eine zweite Revolution" erschossen. Nach 24 Stunden „Säuberungsaktion" in Berlin kehrten die beteiligten Brandenburger SS-Leute zurück. Im Anzeiger wurde gewarnt: *„Gerüchtemachern wird energisch das Handwerk gelegt".* Dafür hatte man jetzt Gestapo und KZ. Die Kraft der Einschüchterung wirkte bis in einzelne Familien hinein. *Ich erinnere mich an Gerüchte in meiner Kindheit über Hitlerjungen, die ihre Eltern verrieten.*

In der Industriestadt Brandenburg mit einem traditionellen Arbeitermilieu war es den „Nationalsozialisten" in den ersten zwei Jahren ihrer Macht nicht gelungen, den Widerstand gegen das Regime zu unterbinden. Bis zum Sommer 1933 konnte das illegale Blatt „Die Rote BZ" hergestellt werden. Kommunisten erhielten dazu in Neuendorf die Hilfe eines Bauern und eines sozialdemokratischen Lehrers. In Plaue und Kirchmöser tauchten immer wieder Flugblätter auf. Die letzte große Verhaftungsaktion gegen illegale Gruppen oder Verbindungen traf im November 1934 76 Brandenburger – vorwiegend Kommunisten, aber auch Angehörige der SAP und der SPD, die im Mai 1935 zum Teil hohe Zuchthausstrafen erhielten.[14] Das 1927 im Gördenwald errichtete neue Zuchthaus wurde jetzt zur größten deutschen Strafanstalt für politische Gefangene.

70 Festschrift zur "Heimatwoche" 1934

"Friedlich-fröhliche" Jahre im Zeichen der Aufrüstung

Es war an der Zeit, die Volksstimmung aufzubessern. Was bei den alten Römern schon mit „Brot und Spielen" gut funktioniert hatte, sollte als Kultur- und Unterhaltung in großem Stil aufgezogen werden. Die erste der durchaus attraktiven Festspielwochen war Anfang Juni 1934 eine „Heimatwoche" mit historischem Festumzug

Das Brandenburger Ratsherrenspiel

Ein Freilichtspiel von des Reiches Werden und der Sonne Wende

von

Johannes Thomann

Geschrieben: Im April 1934

Als Manuskript gedruckt

Druck: J. Wiesike, Brandenburg (Havel)

71 Titelblatt eines Festspieles zur Heimatwoche 1934

in neun Bildern, mit Hohenzollernfürsten, Ratsherren, Schützengilden und vielem mehr, gewissermaßen eine Nachfeier für den bei der Jahrtausendfeier funf Jahre zuvor ausgefallenen Festumzug. Historische Spiele wurden aufgeführt: „Albrecht der Bär", „Das Brandenburger Ratsherrenspiel", vom dichtenden NS-Kulturobmann Johannes Thomann verfaßt, und eine alte Germanensage vom „Jarl Iron von Brandinaburg" vom Heimatschriftsteller Adolf May. Eine „Lotterie zur Arbeitsbeschaffung gegen die Nörgler, Besserwisser und Schwarzseher" gehörte auch dazu. Heimatgeschichte in passender Fassung war jetzt sehr gefragt. Ähnliche Festwochen folgten.

Eine Volksabstimmung zur Bestätigung der NS-Macht im August 1934 ergab in der Stadt Brandenburg 82,7 Prozent Ja-Stimmen von den Stimmberechtigten gegenüber 84,4 Prozent im Deutschen Reich, etwa 3900 Ja-Stimmen weniger als im November 1933. Die Tendenz war zwar fallend, doch die siegessichere Aussage lautete: *„Aus der ehemaligen sozialdemokratisch-kommunistischen Hochburg ist ein nationalsozialistisches Brandenburg geworden."*

Ein Jahr später kam die Wehrpflicht. Brandenburg wurde 1935 wieder Garnison. Stationiert waren hier das Infanterie-Regiment 68, das Artillerieregiment 59 und in neu gebauten Kasernen vor dem Altstädtischen Bahnhof und in der Gobbinstraße am Neuendorfer Übungsplatz das Flakregiment 22 und das Pionierbataillon 43. Ab 1936 besaß Brandenburg in Briest einen Luftwaffen-Fliegerhorst mit Fliegerschule, später mit einem Jagd- bzw. Kampfgeschwader. Ab 1939 kam eine Spezialeinheit hinzu, vorerst noch „Bau- und Lehrkompanie z. b. V. 800" genannt, ab 1940 „Lehrregiment Brandenburg z. b. V.", aus dem ab 1942 die „Division Brandenburg" hervorging. Die „Brandenburger" waren eine hoch motivierte Eliteeinheit, für getarnte Hinterlandeinsätze auf „Banditentaktik" trainiert, später im Quenzgut kaserniert.[15] Mit Wehrmacht und Reichsarbeitsdienst waren nunmehr größere Teile der jungen Männer „untergebracht". Andere waren seit Frühjahr 1934 beim Autobahnbau beschäftigt, welcher schon im Sommer Wollin erreicht hatte und etwa 800 Brandenburgern Arbeit gab. Zu der Zeit hatte die Stadt noch immer etwa viereinhalbtausend Arbeitslose.

72 Einberufene Rekruten in das Infanterie-Regiment 68 in der Magedeburger Straße 1937

74 Pionierkaserne vor dem ARADO-Flugplatz

73 Vereidigung von neu einberufenen Infanteristen 1937

Nach den herben Jahren der Arbeitslosigkeit kam neue Hoffnung auf, auch bei vielen Zweiflern.

Vater bekam nach langen 4 1/2 arbeitslosen Jahren wieder Beschäftigung und ab 1936 sogar in einem „Traumberuf" - in einer neuen, modernen Fabrik mit interessanten Maschinen. Er wurde Fräser im neuen Havelwerk an der Potsdamer Straße, am Standort eines Teiles der heutigen Stadtverwaltung. Das war ein Staatsbetrieb des Hermann-Göring-Konzerns zur Herstellung von leichten 2 cm Flakgeschützen und Kampfwagenkanonen. Dort durfte er auch einen Betriebs-Männerchor leiten.

Das benachbarte Brennabor-Werk war schon ab 1935 unter anderem mit der Herstellung von Munition beschäftigt, die Fahrradfabrik Excelsior am Schlachthof mit der Produktion von Handgranaten und Maschinengewehren, später mit Zulieferungen für die Flugzeugproduktion bei ARADO. Weitere stattliche neue Betriebe entstanden. Außer dem Havelwerk ist das zum amerikanischen Konzern General Motors gehörende Opel-Werk ab 1935 an der Gördenbrücke zu nennen, damals das modernste LKW-Werk Europas. Hier wurde der LKW-Typ „Opel-Blitz" gefertigt. Im Zweiten Weltkrieg war der Opel-Blitz das Transportrückgrat der Wehrmacht.

75 Spezialfahrzeuge von Opel vor dem Heizhaus

76 "Werkpause" mit Pressetermin

Ab 1936 entstanden auf dem Stahlwerksgelände die „Brandenburger Eisenwerke" mit dem Quenz- und Panzerwerk, später ein weiteres Werk in Kirchmöser zur Herstellung von Panzer-Wannen und Türmen mit neuartigen Legierungen. Ab 1937 kam ein Elektrostahlwerk mit vier Öfen hinzu. Zwischen 1935 und 1938 wurde vor Neuendorf das Flugzeugwerk ARADO aufgebaut, ein Betrieb, der im Jahr 1944 mit etwa 9500 Personen die meisten Beschäftigten in Brandenburg hatte, davon etwa 35Prozent Ausländer.[16] Zwischen 1934 und 1938 lag der Stundenlohn eines qualifizierten Drehers bei 1,20 Reichsmark, eines jungen Drehers und „Junggesellen" bei 70 Pfennigen.

77 Der "Opel-Blitz" war der typische Wehrmachts-LKW

Die Arbeitslosigkeit war vergessen, es wurde gut verdient, der steigende Arbeitskräftebedarf führte zu einem enormen Bevölkerungszuwachs. Autowerker kamen aus Rüsselsheim, Stahl- und Walzwerker aus Westfalen, Flugzeugbauer aus Dessau, weitere Arbeitskräfte aus Schlesien, dem Rheinland und ab 1938 auch aus Österreich – die meisten der Zugezogenen waren dienstverpflichtet auf der Grundlage neuer Arbeitsgesetze. Die Zuzügler aus dem Rheinland brachten auch den Karneval mit in unsere Stadt. Eines ihrer Stammlokale wurde die Gaststätte „Zum drögen Jupp" in der Magdeburger Straße.

Brandenburg wuchs innerhalb von sechs Jahren um rund zwanzigtausend Einwohner, von 1933 etwa 64 200 auf über 83 700 im letzten Friedensjahr 1939.[17]

Der Wohnungsbau boomte; Wohnungen waren knapper denn je. Zwischen 1934 und 1940 entstanden neue Wohngebiete, die Walzwerksiedlung, die Siedlung Neuschmerzke für die Havelwerker, die Siedlungen „Schlagen" und „Hufen" – nach dem Richtfest am 18. August 1939 auch Gördensiedlung genannt – vorwiegend für Opelwerker, ebenso die Siedlung Hohenstücken, die nach 1949 Teil eines Kasernenkomplexes wurde. Weitere Siedlungshäuser entstanden an der Fohrder Landstraße, in der „Eigenen Scholle" und für die Aradowerker hinter der Linienstraße, an der Immelmannstraße, heute Otto-Gartz-Straße. Das waren zwischen 1936 und 1943 insgesamt über 6000 Wohnungen, die damals recht klein und eng gebaut wurden – so billig wie möglich und oft ohne die Anlage von befestigten Straßen.

In den Betrieben wurde für Stimmung gesorgt. In den Werkpausen musizierten regelmäßig die Militärblaskapellen der Garnison mit Werkpausenkonzerten oder Platzkonzerten. Im Juli 1938 fand ein „Luftwaffengroßkonzert" mit vier Orchestern statt. Ab 1938 gab es für „Gefolgschaftsmitglieder" sogenannte „KdF-Reisen",[18] die so manchen Arbeiter per Schiff, beispielsweise mit der „Wilhelm Gustloff" oder der „Bremen", ins Mittelmeer bis nach Venedig führten oder in norwegische Fjorde. Ein aus Westfalen zugezogener Ober-Walzwerker konnte sich durchaus bald einen „Volkswagen" kaufen, dazu ein kleines Segelboot und sich ein Eigenheim an der Fohrder Landstraße bauen. Im August 1939 fuhren etwa 7000 Arbeiter nach Bayreuth, um von Richard Wagner den „Fliegenden Holländer" oder den „Parzifal" zu sehen oder zu hören. Ab 1937 fand in den Betrieben der „Leistungskampf der deutschen Betriebe" statt, eröffnet mit Betriebsappellen mit der Verkündung der „Gewährleistung des sozialen Friedens" und der „Schönheit der Arbeit" zur Steigerung der Arbeitskraft. Die Nazis machten gemeinsam mit ihren „Betriebsführern" zur Sicherung der Stimmung in der „Betriebsgefolgschaft" ganze Sache. Ab 1938 wurde begonnen, mit „Eintopfsonntagen" die kommenden Einschränkung zu trainieren. Erbsen mit

78 Szene in der St. Annenstraße mit „Pimpfen". In der Mitte das Haus der Arztfamilie von Kolkow

79 Blick auf das Neustädtische Rathaus, das Kurfürstenhaus und die St. Katharinenkirche

Morgen beginnt in Brandenburg die Ausgabe der Gasmasken

Photo: Weltbild. „Anzeiger"-Bilderdienst.

„Marsbewohner" mit Fliegenköpfen und Saugrüsseln? — Nein, es sind keine Fabelwesen, sondern zwei ganz einfache Volksgenossen, die sogar sehr real dachten, indem sie sich Volksgasmasken bestellten.

80 Ankündigung der Gasmaskenverteilung

Speck waren besonders gefragt. Weniger gefragt waren die „Volksgasmasken", die ab 10. März 1938 an alle Einwohner zum Preis von 5 Reichsmark ausgegeben wurden und bei vielen Kindern wahre Panikgefühle auslösten.

Die Hitler-Jugend[19] bekam im November 1937 das Neustädtische Schützenhaus hinter dem Hauptbahnhof als „Haus der Jugend" übergeben. Die im Bund Deutsche Mädchen (BDM) organisierten Mädchen trafen sich in ihrem Heim in der Eichamtstraße. Dort befand sich später das Lebensmittelkartenamt, welches am 31. März 1945 von einem Bombenvolltreffer zerstört wurde. Außer dem „Dienst" jeden Mittwoch und Sonnabend und den immer wiederkehrenden Appellen ging das junge Volk damals schon mit Vorliebe in eines der vier Kinos, Metropol, Konzerthaus, Alhambra oder Capitol, um zum Beispiel Filme wie „Der Dschungel ruft" mit Harry Piehl, „Der Mustergatte" mit Heinz Rühmann, „Mazurka" mit Pola Negri, „Das Ekel" mit Hans Moser oder „Pat und Patachon" zu sehen. Die Nachbarn im Städtchen Plaue erlebten 1937 eine Festwoche, zu der ihr 300 Jahre altes Stadtsiegel als Anlaß herhalten mußte. Ein Festzug mit den Quitzows und ein Festspiel über die „Teufelsprobe" von Pfarrer Lemcke über die Plauer Porzellan-Geschichte waren Glanzlichter dieses Festes.

Richtig Stimmung brachte ein Fest der Freude der „KdF-Stadt" Brandenburg in der ersten Augustwoche 1939. Kaum einem der vergnügt Feiernden war die drohende Kriegsgefahr bewußt. Die Großbetriebe feierten in bunten Abenden. In den Adlerterrassen gab es für ARADO-Mitarbeiter Kabarett, die Stahlwerke boten Akrobatik mit Erich Fricke, im Café von Theodor Hein am Gördenwald, dem späteren Waldcafé, feierte Opel mit dem „Sender Opel Blitz" und im Garten des Märkischen Hauses machten die „Werkscharen" der Großbetriebe mit den „Havel-Donkosaken" Stimmung. In einem Zeitungsbericht hieß es dazu: *„Jeder Mißton eines Sängers wurde mit sofortigem Erschießen geahndet, denn der Dirigent trug seine schwere Pistole nicht zum Spaß am Gürtel. In wenigen Minuten war die Künstlertruppe ins Jenseits befördert."*

81 Szene auf einem Festwagen von Brennabor und Havelwerk zum "Fest der Freude" August 1939

Unterhaltung war überall angesagt. Militärplatzkonzerte und Zapfenstreiche lösten einander ab. Am Altstädtischen Schützenhaus rechts vor der Brielower Brücke erklang aus 200 Soldatenkehlen „Es ist so schön Soldat zu sein", „Schön blüh'n die Heckenrosen" und die Welturaufführung von „In der Heimat weint um mich ein Mägdelein – und das heißt: Erika!" Zur Premiere seiner Komposition war eigens der Schöpfer des Liedes Herms Niel, Künstlername von Hermann Nielebock, vom Reichsparteitagsgelände in Nürnberg angereist. Höhepunkt der Festwoche war in der Freilichtbühne[20] auf dem

Hie guet Brandenburg allewege

Nummer 176 · 130. Jahrgang | Zweites Blatt zum Brandenburger Anzeiger | Montag, 31. Juli 1939

Erlebnisreiche Feierstunde auf dem Marienberg

„Der Zigeunerbaron" im Rahmen der Freilichtbühne — ein vielversprechender Auftakt für das Fest der Freude

Ein leuchtender, warmer Sommertag ging zur Rüste. Ein Tag voller Sonnenglanz, voller Lebenskraft und voller Lebensfreude. Ein Tag, da die Menschen sich frei und froh fühlen, wenn sie nach getaner Arbeit ausruhen, die Schönheiten der Natur genießen und sich erholen dürfen. So war der vorgestrige Sonnabend recht geeignet, sich vorzubereiten auf das große „Fest der Freude", das auch in diesem Jahre wieder die erste Augustwoche in den Mauern der „KdF."-Stadt Brandenburg beherrscht.

Mit Freude und Genugtuung können wir feststellen, daß der Auftakt für diese Festwoche glückverheißend und vielversprechend war. Keine schönere Einleitung hätte man sich wünschen, keinen nachhaltigeren Genuß denken können als die künstlerische Leistung, mit der unser Theater seine Besucher im Rahmen der Freilichtbühne auf dem Marienberg erfreute. Denn diese künstlerische Leistung war eine kulturelle Tat!

Die Operette von Johann Strauß „Der Zigeunerbaron" gehört zu den bekanntesten und beliebtesten Musikwerken. Die klassische Operette hat auch in unserer Stadt eine gewisse Tradition. Sie ist auf der Bühne des ehemaligen Sommertheaters auf Ahlerts Berg und auf der Bühne des Stadttheaters, aber auch in freier Natur, aufgeführt worden. Und

tung und Vermittlung wahrer Kunst ein dankbares, volltönendes Echo. Die Begeisterung, von der die Künstler und die in dem gewaltigen Chor mitwirkenden Laienkräfte getragen und hingerissen wurden, ging auf die große Gemeinde der Zuhörer und Zuschauer über. Das bewies der spontan einsetzende und sich von Akt zu Akt steigernde Beifall, der am Schluß allen Beteiligten besonders stürmisch dankte.

Wundervoll, so ein warmer Sommertag auf dem Marienberg. Wundervoll aber vor allem ein solcher Kunstgenuß in abendlicher Stunde, da der riesige Sonnenball glutrot hinter dem dunklen Laub der Bäume und Sträucher niedergeht und allmählich die Dämmerung der hereinbrechenden Nacht immer stärker auf uns herabsinkt und wir uns selbst durch dichterische Klänge hinwegtragen lassen in ein weites, weites Land. Bunt und vielgestaltig leuchten die Farben auf, und dieser Rausch einer einzigartigen Sinfonie steigert sich zu einem vielbewunderten Feuerwerk, das der Straußschen Komposition symbolhaften Ausdruck und festlichen Ausklang verleiht.

„Im Sinne besonderer Anstrengungen muß jetzt in unserem Theater eine neue Epoche beginnen. Sie muß im Zeichen der Leistung stehen. Wir wollen das Vertrauen aller Volksgenossen unserer Stadt, gleich welchen

82 Bericht über die Feier auf dem Marienberg im BAZ

Marienberg eine mit großem Aufwand inszenierte Aufführung des „Zigeunerbaron" von Johann Strauß. Das Stadttheater unter Siegfried Kohrt spielte die Operette, Rolf Kleinert dirigierte das Orchester. *Mit Pferden auf der Bühne und einem Riesenfeuerwerk zum Abschluß wurde eine Pracht entfaltet, die mir jetzt noch unter der Haut sitzt. Ich war 5 Jahre alt, und Vater, Mutter und Schwestern durften mit ihrem Chor mitsingen. Es war das Familienereignis!*

Der Abschluß des Festes ließ wohlüberlegtes Kalkül bei der Vorbereitung der Bürger auf den bevorstehenden Krieg erkennen. Ein großes Volksliedersingen von aufmarschierten Jugendlichen der HJ und des BDM auf dem Altstädtischen Markt zeigte noch die Idylle friedlicher Tage. Zum Abschluß des Festes erklangen die Alarmsirenen der Stadt – „zur Überprüfung", wie es hieß. In den Tagen nach dem Stadtfest folgten Luftschutzübungen; sie deuteten auf den Ernst der Situation hin. Auf dem Grillendamm und anderswo trainierten Luftschutzhelfer, mit feuchten Scheuerlappen Stabbrandbomben zu löschen.

83 Annonce aus dem Brandenburger Anzeiger

84 Aufmarsch der Hitlerjugend zum Volksliedersingen auf dem Altstädtischen Markt

84 Jüdisches Gemeindehaus in der Großen Münzenstraße, rechts die Rolandschule. Im Hintergrund auf dem Schulhof ist die 1938 durch Brandstiftung vernichtete jüdische Synagoge zu sehen

Viele Brandenburger hatten freilich längst erkannt, daß die unbeschwerten Jahre des Aufschwunges nicht lange andauern würden. Der erreichte Lebensstandard hatte eine bedenkliche Schattenseite. Getragen wurde der Aufschwung hauptsächlich von der Rüstungsindustrie und Infrastrukturbauten, die hauptsächlich an militärischem Nutzen ausgerichtet waren.

Indessen hatten sich schon einige „Gewitter" über Teilen Europas entladen. Seit 1936 flogen deutsche Piloten der Legion Condor todbringende Einsätze in Spanien, unter ihnen der Brandenburger Werner Mölders. Am 13. März 1938 war Österreich von Deutschland besetzt worden, Hitler fuhr als Sieger in Wien ein, von seinen Landsleuten mit tosendem Jubel begrüßt. Am 1. Oktober wurden die tschechischen Sudetengebiete besetzt und am 15. März 1939 die Rest-Tschechoslowakei. Die inflationäre Gefahr des gewaltigen Wirtschaftsaufschwunges über gigantische Staatsaufträge wurde rechtzeitig mit den Goldreserven der Nationalbanken von Wien und Prag abgefangen. Das wußten die Brandenburger natürlich nicht. Aber etwas anderes wurde für aufmerksame Beobachter erkennbar. Nun kam auch anderes „Geld und Gold" in den Staatshaushalt: Werte jüdischer Bürger, von den Nationalsozialisten höhnisch als „Reichsfluchtsteuer" erpreßt.

In den frühen Morgenstunden des 9. November 1938 erscholl in der sonst so ruhigen Großen Münzenstraße (außer wenn die Kinder aus der Rolandschule kamen) ungewohnter Lärm. Lastwagenmotoren heulten auf, Gebrüll und Rufe erschollen, darunter das Kommando: „Fenster zu!" Die Familien des Rabbiners und des Kantors der jüdischen Gemeinde wurden aus den Betten geholt, während Flammen aus dem Dach und den Fenstern der Synagoge schossen, die sich am Schulhof links neben der Schule befand. Polizei und Feuerwehr standen daneben und durften nicht eingreifen. Der seit Februar 1938 regierende Oberbürgermeister Dr. Sievers war, wie Zeugen nach dem Krieg aussagten, persönlich an der Aktion beteiligt. In den Frühstunden des folgenden Tages klirrten die Schaufensterscheiben jüdischer Geschäfte. Die Läden wurden geplündert, danach enteignet. Aus dem Strumpfhaus Liebenthal schräg gegenüber der Großen Münzenstraße wurde bald das Textilgeschäft des früheren Dekorateurs Hutfilz; auch andere Geschäfte bekamen neue „arische" Eigentümer. Zahlreiche friedliche und zum Teil in der Bevölkerung hoch angesehene jüdische Mitbürger wurden verhaftet, mißhandelt oder nachfolgend in die Emigration getrieben. Die Ärztin Frau Dr. Lilli Friesicke nahm sich nach „Verhören" das Leben, der beliebte Kinderarzt Dr. Loewenthal verließ Deutschland. Die Brandenburger blieben gewohnt ruhig, doch so mancher, der 1933 neue Hoffnungen gehegt hatte, wurde nachdenklich.[21]

Der Brandenburger Anzeiger brachte immer wieder Horrorgeschichten, jedoch anderer Art: Kurz vor dem Einmarsch in die Sudeten berichtete er von barbarischem Terror von Tschechen gegen Deutsche, dann über grausige Untaten von Juden. So klangen auch im August 1939 die Schlagzeilen in der Heimatzeitung der Buch- und Kunstdruckerei J. Wiesike in der Kurstraße: *„Polen, eine riesige Irrenanstalt", „Polens Gier nach deutschem Land", „Polen bereitet überall den Angriff vor"* und *„Polnische Terrorakte am laufenden Band"*.[22] Der Krieg wurde ideologisch vorbereitet.

Erste Kriegsjahre – und noch recht unbeschwertes Leben in der Heimat

85 Die "Zickenmutter" in der Altstädtischen Großen Heidestraße

Die Augusthitze 1939 lud zum Schwimmen in die Badeanstalt am Grillendamm, an den Gördensee oder an die Malge ein. Es war noch „tiefster Frieden", da wurden schon unter dem Motto *„Wir sorgen rechtzeitig vor"* Bezugscheine an alle Haushalte ausgegeben. Brot, Mehl und Kartoffeln blieben vorerst noch kartenfrei. An die Luftschutzübungen war die Bevölkerung schon fast gewöhnt. Am 1. September erschien dann der Tagesbefehl des „Führers" an die Wehrmacht im Brandenburger Anzeiger. Er forderte die Bestrafung Polens für die Besetzung des oberschlesischen Senders Gleiwitz durch polnische Soldaten.[23] „Tausende saßen am Rundfunk", berichtete die Zeitung. Man besaß unterdessen recht billige „Volksempfänger", im Volksmund „Goebbelsschnauze" genannt. Wer noch kein Radio hatte, ging zum Nachbarn, *„um den Führer zu hören"* und mehr oder weniger begeistert auszurufen: „Jetzt geht's los!". Es kam vor, dass dieser Besuch dem Nachbarn nicht paßte. In Familien gab es Ängste, die unbequemen Radiohörer abzuweisen.

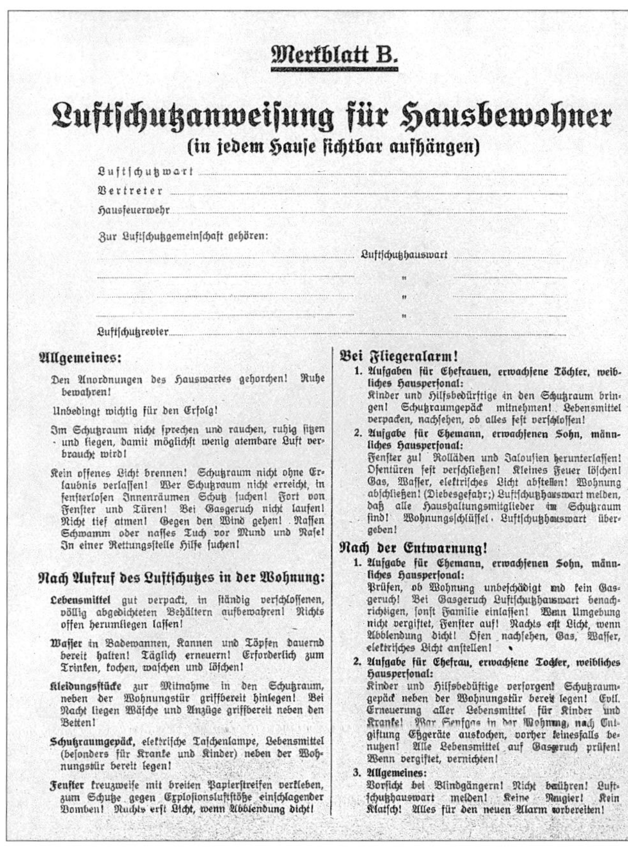

Merkblatt B.

Luftschutzanweisung für Hausbewohner
(in jedem Hause sichtbar aufhängen)

Luftschutzwart ....
Vertreter ....
Hausfeuerwehr ....

Zur Luftschutzgemeinschaft gehören:
.... Luftschutzhauswart ....
.... " ....
.... " ....
.... " ....
Luftschutzrevier ....

Allgemeines:

Den Anordnungen des Hauswartes gehorchen! Ruhe bewahren!

Unbedingt wichtig für den Erfolg!

Im Schutzraum nicht sprechen und rauchen, ruhig sitzen und liegen, damit möglichst wenig atembare Luft verbraucht wird!

Kein offenes Licht brennen! Schutzraum nicht ohne Erlaubnis verlassen! Wer Schutzraum nicht erreicht, in fensterlosen Innenräumen Schutz suchen! Fort von Fenster und Türen! Bei Gasgeruch nicht laufen! Nicht tief atmen! Gegen den Wind gehen! Nassen Schwamm oder nasses Tuch vor Mund und Nase! In einer Rettungsstelle Hilfe suchen!

Nach Aufruf des Luftschutzes in der Wohnung:

Lebensmittel gut verpackt, in ständig verschlossenen, völlig abgedichteten Behältern aufbewahren! Nichts offen herumliegen lassen!

Wasser in Badewannen, Kannen und Töpfen dauernd bereit halten! Täglich erneuern! Erforderlich zum Trinken, kochen, waschen und löschen!

Kleidungsstücke zur Mitnahme in den Schutzraum, neben der Wohnungstür griffbereit hinlegen! Bei Nacht liegen Wäsche und Anzüge griffbereit neben den Betten!

Schutzraumgepäck, elektrische Taschenlampe, Lebensmittel (besonders für Kranke und Kinder) neben der Wohnungstür bereit legen!

Fenster kreuzweise mit breiten Papierstreifen verkleben, zum Schutze gegen Explosionsluftstöße einschlagender Bomben! Nachts erst Licht, wenn Abblendung dicht!

Bei Fliegeralarm!

1. **Aufgaben für Ehefrauen, erwachsene Töchter, weibliches Hauspersonal:**
Kinder und Hilfsbedürftige in den Schutzraum bringen! Schutzraumgepäck mitnehmen! Lebensmittel verpacken, nachsehen, ob alles fest verschlossen!
2. **Aufgabe für Ehemann, erwachsenen Sohn, männliches Hauspersonal:**
Fenster zu! Rolläden und Jalousien herunterlassen! Ofentüren fest verschließen! Kleines Feuer löschen! Gas, Wasser, elektrisches Licht abstellen! Wohnung abschließen! (Diebesgefahr;) Luftschutzhauswart melden, daß alle Haushaltungsmitglieder im Schutzraum sind! Wohnungsschlüssel Luftschutzhauswart übergeben!

Nach der Entwarnung!

1. **Aufgabe für Ehemann, erwachsenen Sohn, männliches Hauspersonal:**
Prüfen, ob Wohnung unbeschädigt und kein Gasgeruch! Bei Gasgeruch Luftschutzhauswart benachrichtigen, sonst Familie einlassen! Wenn Umgebung nicht vergiftet, Fenster auf! Nachts erst Licht, wenn Abblendung dicht! Öfen nachsehen, Gas, Wasser, elektrisches Licht anstellen!
2. **Aufgabe für Ehefrau, erwachsene Tochter, weibliches Hauspersonal:**
Kinder und Hilfsbedüftige versorgen! Schutzraumgepäck neben der Wohnungstür bereit legen! Evtl. Erneuerung aller Lebensmittel für Kinder und Kranke! War Senfgas in der Wohnung, nach Entgiftung Eßgeräte auskochen, vorher keinesfalls benutzen! Alle Lebensmittel auf Gasgeruch prüfen! Wenn vergiftet, vernichten!
3. **Allgemeines:**
Vorsicht bei Blindgängern! Nicht berühren! Luftschutzhauswart melden! Keine Neugier! Kein Klatsch! Alles für den neuen Alarm vorbereiten!

86 Luftschutzanweisung ab 1939 in allen Häusern

Schlagartig setzte ein Programm von gut vorbereiteten Maßnahmen ein: Ab 1. September galt der Verdunklungsbefehl. Die Rollos waren vorher schon in den Haushalten angebracht worden. Täglich stand nun die befohlene Verdunklungszeit im Brandenburger Anzeiger, und es wurde damit begonnen, in allen Häusern Luftschutzkeller mit Richtungspfeilen vor der Haustür einzurichten. Der Schulunterricht wurde ausgesetzt und erst nach drei Wochen wieder aufgenommen, Tanzveranstaltungen wurden vorübergehend eingestellt, nach der Niederlage der Deutschen Wehrmacht in Stalingrad ganz verboten. Neue Modalitäten erleichterten Eheschließungen. Die Brandenburger Stadtverwaltung begann damit, 50 Hilfskindergärten für etwa 2000 Kinder einzurichten. Frauen wurden aufgefordert, sich in den Arbeitsämtern zu melden. In den Geschäften wurden die Bestände an Tabak, Sekt und Bier registriert, und PKW-Besitzer hatten Vergnügungsfahrten zu unterlassen. Später wurden die Fahrzeuge eingezogen.

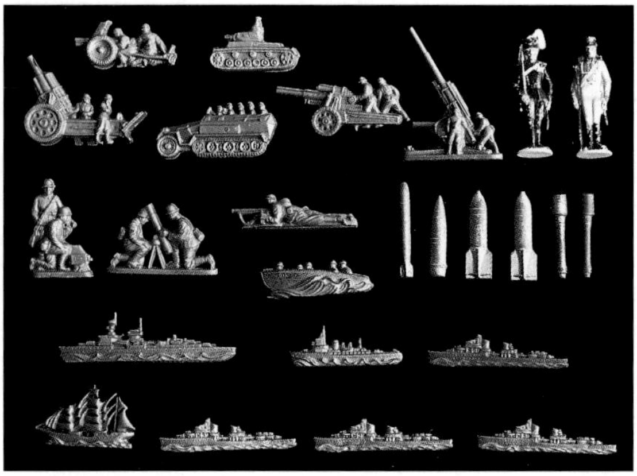

87 WHW-Abzeichen („Winterhilfswerk"), verkauft bei Straßensammlungen

Zum sonntäglichen Straßenbild gehörten jetzt die Winterhilfswerk-Straßensammlungen, kurz WHW-Sammlungen, duchgeführt, vor allem von HJ- und BDM-Jugendlichen, mit roten Sammelbüchsen, die WHW-Abzeichen verkauften, zum Teil attraktive Serien wie Märchenfiguren und Vögelchen aus Porzellan, Wilhelm-Busch-Figuren aus Ton, germanische Streitäxte, Schilde und Schwerter, Figuren kämpfender Soldaten oder schwere Kampftechnik, Liederheftchen oder Kunststräußchen mit Wildblumen. Die WHW-Briefmarkenserien wurden immer schöner und häufiger, was die Sammelleidenschaft entfachte. So ging es fast den ganzen Krieg hindurch. Ab 1. Oktober erklang sonntags um 16 Uhr in den Radios das Wunschkonzert aller Großdeutschen Sender mit Heinz Goedecke. In der Zeitung erschienen Vorschläge, um den Krieg gut zu überstehen wie: *„Eßt Pellkartoffeln!"*, *„Beteiligt Euch am eisernen Sparen!"*, *„Beteiligt Euch am Tag der Hausmusik!"* und: *„Hört keine Feindsender!"*; denn, so stand es im Brandenburger Anzeiger: *„Wer sich an dem Gift infiziert, soll auch daran zugrunde gehen!"* Das war wohl sehr ernst gemeint. Bald sprach es sich herum, dass entdeckte „Feindhörer" abgeholt wurden und ins KZ kamen. Diesen Begriff kannten die Brandenburger durchaus, er war geläufig. In der Öffentlichkeit erschienen Plakate: auf gelbem Grund die schwarze Schattenfigur eines Spions mit Hut, dazu die Mahnung *„Achtung, Feind hört mit!"* Sie wurde zum geflügelten Wort. Im Verlauf des Krieges wurden zur Abschreckung Hinrichtungen unter anderem wegen Hörens von Feindsendern an Litfasssäulen oder in der Presse bekannt gemacht.

Der Kriegsbeginn 1939 wurde in unserer Stadt durchaus nicht so euphorisch aufgenommen wie der am 1. August 1914. Es marschierten keine Truppen durch die Stadt an die Front, die Verladungen der Infanterie und Pioniere fand vorwiegend auf dem Altstädtischen Güterbahnhof statt, vereinzelt waren davon Fotos im Anzeiger zu sehen. Das Blatt berichtete jedoch ausführlicher von einem *„gewaltigen Andrang von Freiwilligen, die sich gedulden mögen"* und von Vormusterungen für die Waffen-SS im SS-Sturmheim in der Großen Münzenstraße 13, zu der sich 17- und 18-jährige freiwillig meldeten. Freiwillige BDM-Mädchen meldeten sich zur Hilfschwesterausbildung, als sogenannte „Blitz-Mädels" in Nachrichteneinheiten der Luftabwehr.

88 und 89 Verladung von Infanterie auf dem Altstädtischen Güterbahnhof im September 1939

Sie wurden auch nach dem Reichsarbeitsdienst-Jahr beispielsweise als Soldatinnen zur Luftabwehr am Scheinwerfer einberufen und meist am Rande von besonders gefährdeten Großstädten stationiert.

Es dauerte nicht lange und die Jugend hatte ihre Helden, von denen spannende Geschichten in „Landserheften" erzählt wurden. An der Spitze der Beliebtheitsskala standen der bärtige Kapitänleutnant Prien und der Brandenburger Jagdflieger Werner Mölders. Deren Abschußzahlen feindlicher Schiffe bzw. Flugzeuge sorgten unter den Schuljungen für großen Stolz, die ab 10 Jahre als Pimpfe[24] mittwochs auf der Bullenwiese am Grillendamm im Braunhemd unter dem Kommando schneidiger HJ-Führer aus dem Saldria-Gymnasium exerzierten. Sie sangen beim Marschieren: „Landgraf, werde hart!" Bunte Elternabende in den Schulen wie unter dem Motto: „Gen Ostland wollen wir reiten" taten das Ihrige.

90 Freiwillige für die Waffen-SS in der Großen Münzenstraße auf dem Weg zur Musterung

Laut war der Jubel, als nach dem erfolgreichen Einsatz in Polen das Pionierbataillon am 22. Oktober 1939 zum Kurzaufenthalt in Brandenburg einrückte, auf großen LKW, mit schwerer Technik und auch zu Fuß marschierend.[25]

An diese Episode habe ich Erinnerungen, wie ich, als Kind an Mutters Hand vor der Havelterrasse an der Jahrtausendbrücke stehend, die jubelnde Menschenmenge am Straßenrand sah. Es regnete Blumen, Äpfel, Schokolade und Zigarettenschachteln auf die Soldaten herab.

Sie gehörten jetzt zur Division „Großdeutschland". Ihr Reserve-Nachschub exerzierte indessen auf dem Neuendorfer Platz oder übte am Havelufer in der Nähe von ARADO Brückenbau oder Sturmbootfahren. Recht bald kamen in unsere Stadt auch Verwundete, die in Behelfslazaretten unterge-

91 Zurückkehrende Fallschirmjäger nach dem Kreta-Einsatz im Mai 1941 in der Plauer Straße

92 Das aus Polen zurückkehrende Pionier-Bataillon in der Hauptstraße Oktober 1939. Rechts unten: (93) Ausmarsch der Pioniere nach Frankreich Frühjahr 1940

93 Einlieferung von Verwundeten in das Behelfs-Lazarett in der Berufsschule Vereinsstraße

94 Ablieferung von Bekleidung für die Front in einer Sammelstelle im Winter 1941/42

bracht waren und die von nun an zum Straßenbild gehörten. Dampferfahrten und Varieté in den Adlerterrassen unter dem Motto „Soldatenleben, ja, das heißt lustig sein!" sollte die Verwundeten in gute Stimmung bringen. Inzwischen wurden rings um die Stadt Flakstellungen für leichte und schwere Geschütze eingerichtet, erst noch von Flaksoldaten bedient, ab 1942 von jugendlichen Luftwaffenhelfern ab 16 Jahre oder von Arbeitern, die „UK" geschrieben waren, d. h. unabkömmlich als Facharbeiter und von der Einberufung befreit. Der erste Luftalarm 1940 hatte nur eine Minute gedauert. Das sollte sich bald ändern.

Vater hatte als unabkömmlicher und besonders qualifizierter Rüstungsarbeiter das Glück, nicht einberufen zu werden. Er musste im Krieg Polinnen, Holländer, Franzosen und Ukrainerinnen an der Fräsmaschine anlernen. Seine Hefte zur Sprachverständigung in der Fabrik besitze ich noch.

Das Brandenburger Kulturleben lief weiter. Im ersten Kriegs-Spieljahr zeigte das Stadttheater in der Blumenstraße immerhin 23 Sprechstücke, u.a. von Goethe und Shakespeare, und 8 Operetten, zum Beispiel „Clivia" von Nico Dostal, „Grigri" von Paul Lincke und „Meine Schwester und ich" von Ralph Benatzky. Am Sonntag, dem 10. Dezember 1939, gab das neu gegründete Städtische Orchester sein erstes Konzert, mit Musik aus dem „Figaro", dem „Freischütz" und den „Lustigen Weibern von Windsor". Auf der Bühne agierten Alfred Mordhorst und Lina Meyersieden. Ein Jahr später – 1940 – eröffnete der Oberbürgermeister Sievers die Spielzeit unter dem Motto: „In der Sonne, nicht im Schatten Berlins" solle die Kultur in Brandenburg stehen. Er bekannte sich zur nachhaltigen Unterstützung des Theaters. Im August 1940 gründeten er und die Fabrikanten bzw. Betriebsdirektoren Kummerlé, Glomp, Borchers vom Havelwerk, Hennecke vom Stahlwerk, Spitta und anderen Persönlichkeiten einen Kulturverein für die Stadt. Bald hatten die Brandenburger jedoch andere Sorgen. Vorerst noch war der erste Kriegssommer 1940 schön, das besetzte Frankreich weit weg, und man fuhr zum Wochenende zu den Karl-May-Festspielen nach Werder, wo „Felsen" dem Winnetou eine eindrucksvolle Kulisse boten. Im Kino waren Zarah Leander im „Paradies der Junggesellen", Marika Röck, Hans Stüwe und Aribert Wäscher in „Es war eine rauschende Ballnacht", und Marika Röck in „Eine Nacht im Mai" zu sehen. Für die Älteren der Pimpfe[24] gab es „Tom Mix", einen Detektivfilm.

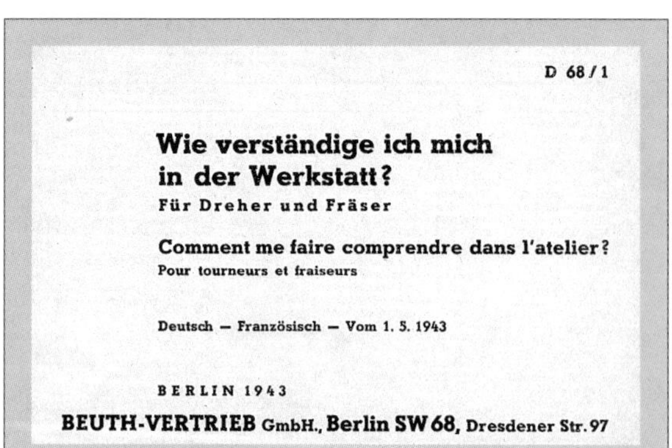
D 68 / 1

Wie verständige ich mich in der Werkstatt?
Für Dreher und Fräser

Comment me faire comprendre dans l'atelier?
Pour tourneurs et fraiseurs

Deutsch – Französisch – Vom 1. 5. 1943

BERLIN 1943
BEUTH-VERTRIEB GmbH., Berlin SW 68, Dresdener Str. 97

95 Sprachführer für die Einarbeitung von Zwangsarbeitern und Kriegsgefangenen in der Rüstungsproduktion

96 Verkauf von Einweckgläsern bei der Firma J. F. Krause in der Steinstraße (vermutlich im Sommer 1944)

Ich hatte als 6jähriger mein erstes Kinoerlebnis und sah im Alhambra in der Jakobstraße zu Tränen gerührt „Schneewittchen". Eigentlich ließ es sich noch gut leben. Mutter ging auf Punktkarten Textilien einkaufen, zu Schrepffer, zu Macco, Riedel, Mertsch, Flakowski, Fauser oder Seibt, Vater in die Werkzeugläden von Eisenmenger oder Krause, kaufte sich einen Likör von Nelte oder Marschner oder sah sich interessiert Autos bei Gensler oder Gentz in der Kirchhofstraße an. Wer etwas mehr Geld hatte und nicht, wie Vater, im 12-Stunden-Schichtbetrieb in der Fabrik stand, ging nachmittags zu Busse ins Café Kurfürst Ecke Bäckerstraße/Ritterstraße, ins Café Röwert in der Jakobstraße, zum Café Rosenhag, zu Graf oder Oske in der Neustadt, vielleicht auch ins Café Lohse neben der Theodor-Körner-Bürgerschule unweit der Verrückten Kapelle, von Eingeweihten „Café Röckchen hoch" genannt.

Das Leben zu Kriegsbeginn in Brandenburg schien noch recht friedlich zu sein; doch das scheinbar sonnige Bild hatte einen neuen Schatten erhalten. An Todesanzeigen mit dem Eisernen Kreuz für die an den Fronten Gefallenen hatte man sich schnell gewöhnt – wenn es einen nicht selbst betraf. In unzähligen Familien wurde von nun an täglich angstvoll die Briefträgerin mit unheilvoller Post von der Front erwartet. Jährlich wurden es mehr Gefallenenanzeigen. Später erhielten die Witwen gefallener Soldaten Besuch von Mitgliedern der NS-Frauenschaft, die darauf hinwirkten, „in stolzer Trauer" auf schwarze Kleidung zu verzichten.

97 LKW-Kolonne der Wehrmacht auf der Jahrtausendbrücke

Prof. Heinze als Volkspädagoge. 1934 erschien sein „Wegweiser auf dem Gebiete der Rassenkunde, Vererbungslehre und Erbgesundheitspflege für den Gebrauch an Volks- und Mittelschulen" *Aus: Archiv Aly*

98 Titelbild eines Buches von Prof. Hans Heinze aus dem Jahr 1934

Kriegsgefangene erschienen im Stadtbild: zuerst Polen, dann Franzosen und Belgier, zugleich sah man jetzt auch „Fremdarbeiter", wie ausländische Zwangsarbeiter genannt wurden, vorerst vor allem Franzosen, Holländer, Polen und Tschechen.

Andere Erscheinungen hatten etwas Unheimliches an sich. 1940 gingen Gerüchte durch die Stadt über die Vergasung von Nervenkranken und Behinderten auf dem Gefängnisgelände am Nikolaiplatz, bis der Verbrennungsqualm vom Krematorium über die Altstadt stank und die Bevölkerung beunruhigte. Bereits 1938 hatte der Oberpräsident der Provinz Brandenburg von allen Instanzen, die zur Auswahl für die Unfruchtbarmachung betreffender Zöglinge verpflichtet waren wie zum Beispiel der Leitung des Augustaheimes in der Kleinen Gartenstraße, die Einhaltung strengster Geheimhaltung gefordert. Unter solcher Geheimhaltung wurden schließlich 1940 auf dem Anstaltshof am Nikolaiplatz in einer ehemaligen Garage 9772 Menschen mit Kohlenmonoxydgas vergast: Ein Test für die späteren Massenvernichtungslager. In den Nachtstunden fuhren Postomnibusse durch das große Tor auf den Gefängnishof. Nur wenige Beteiligte in Brandenburg waren eingeweiht, einige Beamte, SS-Leute, der Arzt Dr. Aquilin Ullrich und der damals namhafte Psychiater, Neurologe und Direktor der Landesanstalt Brandenburg Görden Professor Hans Heinze, unter dessen Leitung nach seinem Amtsantritt 1938 bis April 1945 1264 Kinder getötet wurden. Eingeweiht war sicher auch die Kreishebammenführerin Hedwig Rhein-Horn, welche nach einem in Deutschland geltendem Erlaß von 1935 die von ihren Kolleginnen als „lebensunwert" gemeldeten Neugeborenen registrierte und weitermeldete. Sie erhängte sich in den Morgenstunden des 1. Mai 1945 in ihrer Wohnung in der Fohrder Straße. Das ganze Ausmaß des „Aktion T 4" genannten Euthanasie-Verbrechens, aber auch der tapfere Protest des Vormundschaftsrichters Dr. Lothar Kreyssig, der sich bis zu dem berüchtigten damaligen Staatssekretär im Reichsjustizministerium und späterem Vorsitzenden des sogenannten „Volksgerichtes", Dr. Freisler, vorwagte, wurden erst viele Jahre später den Brandenburgern bekannt. Nachdem ein Teil der Nervenklinik im Gördenwald auf diese Weise „frei" geworden war, wurde er abgezäunt und als Lazarett verwendet.[26]

99 Gedenktafel für die Opfer der Euthanasie am Nikolaiplatz

Etwa zur gleichen Zeit begann unter Einsatz von Kriegsgefangenen eine rege Bautätigkeit in der Stadt. Insgesamt zehn Hochbunker wurden gebaut, so zum Beispiel der Bahnhofsbunker und der Stadthallenbunker, von dem jetzt noch ein kleiner Rest neben dem Theater, dem sogenannten CCC, zu sehen ist. Ferner der „Klingenbergbunker" und der größte von allen: der zweiteilige vier Etagen hohe Mühlentorbunker, dessen Brückenbogen die Mühlentorstraße überspannte. Diese, aber auch etliche unterirdische Bunker, wie der Bunker am Rathenower Torturm und an

100

101

102

103

104

105

106

100 bis 106 Aus der Geschichte des Mühlentorbunkers:

100 bis 102 Abriß Ecke Ziegelstraße-Mühlentorstraße 1940 mit französischen Kriegsgefangenen

103 Bunkerbau Ecke Ziegelstraße mit sowjetischen Kriegsgefangenen 1941

104 bis 106 der Mühlentorbunker nach der Sprengung 1946 und bei der nachfolgenden Beräumung bis in die 60er Jahre

107 Im polnischen Frauenlager in der Jutefabrik Bauhofstraße

die 40 kleinere Bunker sollten insgesamt etwa 13 000 Einwohnern Sicherheit bei Bombenangriffen geben. Ab Sommer 1941 waren vorwiegend sowjetische Kriegsgefangene beim Bunkerbau eingesetzt, deren Anblick auf die Einwohner zuweilen erschütternd wirkte. Ausgemergelte kahlgeschorene Gestalten in Holzpantinen, im Winter ohne warme Kleidung, in Abfallkübeln nach Essenresten suchend, sich um solche schlagend, schwere Betonarbeit verrichtend und immer streng bewacht. Die Baufirma Boswau & Knauer hatte Hochkonjunktur – mit billigen Arbeitskräften.

Gleich mit Kriegsbeginn wurde mit Hilfe des Brandenburger Anzeigers die Bevölkerung zur Einhaltung etlicher Verbote und Verhaltensregeln im Umgang mit Ausländern unter dem Motto „Feind bleibt Feind" ermahnt.

Das hatte Vater und andere freilich nicht daran gehindert, immer wieder mal einem „Fremdarbeiter" eine Stulle oder auch Zigaretten zuzuschieben. Solche Art Solidarität war bei aller Gefährlichkeit in den Betrieben der Stadt, die ja nun keine "rote Hochburg" mehr war, verbreitet. In unserem Garten war zuweilen ein Turkmene namens Micha Vaters Gast; zu uns nach Hause kamen Holländer. Der Willem Visser aus Rotterdam erzählte von schaurigen Zuständen in seiner Heimatstadt – von einer großen Hungersnot, als Strafmaßnahme nach einem großen mutigen Solidaritätsstreik wegen der Deportationen der jüdischen Mitbürger, wie ich später erfuhr. Den Westeuropäern ging es mit einigen Vorrechten relativ gut. Die Polen mußten einen gelben Rhombus mit einem lila P tragen und die sowjetischen Zwangsverschleppten ein blaues Quadrat mit der weißen Aufschrift „OST".

108 Sowjetische Zwangsarbeiter

Ich erlebte, wie auf dem Holzplatz am Sägewerk Krakauer Straße Platzmeister Nitze hemmungslos Polen mit einer Holzlatte verprügelte. Solche Brutalitäten waren an der Tagesordnung. Auch mich bedrohte er mit Schlägen, weil ich ihn statt mit „Heil Hitler" mit „Guten Tag„ grüßte. Ich war den Gruß nicht gewöhnt und kannte nur den "Familiengruß": „Heilt Hitler!"

Über 40 Gefangenenlager bzw. Zwangsarbeiterlager hatte Brandenburg im Krieg. Die größten befanden sich zwischen Quenzsee und Pionierkaserne am „Neuendorfer" mit bis zu 4000 Insassen. Allein im Stahlwerk waren bei einem Tageslohn zwischen 5 und 40 Pfennigen 1944 über 55 Prozent der Arbeiter Ausländer, insgesamt annähernd 25 000 in der Stadt, von denen knapp ein Zehntel ums Leben kam; die Russen zum Beispiel wegen Mißhandlungen oder Unterernährung, aber auch die 1940 wegen Arbeitsverweigerung und Meuterei auf dem Gelände der Feinjute-Fabrik in der Bauhofstraße erschossenen Polen oder die im September 1944 auf dem Bahnhofsgelände erschossenen Franzosen. Am Gedenkobelisk auf der Halbinsel Wusterau kann man die Namen sowjetischer Opfer lesen, solcher, die 4 Wochen alt waren aber auch Menschen über 90 Jahre. Einige Ukrainerinnen in den Fabriken waren erst 12 Jahre alt.[27] Ein ergreifendes Bild war es, wenn tausende sogenannter „Zivilrussen" – auch mit Kindern – im Lager auf dem Opelgelände an der Fontanestraße an einem warmen Sommerabend vor ihren Baracken kauernd alle ein Lied voll Wehmut und Trauer in russischer Sprache sangen. Ende 1944 tauchten bei Schienenarbeiten für die städtische Straßenbahn neuartige olivgrüne Uniformen auf. Die Schuljungen schauten neugierig, und einer wußte Bescheid: „Das sind Badoglios!" – Italiener. Die Pimpfe brüllten sie an: „Verräter, Verräter!"[28]

109 Quenzlager mit Zwangsarbeitern und Kriegsgefangenen

Weitere grauenhafte Ereignisse ließen viele Brandenburger erschrecken. Nachdem die jüdischen Mitbürger nun schon längere Zeit das gelbe Stoffabzeichen mit dem Davidstern und der schwarzen Inschrift „Jude" tragen mußten, wurden sie 1941 in einigen sogenannten „Judenhäusern konzentriert" – wie zum Beispiel in der Neustädtischen Heidestraße 62. Am 13. April 1942 führte sie eine starke Polizeieskorte durch die Große Gartenstraße zum Hauptbahnhof. Hier wurden sie zur Deportation in das Warschauer Ghetto verladen. Zu dem Zeitpunkt hatte Brandenburg noch knapp 200 Bürger jüdischer Herkunft. Von diesen konnte bisher nur der Verbleib von 61 Personen annähernd aufgeklärt werden. In das Warschauer Ghetto kamen 36, deren Verbleib ungewiß blieb. Schon 1940 wurden neun jüdische Mitbürger aus dem Brandenburger Zuchthaus heraus im Rahmen der „Aktion T4" vergast, drei Personen kamen nach Auschwitz, drei in andere KZ wie Theresienstadt und Sachsenhausen. Nur zehn jüdische Bürger konnten sich bis Kriegsende in Brandenburg retten.

110/111 Deportation jüdischer Einwohner April 1942 in das Warschauer Ghetto, oben: am Nikolaiplatz, unten: in der Großen Gartenstraße auf dem Weg zum Güterbahnhof

Bis zum „Endsieg"

Noch eine Unheimlichkeit sorgte in Brandenburg für Gerüchte. Den Anblick arbeitender Zuchthausgefangener in schwarzer Kleidung mit breitem gelben Streifen über den Rücken und an den Hosen kannte man schon von Arbeitskommandos im Außendienst wie bei der Firma Motz & Co., wo Betriebsführer Glomp Koppelschlösser produzieren ließ und nicht mitbekam, wie bei ihm der namhafte

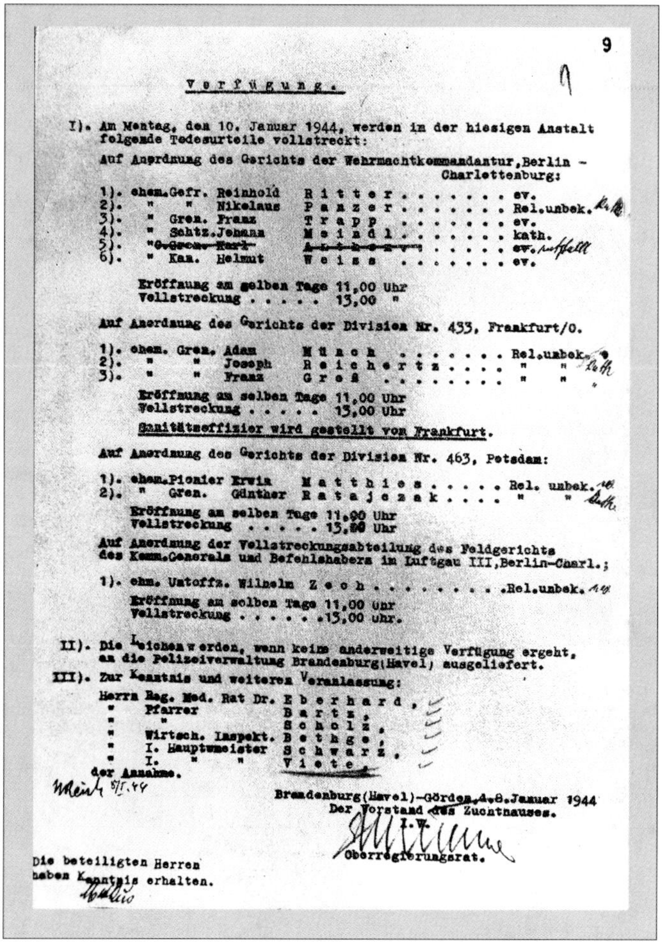

9

Verfügung.

I). Am Montag, den 10. Januar 1944, werden in der hiesigen Anstalt folgende Todesurteile vollstreckt:

Auf Anordnung des Gerichts der Wehrmachtkommandantur, Berlin – Charlottenburg:

1). ehem. Gefr. Reinhold Ritter . . . . ev.
2). " " Nikolaus Panzer . . . . Rel. unbek.
3). " Gren. Franz Trapp . . . . ev.
4). " Schtz. Johann Meindl . . . . kath.
5). " ~~O.Gren. Karl [illegible]~~ . . . . . . ev. *entfällt*
6). " Kan. Helmut Weiss . . . . ev.

Eröffnung am selben Tage 11,00 Uhr
Vollstreckung . . . . . 13,00 "

Auf Anordnung des Gerichts der Division Nr. 433, Frankfurt/O.

1). ehem. Gren. Adam Münch . . . . Rel. unbek.
2). " " Joseph Reichertz . . . . . " "
3). " " Franz Groß . . . . " "

Eröffnung am selben Tage 11,00 Uhr
Vollstreckung . . . . . 13,00 Uhr

Sanitätsoffizier wird gestellt von Frankfurt.

Auf Anordnung des Gerichts der Division Nr. 463, Potsdam:

1). ehem. Pionier Erwin Matthies . . . . . Rel. unbek.
2). " Gren. Günther Ratajczak . . . . " "

Eröffnung am selben Tage 11,00 Uhr
Vollstreckung . . . . . 13,00 Uhr

Auf Anordnung der Vollstreckungsabteilung des Feldgerichts des Komm. Generals und Befehlshabers im Luftgau III, Berlin-Charl.;

1). ehm. Untoffz. Wilhelm Zech . . . . Rel. unbek.

Eröffnung am selben Tage 11,00 Uhr
Vollstreckung . . . . . 13,00 Uhr.

II). Die Leichen werden, wenn keine anderweitige Verfügung ergeht, an die Polizeiverwaltung Brandenburg (Havel) ausgeliefert.

III). Zur Kenntnis und weiteren Veranlassung:

Herrn Reg. Med. Rat Dr. Eberhard,
" Pfarrer Bartz,
" " Scholz,
" Wirtsch. Inspekt. Bethge,
" I. Hauptwmeister Schwarz,
" I. " " Viete,

der Annahme.

Brandenburg (Havel)-Görden, d. 8. Januar 1944
Der Vorstand des Zuchthauses.
I.V.
Oberregierungsrat.

Die beteiligten Herren haben Kenntnis erhalten.

112 Hinrichtungsverfügung der Zuchthausleitung Brandenburg-Görden, Mai 1944

Schauspieler und Balladensänger Ernst Busch die "Brandenburger Zuchthausballade" dichtete und komponierte. Nach seiner Teilnahme am spanischen Bürgerkrieg in den Internationalen Brigaden war er jetzt gefangen – ausgeliefert von der französischen Vichy-Regierung. In dem mit über 2000 Häftlingen belegten Zuchthaus waren übrigens auch zwei später recht namhafte Kommunisten gegensätzlicher Prägung: seit 1937 der Dachdecker Erich Honecker und sein späterer Kontrahent, der hochgebildete Physiker Robert Havemann. Von den Nazis zu Tode verurteilt und mit Geschick am Leben geblieben, war dieser später von den Seinen geächtet. Viele ihrer Mithäftlinge verließen das größte deutsche Zuchthaus jedoch nicht lebend.

So berichteten entfernte Verwandte von mir, die in der Fohrder Straße gegenüber dem Krematoriumstor wohnten, wie 1944 und 1945, wenn es dunkel war, LKW dort einfuhren. Zuweilen waren aus der Plane heraushängende Gliedmaßen zu erkennen. Anschließend rauchte der Schornstein am Marienberg den ganzen folgenden Tag.

Auch das blieb den Brandenburgern nicht ganz verborgen, wenngleich das Ausmaß des Geschehens erst später offenkundig wurde. 1722 aus politischen Gründen Verurteilte aus 17 europäischen Ländern fanden im Zuchthaus Görden den Tod, durch das Fallbeil, durch Erhängen oder Erschießen. Am 14. August 1944 konnten die in benachbarten Gebäuden untergebrachten Häftlinge den Schlag des Fallbeils 42 mal dröhnen hören. Das war das „Schlachtefest" – der blutigste Tag im Zuchthaus Görden. Fast ein Viertel aller Gerichtsverfahren behandelte die unerlaubten Beziehungen zwischen deutschen Frauen und Ausländern. Die Strafen waren meist rigoros.[29]

113 Bekanntmachung im BAZ vom März 1943

Achtung! Totaler Krieg!

Die Volksgenossen aus der Mark Brandenburg haben jetzt die Möglichkeit, auf schnellstem Wege Vorschläge für den totalen Kriegseinsatz zu machen.

Alle Vorschläge, die Hand und Fuß haben, sind zu richten an die Anschrift:

„Totaler Krieg"
Dienststelle Mark Brandenburg
Potsdam

Zu Ostern 1943 war die im Januar verlorene Schlacht um Stalingrad noch ein allgemeines Gesprächsthema. So mancher hatte die dunkle Ahnung, daß der Kriegsverlauf sich jetzt zu Ungunsten Deutschlands wenden würde. *Am Kaffeetisch zu Ostern bei den Großeltern traf sich die Familie, auch mit dem schwarzuniformierten Onkel aus Berlin von der SS-Leibstandarte „Adolf Hitler". Die Stimmung nach Stalingrad war Gesprächsthema. Vater wurde offen und äußerte, der Krieg wäre „aussichtslos und über-*

haupt so eine Sache...". Der Onkel sah die „rote Hochburg" vor den Augen und sagte: „Hätten wir schon eher in Berlin gewußt, daß Brandenburg noch so rot ist, wäre hier längst mal aufgeräumt worden!" Es wurde nicht aufgeräumt, die Äußerung meines Vaters blieb ohne Folgen. – Glück gehabt!

Kein Glück hatten nach dem Attentat auf Hitler am 20.Juli 1944 frühere Funktionäre der SPD und KPD, die verhaftet wurden und in das KZ Sachsenhausen kamen. Darunter waren die SPD-Leute Paul Voigt, Karl Petzli, Hermann Ollenburg und die KPD-Leute Max Herm, Paul Nita, Otto Seeger und Rudolf Märksch. 20 Brandenburger, die in der Haft oder im Strafbataillon 999 ihr Leben ließen, sind namentlich bekannt; unbekannt dagegen ist die Zahl derjenigen Brandenburger, die als Homosexuelle, Zeugen Jehovas, Asoziale oder als desertierte Soldaten das Leben verloren.

Der Krieg ging ins dritte Jahr. Es wurde produziert für den „Endsieg". Das waren im Havelwerk Flak-Geschütze und Bordkanonen, die auf den Schießständen am Gördensee justiert wurden, bei ARADO unter anderem die Kampfflugzeuge He 111, He 117 und Ju 88, die "Fliegenden Möbelwagen" mit sechs Motoren, außerdem die ersten Strahlflugzeuge der Welt, die Me 163 und Me 262. Annähernd 7000 Flugzeuge rollten aus den Brandenburger Werkhallen.

114 Bombenflugzeug He 177 beim Anflug auf den ARADO-Flugplatz

115 „Turbinen-Jäger" Me 262 1945 beim Start vom Flugplatz Briest

Vater war ein geschätzter Facharbeiter, der es verstand, das Vertrauen der an der Maschine angelernten Russen und Ukrainerinnen zu gewinnen. Der Meister schlug ihm vor, „in die Partei zu gehen". Vaters Antwort war einfach: „Ich kann nicht in eine Partei gehen, in der auch Kapitalisten sind. „Er blieb, was er war: ein für Brandenburg typischer alter „Sozi". Man ließ ihn in Ruhe und nutzte täglich für 12 Stunden seine Arbeitskraft, wenn nicht gerade Fliegeralarm war.

Es war die Zeit der nächtlichen später auch täglichen Fliegeralarme, die im Radio mit „Luftlagemeldungen" angekündigt wurden. *Wer die Bombardements miterlebt hat, dem wird die Bedeutung des lapidaren Satzes: „feindliche Bomberverbände im Raum Hannover-Braunschweig im Anflug auf Berlin" unvergessen bleiben. Ich war der Jüngste in der Familie und voller Angst als Erster im Keller, wenn das Sirenengeheul losging, nur Rucksack und Teddybär hatte ich dabei. In den Nachtstunden saßen alle dösend auf Bänken, Stühlen und am Boden, zuweilen gab es Aufregung, wenn das Brummen der Flugzeugmotoren und das Schießen der Flak lauter wurden. Der rot leuchtende Himmel über Berlin nach der Entwarnung war ein unübersehbares Zeichen der Zerstörung. Dann kamen die ersten Angriffe auf Brandenburg. Am folgenden Tag suchten die Schuljungen mit Begeisterung Granat- und Bombensplitter und auch Stanniolstreifen, die von den Engländern oder Amerikanern zur Funkstörung abgeworfen worden waren.*

Die schwersten Luftangriffe erlebte Brandenburg am 18. April (31 Tote), am 6. August 1944 (64 Tote), am 31. März (552 Tote) und am 20. April 1945 (etwa 1100 Tote). Ein Luftangriff erlangte

116 Bombenabwurf am 18. April 1944 in der Lüderitzstraße

später noch eine besondere Bedeutung: Die Bombardierung des Opel-Werkes durch die US-Air-Force. Diese weitgehende Zerstörung einer eigentumsrechtlich amerikanischen Fabrik spielte auf dem Nürnberger Kriegsverbrecherprozeß noch einmal eine Rolle, als der ehrlich um Recht ringende US-Vertreter Jackson am 26. Juli 1946 den bis 1943 amtierenden trickreichen Finanzminister Hitlers Hjalmar Schacht ob dessen Mitschuld angriff. Dieser entgegnete lächelnd, die Amerikaner möchten bitte ihre eigenen Industriellen der General Motors Corporation unter Anklage stellen, bevor sie ihn, Schacht, verurteilten, denn er hätte dem amerikanischen Betrieb schließlich große Gewinne vermittelt. Schacht wurde 1946 freigesprochen.[30]

Ein Ereignis aus den Bombennächten habe ich noch gut in Erinnerung: Ein Bombentreffer war in die Pferdeställe der Artilleriekaserne an der Fontanestraße gegangen. Die verwundeten Tiere hatten sich losgerissen und waren wildschäumend bis zur Mühlentorstraße galoppiert, wo sie auf dem Altstädtischen Kietz von beherzten Männern erfaßt und beruhigt werden konnten.

Das Jahr 1944 endete mit der Aufstellung des „Volkssturm" als letztem Aufgebot des untergehenden Reiches. Jungen ab 15 und Männer bis 60 Jahre, danach auch über 60 Jahre sollten an allen Fronten die übermächtigen Armeen der Alliierten bezwingen.

Großvater war als über 70jähriger dabei. Er wollte in der letzten Sekunde Deutschland retten und holte sich eine tötliche Ruhr, als er sich im Schilfgürtel am Buhnenhaus versteckte und Havelwasser trank.

In den ersten Wochen des Jahres 1945 lernten die Brandenburger ein neues, bislang nur seltenes gehörtes Geräusch kennen. Fortwährendes Pferdegetrappel hallte durch die Brandenburger Hauptstraßen. Eine nicht enden wollende Wagenkolonne mit Familien aus den östlichen Provinzen des Reiches, die an persönlichem Eigentum gerettet hatten, was innerhalb weniger Minuten auf ein Fuhrwerk zu verladen war, zogen Tag und Nacht durch die Stadt. Viele der

117 und 118 Neustädtischer Markt: Vereidigung von Volkssturmmännern am 12. November 1944 und Flüchtlingstreck aus Ostpreußen im Februar 1945

119 Frauen als Postbotinnen im Kriegseinsatz

völlig erschöpften Menschen legten einen Halt ein und wurden, soweit es die angespannte Lage zuließ, versorgt. Man hörte ihre Herkunftsorte: Gumbinnen, Schneidemühl, Allenstein, Benschen, Turek, Litzmannstadt. Sie kamen aus Ostpreußen, Westpreußen und aus Schlesien. Der Anzeiger nannte sie „Rückgeführte". Es waren Flüchtlinge, Menschen, die aus Angst vor der heranrückenden Roten Armee flohen. Tatsächlich begangene und von der nationalsozialistischen Propaganda hochgespielte Greueltaten von Soldaten der Roten Armee schürten in der Bevölkerung panikartige Ängste vor „den Russen", so dass, wer noch Zeit hatte, die Flucht in Richtung Westen dem Bleiben vorzog. Der Anblick dieses Elendszuges war erschütternd. Ende Januar hatte die sowjetische Front die Oder erreicht; Mitte April standen die Amerikaner bei Magdeburg; die Brandenburger hörten den Geschützdonner von der Elbe. Nach dem 20. April gab es keine regulären Alarme mehr. Jagdflugzeuge kamen und verschwanden, Brandenburg war unmittelbares Kriegsgebiet.

An einem Apriltag mittags schlug ich mich seitlich in die Büsche, als Garben aus Flieger-MG den Grillendamm entlangprasselten und ich meiner Mutter Essen in ihr Sägewerkbüro bringen wollte. Die Rationen wurden immer knapper, wöchentlich waren Kürzungen im Anzeiger angekündigt.

120 Lebensmittelkarte 1944/45 (Zusatzkarte für Schwerarbeiter)

Brandenburger Anzeiger

Brandenburg (Havel) **Notausgabe** den 23. April 1945

An unsere Leser!

Anz. Brandenburg, 23. April.

Noch trug das geschändete Antlitz unseres Stadtbildes die frischen Narben der schweren Verwundungen, die ihm der feindliche Luftterror vor wenigen Wochen schlug, da traf ein neuer Bombenüberfall die alte märkische Chur- und Hauptstadt Brandenburg. Wieder sind Verluste an kostbarem Menschenblut und wertvollem Hab und Gut zu verzeichnen. Zahlreiche Einwohner haben mit einem Schlage nicht nur liebe Angehörige und ihre Wohnstätten, sondern ihren ganzen Besitz verloren. Dazu traten Schäden, die sich im öffentlichen Leben der Stadt deutlich fühlbar machen.

Aber auch diesmal hat all das Leid, das der verbrecherische Vernichtungswille eines grausamen Gegners verursachte, die Menschen nicht verzagt gemacht. In bewunderungswürdiger Haltung haben die so schwer betroffenen Volksgenossen die harten Schicksalsschläge zu tragen gewußt. Mit der gleichen Selbstverständlichkeit wie immer in solchen Fällen gingen hilfreiche Hände ans Werk, um die erste Unterstützung zu leisten und die wichtigsten Notmaßnahmen einzuleiten.

Die zuständigen Dienststellen nahmen sich der ausgebombten Familien an und sorgten für ihre Unterbringung, Verpflegung und Betreuung. Auch in dem freiwilligen Beistand bewährten sich Gemeinschaftsgedanke [illegible] mußten. Auch jetzt sind wir noch nicht in der Lage, unser Blatt in dem bisherigen Umfang und mit der wünschenswerten Ausgestaltung [illegible] bringen. Wir sind aber überzeugt, daß unsere Leser volles Verständnis dafür haben und es dankbar begrüßen, wenn wir versuchen, wenigstens mit einer Notausgabe die kurz unterbrochene Verbindung mit ihnen wieder aufzunehmen.

Allerdings bedeutet auch diese rasch vorbereitete Behelfsmaßnahme noch den Verzicht auf die Befriedigung so manches berechtigten Wunsches. Aus technischen Gründen kann die Notausgabe fürs erste nur in einer bescheidenen Auflage erscheinen. Deshalb richten wir an jeden Leser, in dessen Hände sie gelangt, die dringende Bitte, das Blatt nicht nur selbst zu lesen, sondern in der Hausgemeinschaft und an andere Interessenten weiterzugeben, damit recht viele Brandenburger möglichst schnell von seinem Inhalt Kenntnis erhalten.

Abgesehen vom OKW-Bericht müssen wir uns auf die wichtigsten örtlichen Nachrichten beschränken. Es wird jedoch nichts unversucht bleiben, um allmählich der im Augenblick noch vorhandenen Schwierigkeiten so weit als möglich Herr zu werden. Wo der Vertrieb dieser Notausgabe noch nicht sofort klappt, bitten wir um Geduld und Nachsicht.

121 Der letzte Brandenburger Anzeiger vor dem Kriegsende

122 Ein-Mann-Bunker an der Fähre Neuendorf

Die letzte Aprilwoche 1945

Am 24. April heulten um 8.30 die Sirenen mit einem neuen Signal: Feindalarm! „*Die Russen kommen!*" hieß es. *Erstmals durften wir in dem noch nicht fertigen Mühlentorbunker Quartier beziehen. „Hindenburglichter" waren jetzt gefragt: Beleuchtung mit Docht in der Schuhkrembüchse. Auf der Ziegelstraßenseite des Bunkers befanden sich die Deutschen, auf der Kietzseite die Ausländer, vorwiegend Franzosen und Italiener.*

Aus Richtung Lehnin hatten Truppen der 1. Ukrainischen Front Neuschmerzke erreicht; im Norden von Klein Kreutz bis Fohrde standen Einheiten der 1. Weißrussischen Front. Eine Woche dauerte die Belagerung der Stadt, die verteidigt wurde wie eine Festung. Verantwortlich dafür war der Kampfkommandant Oberst Zöller, unterstützt vom Fallschirmjägerkommandeur Hauptmann Haaf. Mutig, aber vergeblich, hatte der Pfarrer der reformierten Kirche Oskar Goehling den Kommandanten, den Oberbürgermeister Sievers und den NS-Kreisleiter Heppner zu bewegen versucht, die schon schwer beschädigte Stadt zu schonen und auf die Verteidigung zu verzichten.

Die Kämpfe um die Stadt Brandenburg nahmen etwa folgenden Verlauf:

Dienstag, 24.April: 8.30 Uhr Alarm, 8.55 Uhr erste Granateinschläge in der Neustadt, Häuser in der St.Annenstraße, Ecke Deutsches Dorf brennen. Gegen Mittag dringen erste sowjetische Panzer und Infanterie in die St.Annenstraße und zum Hauptbahnhof vor. Starker Widerstand der Fallschirmjäger, unter anderem mit Panzerfäusten, schlägt sie zurück. Weitere Häuser werden in Brand geschossen. Gegen Abend brennt ein Teil der St. Annenstraße. Von Norden nähern sich sowjetische Kräfte dem Silokanal. Erste Beschießung der Altstadt.

Mittwoch, 25. April: etwa ab 6.00 Uhr starker Artillerie- und Granatwerferbeschuß durch die Rote Armee, danach erneutes Vordringen von sowjetischen Panzern in die St. Annenstraße, Beschießung des Rathauses. Hartnäckiger Häuserkampf bis in die Nacht. Die ganze Straße brennt, das Feuer greift auf die Abtstraße über. Die Strom- und Wasserversorgung bricht zusammen.

Donnerstag, 26. April: Die Panzer werden in der Nacht bis zur St.Annenbrücke zurückgedrängt. Beschuß auf die ganze Stadt. Nach 18.00 Uhr brennen das Rathaus, Kurfürstenhaus und Kaufhaus Fauser. Zahlreiche Bewohner der Neustadt versuchen über das Breite Bruch zum Rietzer Wald zu fliehen. Im Norden erreichen sowjetische Panzer den Gördensee bis zur Quenzbrücke und die Landesanstalt.

Freitag, 27. April: Vereinzelte Kämpfe in der Neustadt, relative Ruhe, bis gegen Abend die Kämpfe wieder zunehmen. Sowjetischer Truppenaustausch[31] im Süden. Die Jahrtausendbrücke wird von fliehenden Fallschirmjägern gesprengt. Erste sowjetische Panzer erreichen das Zuchthaus und werden von jubelnden Gefangenen, die sich zuvor selbst befreit hatten, begrüßt.

Sonnabend, 28. April: Südliche Kampflinie von der St.Annenbrücke, über den Trauerberg, die Wilhelmsdorfer Straße bis zur Siedlung „Eigene Scholle". Schwere Kämpfe in der St. Annenstraße bis zum Neustädtischen Markt. Deutsche Fluchtbewegung über Wilhelmsdorf Richtung Westen, desgleichen über die Quenzbrücke Richtung Plaue. Weitere Beschießung der Altstadt. Vom Kriegerdenkmal auf dem Marienberg wird das obere Drittel zerstört.

Sonntag, 29. April: Verstärkte Beschießung der Altstadt, Beschießung des Mühlentorbunkers mit Raketenwerfern, von den Deutschen „Stalinorgel", von den sowjetischen Soldaten „Katjuscha"genannt. Truppen der Roten Armee erreichen aus Richtung Mötzow/Klein Kreutz die Dominsel. Zeugen berichteten später, dass die Sprengung der Neuen Schleuse und ihrer Brücke durch beherzte Brandenburger verhindert worden sein soll.

Montag, 30. April: Sowjettruppen überwinden von Norden aus den Silokanal, sowjetische Panzer erreichen abends den Nikolaiplatz. Die deutschen Truppen räumen die Neustadt, die Luckenberger Brücke wird gesprengt, Fallschirmjäger und Volkssturm setzen sich Richtung Wilhelmsdorf ab. In der Nacht zum 1. Mai wird die Altstadt besetzt.

Dienstag, 1. Mai: strahlender Sonnenschein, unheimliche Ruhe, kein Kampflärm mehr, die Neustadt brennt noch, Qualm und Brandgestank liegen über der Stadt. Die Ausfallstraßen nach Brielow, Mötzow und Klein Kreutz werden von unzähligen Leichen und Pferdekadavern gesäumt. Ähnliche Bilder auch in der ganzen Stadt.

Von kleinen Steppenpferden gezogene Panjewagen fahren durch die Altstadt. Auf ihnen sitzen Soldaten und singen zur Harmonika russische Lieder der Freude.

Anmerkungen:

1. Ich folge nicht der heute üblichen Nachverwendung des Begriffes „Nationalsozialismus" – eines selbstgeprägten Ausdrukkes der Begriffsdemagogie der deutschen Faschisten. Der Begriff „Faschismus" – ursprünglich italienischer Herkunft – hatte in den zwanziger und dreißiger Jahren des 20. Jahrhunderts einen internationalen Charakter mit national unterschiedlichen Ausprägungen bekommen. Er hat also eine historische Berechtigung, wie auch der Begriff „Antifaschismus", der nicht in „Anti-Nationalsozialismus" umgeformt werden kann. Zu den folgenden Darstellungen von Abläufen, welche datiert sind und dem Brandenburger Anzeiger entnommen wurden, wird auf Quellenangaben verzichtet.
2. Im Originaltext des Nazi-Liedes „Es zittern die morschen Knochen..." heißt es: „Denn heute hört uns Deutschland". In der NS-Bewegung wurde jedoch vorwiegend „gehört" gesungen.
3. Ein Bündnis konservativ-bürgerlicher Parteien in Brandenburg.
4. Pfarrer Bruno Schubert, seit 1919 am Katholischen Pfarramt „Heilige Dreifaltigkeit" zu Brandenburg (Havel), kam am 6. Mai 1937 unter bis jetzt noch ungeklärten Bedingungen im Polizeigefängnis Berlin-Alexanderplatz ums Leben. (lt. Auskunft von Herrn Pfarrer R. Rupprecht).
5. Prof. Ziehen erkannte wohl mit sicherem Blick für das Strategische, worauf es eigentlich ankam in einer Zeit, als der Begriff "Sozialismus" als erlösendes Gesellschaftsziel in den unteren Bevölkerungsschichten sehr populär war.
6. In der Jahresmitte 1933 fand die Enteigung der Volkhaus GmbH statt. Diese Traditionsstätte der Arbeiterschaft wurde durch eine Treuhandverwaltung privatisiert und in "Märkisches Haus" umbenannt. Der Begriff „Abwicklung" erscheint erstmals in jenem Jahr 1933.
7. NSBO = Nationalsozialistische Betriebszellenorganisation, Bestandteil der am 6. Mai 1933 gegründeten DAF = Deutsche Arbeitsfront.
8. BLHA, Rep. 2 A, Reg. Potsdam I Pol. Nr. 1110, Pag. 151.
9. Siehe "Das Jahr 1945 in der Stadt Brandenburg", hsg. vom Arbeitskreis Stadtgeschichte, Brandenburg 1997, Seite 80ff.
10. BLHA, Rep. 2 A, Reg. I Pol., Nr. 1183, Pag. 16 und Nr. 1090, Pag. 465 bis 554.
11. Gustav Schernikau: Ein verdienstreicher Parteisekretär der SPD und Stadtverordneter in Brandenburg, verstarb am 28. 11. 1944 im KZ Groß-Rosen. Die Benennung einer Straße mit seinem Namen ist bis jetzt noch nicht erfolgt.
12. Ebenda, Nr. 1183, Pag. 503.
13. Dazu: Heinz Müller, Geschichte des Stahl und Walzwerkes Riesa 1843 bis 1945, Berlin 1961, Seite 327 („Denkschrift" im Betriebsarchiv Riesa),
14. Siehe: Dietrich Eichholtz (Hsg.), Brandenburg in der NS-Zeit, Brandenburgische Landeszentrale für politische Bildung 1993, Seite 355 und Helle Sterne in dunkler Nacht, Studien..., Potsdam 1988, Seite 125ff. Über Ausmaß und Auswirkungen der politischen Geheimdienste Gestapo (Geheime Staatspolizei) und SD (Sicherheitsdienst der SS) in Brandenburg (Havel) liegen leider noch keine hinreichenden Kenntnisse vor. Dieses Defizit zu füllen ist eine der noch offenen Aufgaben der Geschichtsforschung für Brandenburg.
15. Diese Sonderformation stand unter der unmittelbaren Führung des Leiters der Abteilung Abwehr/Ausland des Oberkommandos der Wehrmacht Admiral Canaris, also des militärischen Geheimdienstes, zuständig für Sabotage und Spionage bzw. Spionageabwehr. Sie bediente sich vornehmlich Freiwilliger mit Fremdsprachenkenntnissen, also auch Ausländer oder „Volksdeutscher" aus dem Ausland.
16. Frank Brekow, Vom Doppeldecker zum Strahlbomber, Brandenburg o. Jg. (wahrscheinlich 1998). Siehe auch: Edith Hahn Beer, Ich ging durchs Feuer und brannte nicht, Bern, München, Wien 2000, S. 178.
17. Stahl und Brennabor, Die Stadt Brandenburg im 19. und 20. Jahrhundert, Potsdam 1998, Seite 76. In diesem Werk erscheint auf der Seite 620 die Zahl 76 305. Andere Auffassungen sprechen von etwa 90 000 Einwohnern.

18. KdF = Kraft durch Freude, eine zur Deutschen Arbeitsfront gehörende Freizeitorganisation.
19. HJ = Hitlerjugend, ab Dezember 1936 Staatsjugend und ab März 1939 mit gesetzlicher Jugenddienstpflicht, d. h. die Nichtteilnahme wurde bestraft. Sowohl Dachverband der Jugendformationen als auch Organisation der Jungen von 14 bis 18 Jahren. BDM = Bund deutscher Mädel, Bestandteil der HJ; zur HJ gehörten auch die Kinderorganisationen DJ (Deutsches Jungvolk) und JM (Jungmädelbund) für 10 bis 14jährige.
20. Diese erste Freilichtbühne war provisorisch und noch nicht so großzügig gebaut, wie die jetzige von 1956, welche seit zehn Jahren leider dem Verfall preisgegeben ist.
21. Ein recht typisches Beispiel dafür bietet der Brandenburger Historiker und Stadtarchivar Prof. Dr. Otto Tschirch. Siehe dazu: W. Kusior, Otto Tschirch – Leben und Werk, in: Historischer Verein Brandenburg (Havel) e. V., 3.-4. Jahresbericht, Brandenburg a. d. H. 1995.
22. An diese Art von Pressemeldungen musste ich denken, als die NATO Ende des vorigen Jahrhunderts begann, Serbien zu bombardieren und in das Kosovo einzumarschieren. So manche Pressemeldung über serbische Terroraktionen musste später „relativiert" werden und erinnerte mich an die Tonart in den Zeitungen von damals im Vorfeld von Kriegshandlungen. Obwohl sich Zeiten und Bedingungen grundlegend verändert hatten, also nicht flüchtig vergleichbar sind, erscheinen mir sowohl diese Art „öffentliche Meinung" als auch die erkennbar gewordene „Serbophobie" – ein Problem des ganzen 20. Jahrhunderts – als problematisch.
23. Erst nach dem Krieg erfuhr die Öffentlichkeit von den Tätern: Angehörige des Sicherheitsdienstes (SD) der SS in polnische Uniformen verkleidet handelten auf höchstem Befehl.
24. „Pimpfe" = ab 1934 amtliche Bezeichnung für 10 bis 14jährige Jungen im Deutschen Jungvolk; ursprünglich ein Schimpfwort für Halbwüchsige, nach 1920 in der Jugendbewegung zunehmend üblich für die jüngsten Mitglieder.
25. Das Brandenburger Pionierbataillon 43 hatte sich schon einige Zeit vor Kriegsausbruch in einem grenznahen Bereitstellungsraum befunden und war bei Kriegsauslösung am 1. September in Polen sofort verfügbar. Der Rückmarsch durch Brandenburg erfolgte aus Richtung Klein Kreutz – Grillendamm. Ein Teil der Truppe marschierte durch die Neustadt zum Nikolaiplatz, die schwere Technik fuhr direkt dorthin. In der Magdeburger Straße fand ein Vorbeimarsch vor höheren Kommandeuren und Vertretern der Stadt statt. Nach wenigen Tagen in der Pionierkaserne erfolgte die Verlegung an die Westfront (nach dem Bericht eines Teilnehmers). Das war der einzige größere Truppenmarsch im Krieg durch die Stadt.
26. Siehe: Susanne Willems, Lothar Kreyssig, Vom eigenen verantwortlichen Handeln, Göttingen 1995, Seite 138ff. Über Prof. Heinze und die Landesanstalt hatte der ehemalige Brandenburger Bundestagsabgeordnete Dr. Hans Heinrich Knaape umfassend ermittelt. Der Arzt Dr. Aquilin Ullrich ist nicht identisch mit dem Arzt Dr. Karl Ulrich vom Kaiser-Otto-Ring 2. In meiner Artikelfolge in der BRAWO ist mir eine durch eine ungenaue Zeitzeugenaussage bedingte Verwechslung unterlaufen, was ich hiermit bedaure. Weitere Hinweise zur Landesklinik habe ich von Herrn Dr. Hauer, Berlin.
27. Dieser sowjetische Gedenkobelisk wurde vor einigen Jahren von Neonazis geschändet und bis heute noch nicht wieder hergestellt.
28. Nach dem Sturz Mussolinis im Sommer 1944 übernahm Marschall Badoglio die Regierungsgewalt. Danach kämpften italienische Divisionen an der Seite der Alliierten gegen Deutschland.
29. Der chirurgische Oberarzt des Städtischen Krankenhauses Dr. Bimmler kam auf die abartige Idee, das aus dem Rumpf der geköpften schießende Blut zur Konsevierung zu gewinnen und für Transfusionen im Krankenhaus einzusetzen. Nach dem k Krieg praktizierte Dr. Bimler als Arzt in Cuxhaven. Über die Gerichtsverfahren siehe Edith Hahn Beer, a.o.O., Seite 227.
30. Siehe dazu: Arkadi Poltorak, Nürnberger Epilog, Berlin 1971, Seiten 476 bis 483 unter Bezug auf Robert H. Jackson, 3. Anklagerede am 26. Juli 1946, in: Der Nürnberger Prozeß, Weinheim 1995. Weiterhin: Günter Neliba, Die Opel-Werke im Konzern von General Motors (1929-1948) in Rüsselsheim und Brandenburg, Frankfurt/M. 2000.
31. Die Einheiten der I. Ukrainischen Front wurden durch welche der I. Weißrussischen Front ersetzt.

123 Trümmer des Kurfürstenhauses und des Neustädtischen Rathauses 1945

Drittes Kapitel

Die Jahrhundert-Wende (1945 bis 1949)

Die „Stunde Null"– Hoffnungslosigkeit oder Neubeginn?

„Die Russen sind da!" ging der Ruf durch die Massen im Mühlentorbunker. Der erste Russe, den ich im Bunker sah, hatte eine tellerrunde Schirmmütze auf und sammelte Uhren ein mit der Aufforderung „Uri, Uri". Später lernte ich, dass das „i" am Wortende der russische Plural ist. Als Zehnjähriger gab ich also meine erste vom Vater geschenkte Taschenuhr dem Sergeanten heraus, der von zwei Soldaten mit Feldmütze und vorgehaltener Maschinenpistole begleitet war. Im überfüllten Bunker sollen über 3000 Menschen gewesen sein; davon vielleicht etwa 2500 Deutsche: es muß reiche Beute gegeben haben. Der nächste, den ich sah, war ein Wachposten in unserem Haus am Kietz frühmorgens, als Vater mit mir dorthin ging, um zu sehen, ob es noch dasteht. Es stand. Und auch ein asiatischer Soldat. Dieser „zwang" uns beide – wir bekamen vor Angst weiche Knie – in unseren Keller, um ein Einweckglas voll Kirschen mitzunehmen und dieses mit ihm gemeinsam zu verzehren, zuvor aber aus einem Aluminiumnapf eine fette und fleischhaltige Nudelsuppe zu essen, so kräftig, wie wir sie seit Jahren nicht mehr genossen hatten. Das Erlebnis prägte in meinem kindlichen Gemüt zwei Erkenntnisse: Erstens: die „Russen" sind nicht alle „Bestien", zweitens: sie sind nicht alle Russen. Später lernte ich das Wort „sowjetisch". Es bezeichnete die Vielfalt völlig unterschiedlicher Nationalitäten und Mentalitäten korrekter. Mit diesem

Bild ging ich in die neue Zeit. Es kamen noch unzählige Bilder hinzu, vielfältig und gegensätzlich. Für mich war das seit Monaten ununterbrochene Gefühl der Angst verschwunden – für manche begann die Zeit der Angst, und ich hörte, dass die einrückenden Kampftruppen angeblich drei Tage freie Rechte hatten: zur Plünderung und Vergewaltigung. Das Gerücht über diese „drei Tage" blieb freilich unbestätigt.

124 Reparaturen an der St. Katharinenkirche wahrscheinlich 1947. Rechts die Ruine des Kaufhauses Fauser, vormals Conitzer

Die Menschen verließen in den sonnenstrahlhellen Morgenstunden des 1. Mai die Keller oder die Bunker, um ihre Wohnungen oder ihre Häuser aufzusuchen in der Hoffnung, daß diese noch stehen und bewohnbar sind. Andere formierten sich zu Kolonnen, um die Stadt zu verlassen. Die höheren Funktionsträger der Nazipartei und des Staates, von denen etliche bis zuletzt auf die „Vergeltungswaffen" und den „Endsieg" gehofft hatten, waren vor dem Angriff der sowjetischen Armee in Richtung Westen geflüchtet. Ihnen folgten jetzt und in den nächsten Tagen in langen Zügen die befreiten Kriegsgefangenen und Zwangsarbeiter, Franzosen, Italiener, Belgier, Holländer usw., aber auch viele Deutsche aus dem Rheinland und aus Westfalen, um ihre Heimat zu erreichen, schließlich gab es einen weiteren Zug in östliche Richtung mit Polen, Russen und Ukrainern, teilweise mit Kindern, denn ganze Familien von ihnen waren deportiert und in dem riesigen Quenzlager einquartiert worden. Handwagen und Fahrräder waren jetzt begehrte Gepäckfahrzeuge, sowohl für die eigenen Sachen, aber auch für das, was sonst noch mitgenommen wurde. Geflohene Neustädter kehrten im Gegenzug aus den Rietzer Bergen zurück, geflohene Bootsbesitzer von der Insel Kiehnwerder. Auch Volkssturmmänner kamen zurück, meist aus Richtung Wilhelmsdorf. Einer von ihnen – Heinz B., wohnhaft im Quitzowhaus Ecke Schuster- und Bäckerstraße, – entdeckte seine Frau und die zwei erwachsenen Töchter erhängt auf dem Dachboden neben dem Hausobmann, einem fanatischen Nazi, der sie völlig in Panik versetzt hatte.

125 Zerstörungen an der Saldria am Salzhof und an dem Direktorengebäude am Humboldthain nach dem Bombenangriff am 31. März 1945

126 Die zerstörte Abtstraße mit dem St. Paulikloster

127 Aufräumungen in der Hausmannstraße; ein zerstörter sowjetischer Panzer T-34 wird demontiert.

Etwa 90 Brandenburger hatte die Angst in den Selbstmord getrieben. Weiße Bettücher hingen als Zeichen der Kapitulation aus den Fenstern, zuweilen an Fahnenstangen, die zuvor mit Hakenkreuzfahnen bestückt waren. Man trug weiße Armbinden als Zeichen der Kapitulation.

Es gab kein Wasser mehr, die Toiletten waren verstopft; vor den wenigen Pumpen, die noch in Höfen und Gärten die Zeit überdauert hatten, standen die Leute mit Eimern Schlange. Abends saß man bei Kerzenlicht vor dem meist kargen Mahl. Wer Lebensmittelvorräte besaß, hatte Glück, sonst versuchte man, sich irgendwie durchzuschlagen. In der Altstadt sprach sich schnell herum, daß im SS-Versorgungslager Massowburg und am Umschlaghafen Vorräte zu holen waren: Butter, Zucker, Mehl u.a.m. Mit der Androhung drastischer Strafen bei Plünderungen und dem Befehl am 4. Mai zur Rückgabe des gestohlenen Gutes wurde dem Einhalt geboten, es begann die Zeit einer großen Improvisation.

Bevor die Menschen nach dem großen Schock wieder zum Nachdenken über das Geschehene kamen, vielleicht auch über die Fragen nach Schuld, Ursachen und Sühne, trieb sie zuerst die Frage an: „*Wie können wir in diesem Chaos der Zerstörung weiterleben, in einer Stadt, die etwa zu 15 Prozent zerstört ist?*".

Über die Unterzeichnung der Kapitulationsurkunde am 8. Mai durch die deutsche Wehrmachtsführung in Berlin-Karlshorst kamen Nachrichten nach Brandenburg, im Alltag fanden sie kaum Beachtung. Die "nationalsozialistische" Ära, die 12 Jahre zuvor für viele mit Hoffnung und neuem Stolz begonnen hatte, endete mit einer Hinterlassenschaft, welche für Brandenburg mit dem Ende des Dreißigjährigen Krieges vor 300 Jahren vergleichbar war. Die Stadt bot ein erschütterndes Bild: ganze Straßenzüge, vor allem in der Neustadt, waren ausgebrannt, durch Bomben und Granaten zerstört. Das waren insbesondere die St. Annenstraße (damals Adolf-Hitler-Straße), das Neustädtische Rathaus und das Kurfürstenhaus, das Quartier vom Temnitz zur Abtstraße und zur Neustädtischen Heidestraße, der Umkreis der Kreuzung Wilhelmsdorfer Straße, Linien-, Franz-Ziegler-Straße (damals Kaiser Friedrich-Straße), Otto-Gartz-Straße (damals Immelmannstraße)), das Gebiet der Großen Gartenstraße ab Blumenstraße, das Theater dort war zer-

128 Das zerstörte Neustädtische Rathaus

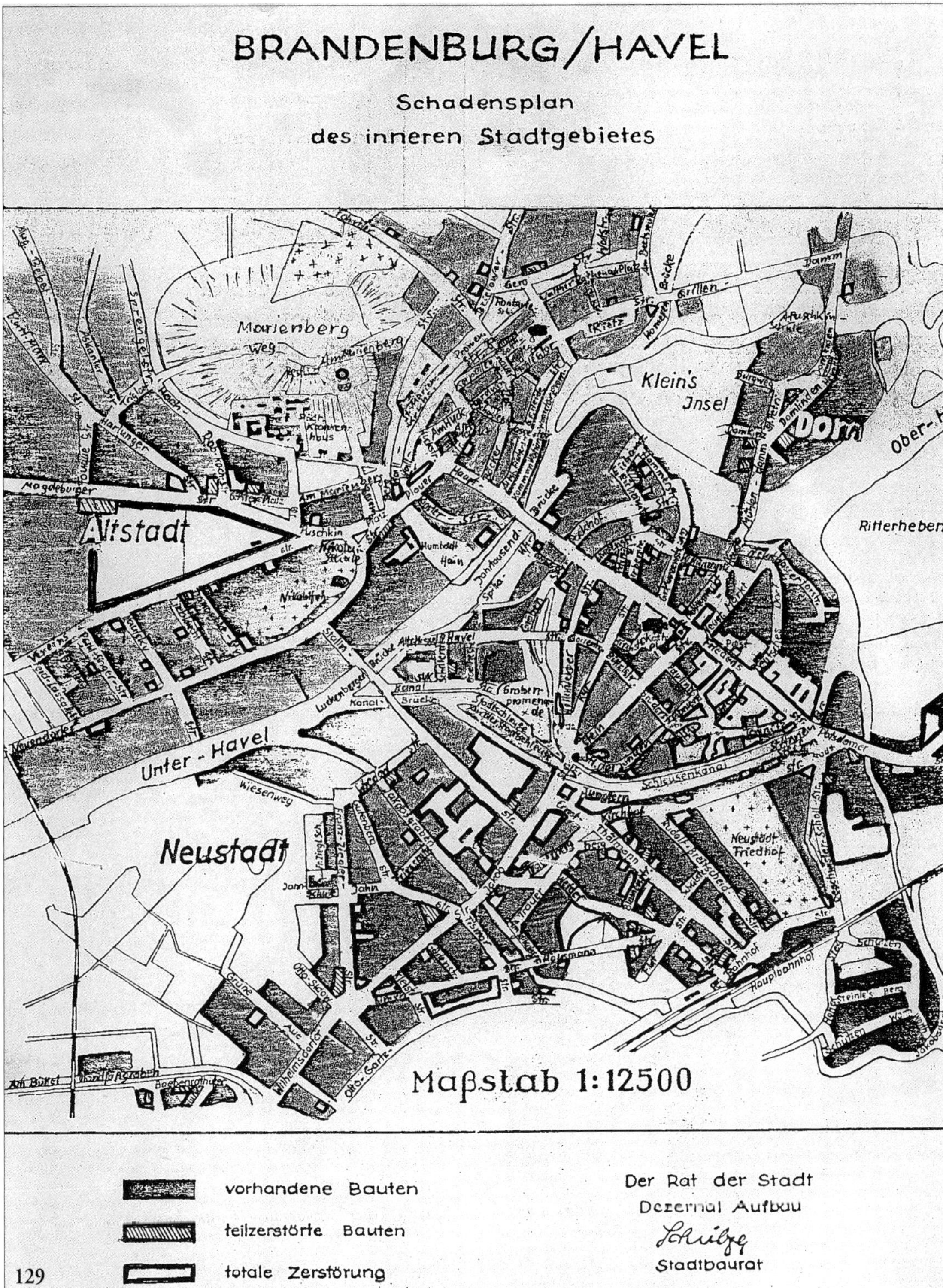
BRANDENBURG/HAVEL
Schadensplan
des inneren Stadtgebietes
Marienberg
Altstadt
Neustadt
Klein's Insel
Dom
Ritterheben
Unter-Havel
Neustädt Friedhof
Hauptbahnhof
Maßstab 1:12500
vorhandene Bauten
teilzerstörte Bauten
totale Zerstörung
Der Rat der Stadt
Dezernat Aufbau
Schulze
Stadtbaurat

129

130 Fußgängerbrücke über der zerstörten Gördenbrücke am Opelwerk

stört, in Richtung Trauerberg/Kirchhofstraße bis zur Jakobstraße, ein großer Kasernenkomplex in der Magdeburger Straße und dazu einzelne Häuser und Blöcke am Hauptbahnhof und in der gesamten Stadt, aber auch ganze Teile der Industrieanlagen, wie zum Beispiel von Brennabor in der Carl-Reichstein-Straße – heute Geschwister-Scholl-Straße -, des Opelwerkes und des Stahl- und Walzwerkes von „Mittelstahl". Eine Strecke von etwa insgesamt zwei Kilometer Straße war aufgerissen. Die meisten Brücken waren gesprengt: die Jahrtausendbrücke, die Luckenberger Brücke, die Steintorbrücke, St. Annenbrücke, Homeyenbrücke, die Opelbrücke über den Silokanal zum Görden, mindestens 27 Brücken. Am Salzhof bewegten sich Rotarmisten und Bevölkerung über eine schwankende Pontonbrücke, wenige Zeit später, ab 30. Juni 1945, zwischen Hallenbad und Nikolaiplatz über eine mit sowjetischer Hilfe erbaute Holzbrücke. Wer dann über die Jahrtausendbrücke wollte, balancierte über die durchhängenden Straßenbahnschienen. Das grauenhafteste Ergebnis der letzten Kriegstage war die große Zahl der Toten, die schnellstens zu bergen und zu bestatten waren.

Beherzte Brandenburger wagen den Neuanfang

Die neu eingerichtete sowjetische Militärkommandantur im Reichsbankgebäude auf dem Neustädtischen Markt stand unter der Führung von Oberst Wolkow. Noch im Mai erhielt der Zugang zum Platz ein Siegestor aus Sperrholz, marmorfarbig bemalt und mit sowjetischer Symbolik versehen. Die den Kampftruppen folgenden Besatzungstruppen gehörten zur 3. Armee der I. Weißrussischen Front. Bereits am 2. Mai setzte der Kommandant eine vorläufige Zivilverwaltung für die Stadt ein. Drei Sozialdemokraten waren es, die sich dem fast unüberwindlichen Chaos als erste stellten: Als Bürgermeister der Kaufmann Willi Leow, unterstützt von dem früheren Stadtrat Konrad Eichler und dem früheren Stadtamtmann Otto Schwarz, drei in der Bevölkerung gut bekannte und geschätzte Persönlichkeiten. Zwei Tage später wurde ihnen der frühere Stadtbaurat Dr. Karl Erbs zur Seite gestellt und wieder in sein altes Amt beordert. Dazu kamen als Stadträte der spätere Brandenburger Sportfunktionär Walter Jacob (Wohnungsamt), Walter Fleischer (Arbeitsamt) und Dr. Karl Ulrich (Gerichtswesen).[1] Die vorläufige Stadtverwaltung befand sich in der ehemaligen Katholischen Schule in der Kurstraße.

131 Sowjetische Pioniere nach der Fertigstellung der Holzbrücke zwischen der Neuendorfer Straße am Nikolaiplatz und dem Hallenbad in der Neustadt Sommer 1945

Durch plakatierte Aufrufe in der ganzen Stadt wurde zu Arbeitseinsätzen aufgefordert - Männer bis zum 60., Mädchen vom 14. bis zum 18. und NS-belastete Frauen bis zum 50. Lebensjahr. Bei Nichtbefolgen wurde ein Entzug der Lebensmittelversorgung angedroht. Täglich früh fanden sich Aufräumer und Enttrümmerer auf dem Schulhof Kirchgasse am Katharinenkirchplatz ein. Ehemalige NS-Leute wurden unter Aufsicht von Sowjetsoldaten auch außerhalb der Stadt an der Bahnlinie zur Demontage des zweiten Bahngleises eingesetzt[2]. In wenigen Wochen waren die Straßen von Trümmerschutt und zerstörten Fahrzeugen geräumt. Bis Ende Mai konnten annähernd 2000 Leichen geborgen und beigesetzt werden, davon 1 264 Zivilisten und etwa 200 deutsche und 525 sowjetische Soldaten. Die Bergung Toter aus den Ruinen zog sich noch bis zum Sommerbeginn hin.

132 Ohne Worte

Ab 5. Mai waren im Stadtbild zivilgekleidete Männer mit weißer Armbinde und der Aufschrift „Stadtwacht" zu sehen. Zwei Hundertschaften Ordnungshüter griffen regulierend ein, sei es bei der Leichenbergung, der Bewachung von Versorgungsgütern oder der Unterbringung Obdachloser. Immerhin hatten fast 17 000 Brandenburger ihre Wohnung verloren. Ab August trug die Stadtwacht eine Uniform, erst noch mit Tschako, später ohne. Als Ausdruck einer neuen Zeit hießen sie bald „Volkspolizei". Zeitgleich erfolgte der Aufbau einer Kriminalpolizei.

Am 10. Mai gab es wieder Lebensmittelkarten. Die Stromversorgungsleitungen wurde repariert, und in den Häusern ging das Licht wieder an. Stromsperren sollten jedoch noch lange Jahre zum abendlichen Alltag gehören.

Die geschilderten Maßnahmen, mit denen in der Stadt halbwegs erträgliche Lebensbedingungen, hergestellt wurden, erfolgten recht schnell; sicher auch deshalb, weil sie von der Kommandantur aus Antrieb erhielten und koordiniert wurden. Die sowjetische Militärverwaltung sah eine Hauptaufgabe darin, das wirtschaftliche und kulturelle Leben nach dem Kriegsende in Gang zu bringen. Am 4. Mai standen an den Mühlen von Heidrich und Tiede sowjetische LKW. Getreide wurde entladen. Ab dem 5. Mai verkauften die Bäcker wieder Brot in der Stadt, wenn auch oft „klitschig", wegen des hohen Wasseranteils. In der Nähe der Burgmühle auf dem Dom breitete sich ein Wohlgeruch von der dortigen „Russenbäckerei" aus. Wer hier ein „Russenbrot" erhaschen konnte, erlebte den Genuß wohlschmeckenden Brotes. Dieses Glück erlebten vorwiegend Kinder. *Ich tauschte Opas braunes SA-Koppel gegen ein Brot, zur Freude der Familie, und der Russe hatte ein „Souvenir". Man sagte: „Die Russen sind kinderlieb!"*

133 Öffentliche Bekanntmachung über eine Lebensmittelzuteilung im August 1945

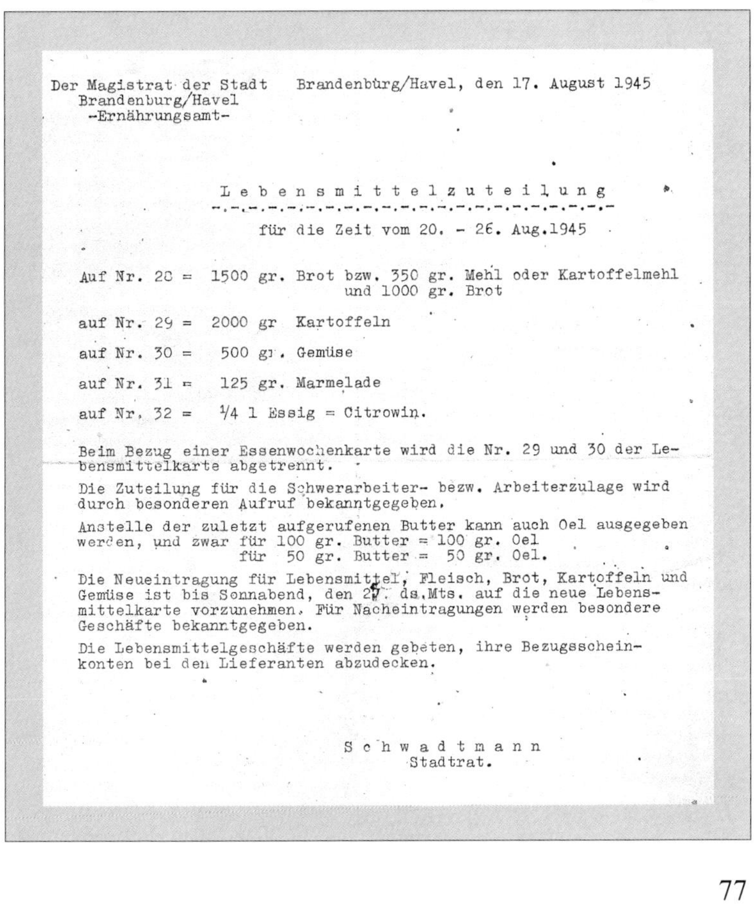

Der Magistrat der Stadt Brandenburg/Havel
-Ernährungsamt-

Brandenburg/Havel, den 17. August 1945

L e b e n s m i t t e l z u t e i l u n g

für die Zeit vom 20. - 26. Aug.1945

Auf Nr. 28 = 1500 gr. Brot bzw. 350 gr. Mehl oder Kartoffelmehl und 1000 gr. Brot

auf Nr. 29 = 2000 gr Kartoffeln

auf Nr. 30 = 500 gr. Gemüse

auf Nr. 31 = 125 gr. Marmelade

auf Nr. 32 = 1/4 l Essig = Citrowin.

Beim Bezug einer Essenwochenkarte wird die Nr. 29 und 30 der Lebensmittelkarte abgetrennt.

Die Zuteilung für die Schwerarbeiter- bezw. Arbeiterzulage wird durch besonderen Aufruf bekanntgegeben.

Anstelle der zuletzt aufgerufenen Butter kann auch Oel ausgegeben werden, und zwar für 100 gr. Butter = 100 gr. Oel
für 50 gr. Butter = 50 gr. Oel.

Die Neueintragung für Lebensmittel, Fleisch, Brot, Kartoffeln und Gemüse ist bis Sonnabend, den 2[illegible]. ds.Mts. auf die neue Lebensmittelkarte vorzunehmen. Für Nacheintragungen werden besondere Geschäfte bekanntgegeben.

Die Lebensmittelgeschäfte werden gebeten, ihre Bezugsscheinkonten bei den Lieferanten abzudecken.

S c h w a d t m a n n
Stadtrat.

134 Stadtpolizistin Ende 1945 an der Ecke Luckenberger und Neuendorfer Straße

„Basisdemokratie" und harte Aufräumarbeiten unter Max Herm

Der in der Brandenburger Bevölkerung noch gut bekannte und vorwiegend bei Arbeitern beliebte ehemalige Reichstagsabgeordnete Max Herm traf am 20. Mai mit einem sowjetischen PKW aus Berlin in Brandenburg ein. Er hatte die Befreiung als Häftling bei dem berüchtigten „Todesmarsch" aus dem KZ Sachsenhausen erlebt. Kontaktgespräche zwischen den Führungszirkeln von KPD und SPD ergaben schnell Übereinstimmung für die Magistratsbildung: Max Herm als Oberbürgermeister, Wilhelm Leow und Konrad Eichler als 1. und 2. Stellvertreter und 12 Stadträte im Verhältnis SPD : KPD : bürgerliche Parteilose je 5. Die offizielle Gründung und Zulassung der KPD in Brandenburg fand am 15. Juni statt, der SPD am 19. Juni. Die "Aktivisten der Ersten Stunde"[3] sollen an dieser Stelle namentlich genannt werden. Sie spornten die überwiegend demoralisierte Bevölkerung durch persönliches Beispiel, Einsatzwillen und Organisationstalent an, beim Aufbau der zerstörten Stadt mitzutun. Der erste Magistrat bestand neben Herm, Leow und Eichler aus den Stadträten: Kaufmann Wilhelm Schwadtmann (Ernährung), Gustav Kölber (Stadtbetriebe), Paul Siegel (Verwaltung), Dr. Karl Erbs (Wohnungs- und Bauwesen), Dr. Wolfgang Liermann (Gesundheit), Willi Leisner (Schulwesen), Ernst Beier (Nachrichtenwesen), Adalbert Berz (Polizei), Otto Schwarz (Finanzen), Willi Hamann (Sozialwesen), Pfarrer Kurt Schubert (Kirchen- und Friedhofsangelegenheiten) und Alfred Kummerlé (Industrie und Handel). Nachdem sich der

135 Enttrümmerung bei Brennabor

136 Bürgermeister Konrad Eichler auf einer Kinderweihnachtsfeier im Saal der AOK im Dezember 1945 nach der Aktion "Rettet die Kinder!"

Magistrat mit Zustimmung der Kommandantur am 22. Mai konstituiert hatte, kamen am 4. Juni weitere Ressortleiter hinzu: Dr. Karl Ulrich (Justiz), Walter Jacob (Wohnungswesen) und Walter Fleischer (Arbeitsamt). In recht kurzer Zeit, von Ende Mai bis Juni 1945, gelang es dem neuen Magistrat, ein System von Obleuten aufzubauen, 1525 Obleute in 15 Stadtteilbezirken für alle Straßen und Häuser und schließlich einen Stadtbeirat zu formieren mit einer Reihe von Fachkommissionen wie Arbeits- und Sozialwesen, Finanzwesen, Bauwesen und Arbeitseinsätze, Umsiedlerausschuß, Versorgung und anderen. Nicht allen Mitwirkenden war bewusst, dass sie in Brandenburg ein demokratisch funktionierendes Vorbild für die gesamte Provinz schufen. Die Stadt Brandenburg wurde am 25. Juli auf Befehl der Sowjetischen Militäradministration (SMAD) Sitz eines Oberlandratsamtes für die Kreise Ost- und Westprignitz, Ruppin, Westhavelland und Zauch-Belzig.[4] Es wurde aufgeräumt, enttrümmert, repariert, organisiert, versorgt und betreut. Bis Ende 1945 arbeiteten wieder etwa 100 Betriebe mit fast 5000 Beschäftigten und produzierten: Kochtöpfe aus Stahlhelmen, Kleidung, Hausschuhe aus Uniformresten, Trockengemüse, säuerliche Melasse aus Zuckerrüben, um die abendliche Kartoffelreibesuppe etwas süßen zu können, usw. Die Enttrümmerung zog sich noch durch die ganzen 50er Jahre hin. Schließlich war eine Trümmermasse von etwa 300 000 Kubikmetern Schutt und Steinen weggeräumt. Brauchbare Steine wurden mühsam von Hand bearbeitet und wieder verwendet. Aus Sicherheitsgründen mußten gefährliche Mauerreste und Teilruinen abgerissen werden, leider auch das Kurfürstenhaus, für das es keine Rettung zu geben schien, wie damals der Stadtbaurat Dr. Erbs feststellte. Ab 1. Juli fuhren wieder Eisenbahnen, oft bis auf die Dächer überfüllt, ab 1. August die erste Straßenbahn, die "Blaue Linie" Richtung Görden, die Fenster zumeist mit Brettern vernagelt. In den Krankenhäusern kämpften ab November unter der Leitung von Dr. med. Großmann die Ärzte und Schwestern gegen Typhus und Fleckfieber. Ende 1945 starben täglich etwa 10 Menschen, vor allem an Hungertyphus.

In Flüchtlingslagern, im Quenzlager und in der ehemaligen Opel-Siedlung Hohenstücken kümmerten sich engagierte Frauen wie Martha Piter und Mia Herm um die Versorgung der Heimatlosen und ihrer Kinder. Bis Dezember war die Zahl der Flüchtlinge oder Vertriebenen in diesen Behelfsquartieren auf annähernd 1000 angewachsen.

Am 9. Dezember war die Luckenberger Brücke wieder hergestellt, im Frühjahr 1946 die Steintor- und

137 und 138 Enttrümmerungen am St. Paulikloster

139 Dienstausweis der Sowjetischen Kommandantur für den Oberbürgermeister Max Herm 1945

Homeyenbrücke, im Herbst 1946 anstelle eines Notsteges die Gördenbrücke und 1947 schließlich die Jahrtausendbrücke. Schon am 23. Juni 1945 begann in der heute nicht mehr existierenden Stadthalle an der Grabenpromenade das Theater seine Arbeit mit dem Unterhaltungsprogramm „Das Leben geht weiter!" Es brauchte nun für Jahrzehnte um seine Existenz nicht zu fürchten. Einen Tag später tummelten sich Menschenmassen auf dem Grillendamm, um dem ersten Nachkriegssportfest beizuwohnen. Eine Woche zuvor hatte für einige Schulklassen der erste Unterricht begonnen. Am 21. Juni war der Saal des Altstädtischen Rathauses zur ersten Bürgerversammlung gefüllt. Max Herm sprach und versuchte, Mut zu machen.

Gegen Ende der Versammlung erklang irgendwo im Saal ein lange nicht mehr gehörter Gesang: „Wacht auf, Verdammte dieser Erde, die stets man noch zum Hungern zwingt..." So mancher schloß sich an und hatte Tränen in den Augen, auch zahlreiche junge Leute, die noch mit dem Braunhemd groß geworden waren. Wer dieses Lied kannte, aber nicht mochte oder gar haßte, hielt sich zurück. Es war nicht seine Stunde.

Kurze Zeit später, am 28. Juni, trafen sich 160 in der Vergangenheit oft verfeindete Angehörige von SPD und KPD um ein gemeinsames Programm zu formulieren. Sie beschlossen einen Aufruf an die Brandenburger mit den Forderungen: Überwindung der Not, Entlassung und Enteignung schuldiger Nazis, Anerkennung der Wiedergutmachungspflicht, Schutz Werktätiger vor Unternehmerwillkür und vor allem: nie wieder Feindschaft zwischen den Arbeitern. Die Gründe für diese Einmütigkeit lagen auf der Hand.

Fast alle in der Arbeiterbewegung Engagierten dachten etwa so: „Jetzt müssen wir Arbeiter das zweite Mal in diesem Jahrhundert den Karren aus dem Dreck ziehen, in den uns die herrschende Gesellschaft von Geld und Adel gefahren hat, angeführt von überdrehten Kaisern und verbrecherischen Führern. Die Leidenden waren immer wir und unsere Kinder. Jetzt sind wir dran! Das ist gerecht, wir werden es besser machen. „Wurde Brandenburg allmählich wieder als „rote Hochburg" erkennbar ?

140 Einweihung der Luckenberger Brücke am 9. Dezember 1945

Zu den selbstlosen und namhaften Parteileuten jener Zeit gehörten die Sozialdemokraten Willi Weichenhein, Paul Voigt, Otto Schwarz, Peter Pawlowitsch und Fritz Geye und die Kommunisten Max und Mia Herm, Ernst Altenkirch und Walter Mickin. Zu diesen gesellten sich im Dezember auch für die nun gegründete CDU die Rechtsanwälte Plümecke, Dr. Schwarze, Bankdirektor Dr. Wiglow, Fritz Wicke und die Pfarrer Kurt Schubert und Albrecht Jochmann, schließlich auch die Liberaldemokraten Schulrat Johannes Senkpiel, Paul Merten, Georg Seeger und die Rechtsanwältin Lotze.

141 VVN-Demonstration (Vereinigung der Verfolgten des Naziregimes) 1946 in der Strafanstalt am Nikolaiplatz

Am 14. Dezember fanden sich die Vertreter dieser vier Parteien zusammen, um einen „Antifaschistisch-demokratischen Block" zu bilden. Der Aufruf enthielt Hilfsmaßnahmen für besondere Notfälle, für Umsiedler und heimgekehrte Soldaten und die Aufforderung, am Aufbau eines neuen demokratischen Deutschland mitzuhelfen – eine „Große Koalition" entstand in Brandenburg. War sie die Chance für einen neuen demokratischen Aufbruch?

Neubeginn in kühler Morgendämmerung

Die weithin beispielhafte Einmütigkeit in Brandenburg erhielt einen ersten Wermutstropfen, als Max Herm zum 1. September nach Berlin abberufen wurde. Beide Parteien, SPD und KPD, blieben auch einig im Vorschlag, den hocherfahrenen Verwaltungsfachmann und Sozialdemokraten Konrad Eichler als Oberbürgermeister einzusetzen. Statt seiner kam der Berliner Lehrer und Kommunist Fritz Lange nach Brandenburg - trotz Widerspruchs auch von Friedrich Ebert jun., des Sohnes des früheren Reichspräsidenten, der zu jener Zeit noch im Berliner Zentralvorstand der SPD war. Fritz Lange blieb in Brandenburg bis Februar 1949 Oberbürgermeister. Ihm folgte Willi Pröllop, der dieses Amt bis September 1949 ausführte. Galt für Max Herm der Grundsatz, die Kameradschaftlichkeit sorgfältig zu hüten und „keine Reibereien" zuzulassen, wie er zu sagen pflegte, änderte sich jetzt allmählich das Klima unter einem machtbewußten neuen Oberbürgermeister. Es wurde „kühl". Die Kälte der Nachkriegsjahre mit ihren Entbehrungen hatten die Älteren unter den Brandenburgern noch aus den Jahren nach 1919 gut in Erinnerung. Sie wußten, dass die Jahre großer Entbehrungen noch bevorstanden. Der Kampf gegen den Hunger und um das tägliche Brot dauerte fast drei Jahre.

142 Erstes Straßenrennen nach dem Krieg 1946, Mitte: Oberbürgermeister Fritz Lange

Im Sommer 1945 sank das Havelwasser, und ein gesunkener Kahn voll gequollenen und stinkenden Getreides wurde im Mühlengraben hinter dem Fußballplatz Grillendamm sichtbar. Die Menschen kamen mit Eimern, wuschen und trockneten das säuerliche Korn und drehten es durch die Kaffeemühlen zu Graupen für Suppen, Plätzchen und Puffer. Die wöchentlichen Brotrationen auf den ab 10. Mai verteilten Lebensmittelkarten lagen zwischen 750 und 2000 Gramm. Zuweilen gab es dafür auch Kartoffelmehl. In dem extrem strengen Winter von 1946/47 mit bis zu 30 Grad Frost gab es nur ein Drittel der angekündigten Kartoffelrationen und fast keine Kohlen. Wiederholt wurden alte Leute tot aufgefunden. Sie waren verhungert, erfroren oder hatten sich aufgehängt.

Zu Weihnachten 1945 gab es eine Sonderzuteilung: 500 Gramm Weißmehl aus Roggen. Kinderweihnachtsfeiern konnten in den Stadtteilen nach der Aktion „Rettet die Kinder!" gestaltet werden. Nach den Ernten 1945,46 und 47 zogen die Leute auf die Felder zum Ähren sammeln. Zu Hause wurden diese dann ausgeklopft und die Hacheln ausgepustet; denn die durften nicht in den Magen kommen. Im Sommer 1947 brach zeitweilig die Lebensmittelversorgung zusammen. Schon aß man Kartoffelschalen, die andere Leute wegwarfen, welche „Beziehungen zum Land" hatten. Katzen waren ihres Lebens nicht mehr sicher. Für Spinatsuppen wurden Brennesseln und Melde gesammelt. Aus Griesbrei mit Majoran wurde Schmalz gemacht. Der Schwarze Markt blühte. Ein Brot für mindestens 60 Mark, ein Stück Butter oder eine amerikanische Zigarette für 20 Mark oder mehr, eine Büchse Kakao für 250 Mark waren für viele unerschwinglich. Schieber bereicherten sich hemmungslos. Es wurde getauscht: Zigaretten gegen Mehl, Kaffee gegen Milch. In der „Tauze", der Tauschzentrale in der Hauptstraße, herrschte Andrang: ein Radio gegen 2 Paar Schuhe, eine Uhr gegen Unterhemd und Unterhose usw. Man fuhr aufs Land zum Hamstern: einen Goldring für einen Beutel Kartoffeln, einen Teppich für zwei Beutel Körner. In der Stadt sagte man, dass mancher Bauer schon einen Teppich im Kuhstall hätte und viele Bauern die Städter abwiesen mit den Worten: „Wi hemm nischt!" Am 3. November 1945 fand auf dem Trauerberg der erste „Freie Markt" statt, auf dem „freie Spitzen" über das Abgabesoll hinaus verkauft werden konnten. Auf dem Rosenhag wurde im Frühjahr 1946 Gemüse angebaut, im Krankenhausbereich wurden Schweineställe eingerichtet.

Bis Ende Juli hatten sich 16 Morde ereignet. Im August 1945 kamen acht Angehörige der Ackerbürgerfamilie Wachow sowie Einwohner des Hauses am Weinmeisterweg durch ein Massaker ums Leben. Überfälle und Plünderungen fanden statt, verübt von marodierenden ehemaligen Zwangsarbeitern in einigen Fällen auch von Sowjetsoldaten und Deutschen.

Stadtteilobleute organisierten einen Selbstschutz. Die gerade erst formierte Kriminalpolizei hatte viel zu tun, zuweilen im Zusammenwirken mit der sowjetischen Kommandantur. Nicht immer konnten die Täter gefaßt werden. Zunehmend erhielten sowjetische Soldaten, die bei Übegriffen erwischt wurden, drakonische Strafen. Von Einwohnern wurde beobachtet, dass ein von einer sowjetischen Streife aufgegriffener Soldat auf dem Hof der Stadtkommandantur am Neustädtischen Markt zur Disziplinierung mit Koppeln blutig geschlagen wurde. Für Vergewaltigung sollen vom Militärgericht in Magdeburg Strafen bis zu 25 Jahren ausgesprochen worden sein.

Die Besatzungsmacht zeigte gegenüber den Deutschen ein unterschiedliches Verhalten: Einerseits leistete sie wirksame Hilfe bei der Organisierung der Infrastruktur, der Verwaltung und der Versorgung der Bevölkerung. Relativ seltene, freundschaftliche Kontakte konnten sehr herzlich sein. Äußerste Härte gegen eigene Delinquenten, vor allem aber gegen verdächtige ehemalige Nazis, manchmal denunzierte Unschuldige, waren eine andere Seite. Nachts trommelten Fäuste an die Wohnungstüren mit dem Ruf in hartem russischen Akzent: „Aufmachen!". Ein bewaffnetes Kommando drang ein, suchte in Schränken und unter Betten nach Versteckten und verschwand in der Regel schnell wieder. Die Angst schien unbegründet, oder auch nicht, wenn ein Gesuchter zum sowjetischen Sicherheitsdienst NKWD in die Neuendorfer Straße am Nikolaiplatz mitgenommen wurde, der vielleicht als „Werwolf" angezeigt war. Manche dieser Verhafteten kamen unter Umständen erst nach Jahren wieder oder blieben verschwunden. Nach dem Auftauchen von „Werwolf"-Flugblättern im August 1945 und der wahrscheinlichen „Hinrichtung" des Gewerkschaftsfunktionärs Friedrich Heil durch Horst H., den Sohn eines ehemaligen SS-Oberführers und Neurologen, wurden die Verfolgungen härter. Wiederholt wurde aber auch zu Unrecht denunziert. Nicht nur frühere HJ-Führer und andere NS-belastete Brandenburger „verschwanden", sondern auch Kommunisten, dabei vier Kriminalpolizisten. So wurde der Polizeioffizier Wilhelm Sypniewski von einem sowjetischen Militärgericht zu 7 Jahren Arbeitslager verurteilt, weil er sich mit der Dienstpistole gegen Sowjetsoldaten gewehrt hatte, die in seine Gartenlaube eingebrochen waren. Es wird angenommen, dass bei dem NKWD insgesamt bis zu 1000 Brandenburger inhaftiert waren. Erschütternd ist die Tatsache, dass deutsche Waisenkinder oder elternlose Kinder durch die sowjetische Besatzungsmacht in der Landesanstalt zusammengefasst wurden und dann in die Sowjetunion deportiert wurden mit dem Ziel der „Russifizierung": eine furchtbare Rache für die massenweise Verschleppung russischer Kinder im Krieg nach Deutschland![5]

Anfang Juli 1945, vor der Potsdamer Konferenz der Alliierten, tauchten in Brandenburg noch andere Uniformen auf. Britische Nachrichtensoldaten waren zum Leitungsbau von ihrer Zone in ihren neuen Westberliner Sektor eingesetzt und vorübergehend in zwei Häusern der Gutenbergstraße einquartiert. Als die Einwohner nach deren Wegzug wieder zurückkehrten, zierten die Tischplatten Brandlöcher von ausgedrückten Zigarettenkippen, darunter klebten Kaugummi. Etliche Wohnblöcke in der Fouque'straße und zwischen der Einstein- und Thüringer Straße mussten für sowjetische Offiziere und Sergeanten mit ihren Familien geräumt werden und blieben bis nach 1990 im Besitz der sowjetischen Streitkräfte. Nur wenige Brandenburger hatten mit ihnen in der Folgezeit engere persönliche Kontakte und konnten feststellen, dass die sowjetische Besatzungsmacht in ihren Unterkünften recht anspruchslos, einfach oder spartanisch lebte.

Die Bekämpfung zuweilen mafiaähnlicher Schiebergruppen, welche die Not der Menschen schamlos ausnutzten, war nicht Sache der Besatzungsmacht sondern der deutschen Polizei und Justiz. Im März 1946 wurden zum Beispiel 30 Schieber bestraft, im Oktober weitere in öffentlichen Prozessen in den Adlerterrassen und im Amtsgericht verurteilt, dabei auch Bauern, die ihr Ablieferungsoll nicht erfüllt hatten und verdächtigt wurden, Schwarzhandel zu betreiben. Dieser Kampf währte noch lange. 1950 fand auf dem Neustädtischen Markt ein öffentlicher Schauprozeß gegen am 7. Juni verhaftete Schwarzhändler statt, der mit Strafen von 300 Mark bis zu 2 Monaten Haft endete.

Geschlechtskranke Männer kamen ab August 1945 in die alte Freimaurerloge in der Neustädtischen Heidestraße als Behelfskrankenhaus, infizierte Frauen, auch Prostituierte wie die aus der Lindenstraße oder Petersiliengasse, kamen in das Barackenlager Heidekrug am Quenz zur Ausheilung. Auf der stadtzugewandten Seite des Quenzsees, wo jetzt das Fußballstadion liegt, befand sich ein großes Quarantänelager, durch welches 1946 und 1947 etwa 35 000 Kriegsgefangene oder entlassene Kriegsheimkehrer und 12 000 Umsiedler geschleust wurden. Zahlreiche deutsche Kriegsgefangene wurden von dort für einige Jahre als Arbeitskräfte in die Sowjetunion gebracht.

143 Flugzeugmonteur Erwin Zinn bei Demontagearbeiten im ARADO-Werk

Nachdem noch im Frühling 1945 mit dem Engagement zahlloser Brandenburger das Aufräumen in der Stadt und die Wiederbelebung der Wirtschaft begonnen hatte, folgte der Befehl zur Demontage der Rüstungsbetriebe, soweit sie die Bombenangriffe überstanden hatten. Vorwiegend in den Jahren 1946 und 1947 bauten Arbeiter unter harten Arbeitsbedingungen, zuweilen unter Hungerqualen und in einem entsetzlich kalten Winter, große Betriebe ab und verluden die Ausrüstungen auf Eisenbahnwagen: das alte Stahl- und Walzwerk, das Opelwerk, das Havelwerk und das ARADO-Werk. Das erzeugte Mißstimmung in der Bevölkerung. Die Fabrikgebäude von Brennabor und Excelsior - gegenüber dem alten Schlachthof - blieben stehen, doch nur noch mit wenigen Maschinen. Insgesamt fast 70 Prozent der Industriekapazität fehlte jetzt. Das war die erste Deindustrialisierung Brandenburgs in diesem Jahrhundert. Spät wurde in Moskau erkannt, daß die Maschinen auf deutschem Boden nützlicher sind, um die Reparationsverpflichtungen einzulösen. So tauchten 1949 bei dem Aufbau des Walzwerkes Kirchmöser Walzgerüste aus Freital in Sachsen auf, die schon auf dem polnischen Grenzbahnhof Brest gestanden hatten und in Freital wiederum welche aus Brandenburg. Bei der Demontage fanden Arbeitslose eine Tätigkeit. Bald wurden die Arbeitskräfte knapp. Durch zahlreiche Umschulungslehrgänge wurde von vielen ein zweiter oder dritter Beruf erlernt.

Unter den geschilderten Bedingungen beschritten die Brandenburger und viele „Umsiedler", wie die Flüchtlinge oder Vertriebenen jetzt hießen, den Weg in eine „neue Zeit". Die Frage „*Wie geht es weiter?*" beschäftigte auch die Vertreter der beiden Arbeiterparteien SPD und KPD. Sie hatten die Hauptlast der politischen Verantwortung bei der Überwindung der Kriegsfolgen auf sich genommen und als erste gehandelt. Langsam war auch die Zeit reif dafür, die Schuldfrage für die tragische Entwicklung in Deutschland vor und nach 1933 zu klären. Nach Jahren der Willkür, dem Krieg und nach dem Schock durch das blutige Kriegsende in der Stadt, nach dem Aufräumen und einer beginnenden Belebung der Wirtschaft kam die Zeit zum Nachdenken über die Ursachen für das Erlebte. In den Versammlungen beider Parteien im Winter 1945/46 wurde das Nachdenken deutlich. In ganz Deutschland diskutierten KPD und SPD die Frage: „Vereint oder getrennt?". Auch in Bran-

144 Das Gelände des Stahl- und Walzwerkes nach der Demontage

denburg, in Wohngruppen und Betrieben, gab es dazu sowohl gegensätzliche als auch zustimmende Meinungen. Bei Brennabor, bei Motz & Co., im Bauamt, in der Landesanstalt Görden und in Neuschmerzke wurde mehr am Sinn einer Sozialistischen Einheitspartei gezweifelt, bei Mittelstahl, dem Stahl- und Walzwerk, bei der Reichsbahn, im Energiebetrieb EWB und bei Kummerlé wurde einem Zusammenschluß von KPD und SPD mehrheitlich zugestimmt. In 10 von 15 Bezirksversammlungen dominierten die Erfahrungen guter Zusammenarbeit. Allmählich entstand ein Verhältnis von 2:1 für einen Zusammenschluß.[6] Auf einer Großversammlung im Kino Metropol am 18. November 1945 fand der frühere Reichstagspräsident Paul Löbe (SPD) keine Zustimmung gegen die Vereinigung, dagegen zehn Tage später Heinrich Rau (KPD) im Kino Konzerthaus eine bejahende Mehrheit. In beiden Veranstaltungen war Friedrich Ebert (SPD) Vertrauensmann für die Brandenburger. Viele kannten ihn noch gut aus der Zeit vor 1933. Da das gemeinsame Handeln schon längst funktionierte, trotz des Oberbürgermeisters Lange, und eine neue Demokratie echte Chancen zu haben schien, gab dieses den Ausschlag und führte zum einstimmigen Beschluß von 200 Delegierten am 24. März im Volkshaus zur Vereinigung beider Parteien. Beide Parteien übten Selbstkritik an ihrem feindseligen Verhalten in der Zeit vor 1933, und das war wohl ehrlich gemeint. Das Ziel einer sozialistischen Volkspartei war in Brandenburg bewusst gewollt und hatte einen breiten demokratischen Grundkonsens. Woanders mag es anders gewesen sein: mit dominierendem Widerstand, mit Zwang und Nötigung, wie zum Beispiel in Cottbus oder Rathenow.[6]

145 und 146 SPD-Versammlung über die beabsichtigte Vereinigung von SPD und KPD, links der ehemalige Reichstagspräsident Paul, Löbe, Mitte sitzend Friedrich Ebert jun., stehend Paul Voigt

Brandenburg war wieder "rot" und die Weichen für lange Zeit gestellt. Ähnlich hatte sich die Einheitsbewegung auch in Bernau, Hennigsdorf und Oranienburg entwickelt. Ungewöhnlich viele Brandenburger bemühten sich nun um Aufnahmeanträge in die neue Partei SED.

Auch Vater und der österreichische Schwager, beide Sozialdemokraten seit 1919 bzw. 1927, stimmten der Vereinigung beider Parteien innerlich zu. Dass Vater ab 1948 für Jahre in der Partei ein zunehmendes Unbehagen bei den Vokabeln wie "Partei neuen Typus" und "Kampf gegen den Sozialdemokratismus" empfand, soll nicht unerwähnt bleiben. Er meinte: "Vielleicht hätten seine Genossen unter Grotewohl mehr Einfluß behalten, wenn sie nicht vom Schumacher-Vorstand in Hannover abgenabelt worden

Kreisdelegierten - Konferenz der KPD. und SPD.

des Stadtkreises Brandenburg

am Sonntag, dem 24. März 1946, vormittags 9.30 Uhr im Volkshaus

*

PROGRAMM

1. Musik
   Egmont-Ouvertüre von Ludwig von Beethoven
   Jubel-Ouvertüre von Klughart
2. Rezitation
3. Eröffnung
4. Berichte der SPD. und KPD. von der Kreiskonferenz am 23. März
5. Begrüßungen durch die Abordnungen (Parteien, Gewerkschaften usw.)
6. Referat des Genossen Sägebrecht „Einheit ist Macht"
7. Diskussion

1½ Stunden Pause

8. Gesangsvortrag „Empor zum Licht"
9. Fortsetzung der Diskussion
10. Schlußwort des Genossen Sägebrecht
11. Anträge und Entschließungen
12. Wahl der Kreisleitung
13. Bestätigung der Delegierten zur Bezirkskonferenz
14. Schlußworte

Gemeinsames Lied „Brüder, zur Sonne, zur Freiheit!"

146 Konferenzprogramm zur Gründung der SED

wären und wenn man gemeinsame Sache gemacht hätte, um Deutschlands Einheit zu retten.“ Ich erlebte, dass diese Meinung unter den Genossen recht verbreitet war.

Doch so weit war die Entwicklung im Jahr 1946 noch nicht. Am 1. Mai war die Innenstadt voller abgehärmter aber hoffnungsfroher Menschen. Man sah nach 12 Nazijahren wieder rote Fahnen in Brandenburg. Bei den geheimen und gleichen Kommunalwahlen am 15. September 1946 erhielt die neue Partei SED 58,6 Prozent der Stimmen. Sie lag damit erheblich über dem Durchschnitt des Landes und der Sowjetischen Besatzungszone. In der gesamten Ostzone kam die SED auf 47,5 Prozent der abgegebenen Stimmen, in Berlin jedoch nur auf 19,8 Prozent.

Die Zeit des „Kalten Krieges“, die Konfrontation der politischen Systeme begann, und manches wurde anders als gehofft. Das nun entstehende deutsch-deutsche und schließlich weltweite Spannungsfeld zwischen den konkurrierenden Großmächten prägte viele weitere Entwicklungen - so auch in Brandenburg.

"Das neue Leben muß anders werden ..." – Junge Menschen im Aufbruch

So begann ein Lied junger Leute in jenen Jahren. Der Krieg war gerade ein Jahr und einen Monat verraucht, als durch die aufgeräumte mit Fahnen und Girlanden geschmückte Innenstadt ein bunter Zug vieler hunderter junger Leute zog. Zu Pfingsten 1946 sah Brandenburg das erste gesamtdeutsche Nachkriegstreffen, das 1. FDJ-Parlament in der alten Stadthalle mit annähernd 1000 Gästen aus allen deutschen Landen. Gesang und Musik erfüllten die Luft. Bunte Fahnen mit dem neuen FDJ-Symbol des Sonnenaufgangs zogen vorbei: aus Mecklenburg eine grüne, aus Sachsen eine gelbe, aus dem Ruhrgebiet eine rote FDJ-Fahne; die aus Brandenburg war weiß und die aus Berlin war blau. Eine riesige Bürokratenfigur mit Frack und steifem Kragen zog unter Spott mit im Zuge.

Eine Gruppe aus Süddeutschland kam in bunten Röcken bzw. Manchesterkniehosen, mit Geigen und bändergeschmückten Wandergitarren und Mandolinen. *Ich stand mit Mutter am Straßenrand in der Steinstraße; sie sagte: „Das ist wie bei meiner alten Arbeiter- und Naturfreundejugend nach dem Ersten Krieg. Da musst du hin, da ist echte Freundschaft, und es macht riesig Spaß!" Das überzeugte mich. Ich hatte noch vier Wochen HJ-Pimpfe kennen gelernt und dabei ständig Angst gehabt, vor allem vor der zu erwartenden "Pimpfenprüfung". „Endlich ist der Nazispuk vorbei ... – jetzt wird es schön!" – dachte ich mir. Prägende Jahre begannen.*

Der antifaschistische Jugendausschuß existierte seit Juni 1945. Er wurde von Fritz Lüdemann geleitet, ab September als „Freie Jugend Brandenburg". Hier waren noch kirchliche Jugendgruppen beteiligt, leider nur vorläufig. Interessenunterschiede deuteten sich an. Pfingsten 1946 be-

Fotos auf S. 86: 147 Demonstration zum 1. Mai 1946 am Rathenower Torturm, in der zweiten Reihe v. l.: Ernst Altenkirch (ehem. KPD), Max Herm (ehem. KPD), Willy Weichenhein (ehem. SPD)
148 Stimmauszählung zur Landtagswahl Oktober 1946
149 Wahlwerbung der SED für die Kommunalwahlen am 15. September 1946
150 Festumzug zum I. Parlament der FDJ Pfingsten 1946 Ecke Neustädtischer Markt – St. Annenstraße

stand die FDJ schon aus 450 Mitgliedern, bis 1948 unter anderen von Kurt Siegert und Gerhard Kersten geleitet. Die Gruppen trafen sich zu Heimabenden u. a. im alten SAJ-Heim Schusterstraße, der späteren Bibliothek, in der Villa Wilhelmsdorfer Straße 1, im Turnerheim und ab November 1946 auch im Steintorturm, nachdem Oberbürgermeister Lange der katholischen Jugendgruppe dieses Domizil weggenommen hatte.

Ab 1947 wurden Gruppen der „Kindervereinigung" der FDJ in einer Zeit gebildet, wo Anzeichen der Verwilderung von Kindern und Jugendlichen zunehmend Unruhe schufen. Noch 1948 waren etwa 1300 Jugendliche zwischen 14 und 18 Jahren arbeitslos. So kam es im Frühjahr 1949 zu einer regelrechten Straßenschlacht zwischen Hunderten von Jungen der Jahn- und Nikolaischule – die beide dasselbe Schulhaus schichtweise benutzen mussten – in der Franz-Ziegler-Straße und Wilhelmsdorfer Straße. Lehrer und Polizei waren zeitweilig machtlos, die Straßenbahn aus der Richtung Planebrücke kam nicht mehr durch, und Prügeleien einzelner flüchtender oder verfolgender Banden zogen sich noch bis zum Abend hin. Junge engagierte Pädagogen wie Inge Splitt und Ingrid Angermüller bildeten unter dem Motto *„Keiner zu klein um Helfer zu sein"* Kindergruppen, die Anfang 1949 von Gruppen der Jungen Pioniere in den Schulen abgelöst wurden. Im ersten Nachkriegsferienlager 1948 in Plaue wurde so manches Kind bei dem Mittagessen das erste Mal nach Kriegsende richtig satt. Der junge Lehrer Horst Graubaum formierte eine Sing- und Spielschar von etwa 50 Kindern. Fröhliche Lieder klangen über den Wendsee, und nach den Ferien wurden in zahlreichen Einsätzen Ziegelsteine aus den Trümmern geborgen. In der Nikolaischule, wo Johannes Friedrich Schuldirektor war, wurde in einem Schülerparlament Demokratie geübt.

151 Mitteilungsblatt der Kindervereinigung der FDJ für das Kindersommerlager Plaue 1948
152 Sing- und Spielschar der Jungen Pioniere am 1. Mai 1949
153 Ferienlager der Nikolaischule Sommer 1950. Links der Geschichtslehrer Helmut Gregor

Bemerkenswert waren die Leistungen einer FDJ-Theatergruppe der Mittelschulen, welche unter Anleitung der namhaften Brandenburger Schauspieler Alfred Mordhorst und Harry Hansen unter anderem aufführten: „Die Brücke" von Carl Mewes, den „Biberpelz" von Gerhart Hauptmann und drei literarisch-musikalische Programme, darunter einen Goethe-Abend und ein Wilhelm-Busch-Programm. Hier seien für alle Akteure als Beispiele Helga Koppe und Wolfgang Fried genannt. Eine Tournee führte die jungen Laienschauspieler durch die Prignitz in das Ruppiner Land.

In jener Zeit hatte das Volksbildungsamt an seiner Spitze einen Kunsthistoriker und Hieronymus-Bosch-Forscher von internationalem Rang: Dr. Wilhelm Fraenger. Er initiierte für mittellose aufstrebende junge Leute „aus der werktätigen Bevölkerung" ab 1946 eine Stiftung für ein „Hochschulstipendium der FDJ". Unsere Stadt verdankt sowohl ihm als auch dem Kulturreferenten und Stadtarchivar Dr. Hans Neumann die Bergung und Erfassung der Wredow'schen Gemälde- und Grafiksammlung, welche im Krieg auf Herrenhäuser der Umgebung evakuiert war.[7] Mit der Gründung des Kulturbundes am 12. November 1945 im Altstädtischen Rathaus durch namhafte Lehrerinnen und Lehrer wie Martha Kehr, Gerda Scherzer, Dr. Danneberg, Friedrich Grasow, Dr. Max-Georg Hartmann, den Arzt MR Dr. Melzow und den Stadtrat Dr. Fraenger begann eine für damalige Bedingungen achtbare demokratische Kulturentwicklung. Ein reiches geistiges und kulturelles Leben ließ hoffen.

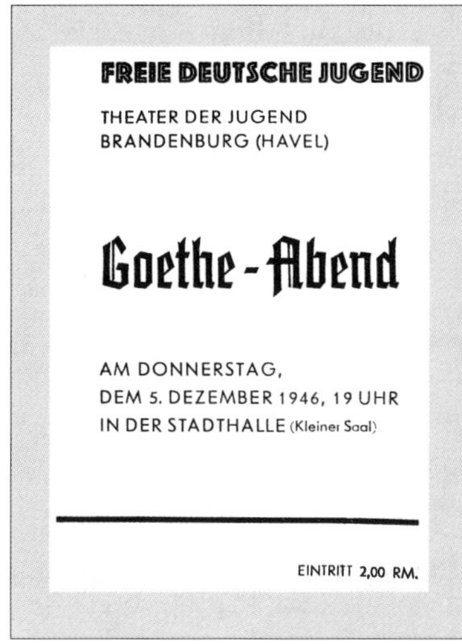

154 Plakat des Jugendtheaters der FDJ 1946

Noch ein Lied: „Fort mit den Trümmern und was neues hingebaut ..."

So begann der Refrain eines Nachkriegsliedes von Bertolt Brecht und Paul Dessau, welches auf den Heimabenden der hoffnungsvollen jungen Leute, zum Beispiel in der Schusterstraße, gesungen wurde. Für Andere waren Hoffnungen mit dem Untergang des Nazireiches zerstört worden, waren neue Hoffnungen schwer vorstellbar, vor allem angesichts der neuen politischen Kräfteverhältnisse mit SED, FDJ und einem Demokratischem Block. Viele jüngere und ältere Brandenburger suchten über die Zwischenstation Westberlin neue Hoffnung „im Westen", wie man damals zu sagen begann. Manche junge Radiohörer wählten nicht lange zwischen den Klängen: im Berliner Rundfunk „Kalinka" und bald auch neue Jugendlieder, und im neuen RIAS Glenn Miller mit "In the mood". Von jetzt an und noch durch die 50er Jahre hindurch verschwand die Mehrheit des traditionellen Wirtschafts- und Bildungs-Bürgertums der Stadt, mit ihnen viele hochqualifizierte und erfahrene Fachleute, darunter aber auch früher engagierte Anhänger des NS-Regimes.

Zur Ermittlung des Grades ihres Schuldanteils während der 12 Jahre Naziherrschaft fanden ab Dezember 1946 Untersuchungen eines „Denazifizierungsausschusses" gegen 185 NS-belastete Personen im Öffentlichen Dienst statt. 103 Leuten wurde gekündigt und die anderen als „unbelastet" eingestuft. In einer zweiten Aktion wurde im September 1947 eine „Entnazifizierungskommission" gebildet, die bis März 1948 tätig war und, nach bisher erkennbarem Stand, 65 Fälle in gerichtlicher Prozessform behandelte. Die Kommission setzte sich aus Vertretern der SED, CDU, LDP und der Massenorganisationen FDGB und FDJ zusammen. Da das Amtsgericht in der Steinstraße mit seinen Aktenbeständen während der Luftangriffe und

155 Die Aktivistensäule an der Ecke Hauptstraße – Steinstraße

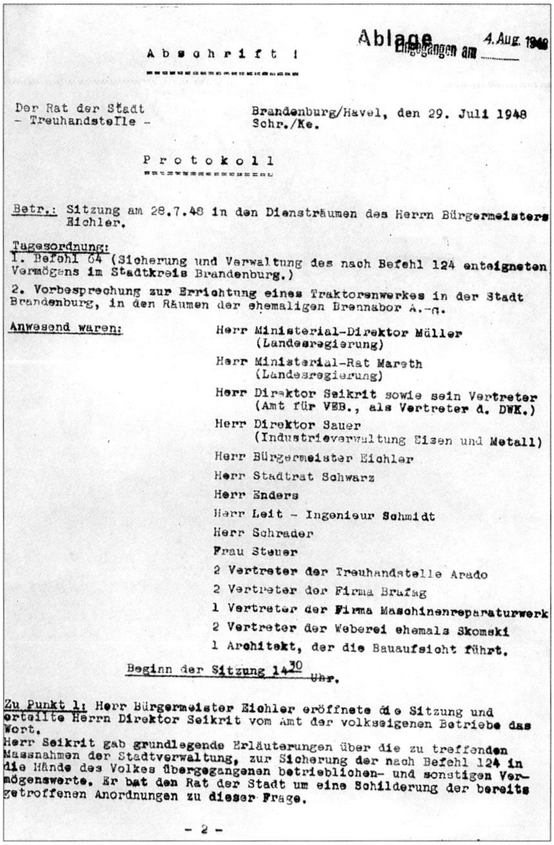

Abschrift !

Ablage Eingegangen am 4. Aug. 1948

Der Rat der Stadt
- Treuhandstelle -

Brandenburg/Havel, den 29. Juli 1948
Schr./Ke.

Protokoll

Betr.: Sitzung am 28.7.48 in den Diensträumen des Herrn Bürgermeisters Eichler.

Tagesordnung:
1. Befehl 64 (Sicherung und Verwaltung des nach Befehl 124 enteigneten Vermögens im Stadtkreis Brandenburg.)
2. Vorbesprechung zur Errichtung eines Traktorenwerkes in der Stadt Brandenburg, in den Räumen der ehemaligen Brennabor A.-G.

Anwesend waren:
Herr Ministerial-Direktor Müller (Landesregierung)
Herr Ministerial-Rat Mareth (Landesregierung)
Herr Direktor Seikrit sowie sein Vertreter (Amt für VEB., als Vertreter d. DWK.)
Herr Direktor Sauer (Industrieverwaltung Eisen und Metall)
Herr Bürgermeister Eichler
Herr Stadtrat Schwarz
Herr Enders
Herr Leit - Ingenieur Schmidt
Herr Schrader
Frau Steuer
2 Vertreter der Treuhandstelle Arado
2 Vertreter der Firma Brufag
1 Vertreter der Firma Maschinenreparaturwerk
2 Vertreter der Weberei ehemals Skomski
1 Architekt, der die Bauaufsicht führt.

Beginn der Sitzung 14.30 Uhr.

Zu Punkt 1: Herr Bürgermeister Eichler eröffnete die Sitzung und erteilte Herrn Direktor Seikrit vom Amt der volkseigenen Betriebe das Wort.
Herr Seikrit gab grundlegende Erläuterungen über die zu treffenden Massnahmen der Stadtverwaltung, zur Sicherung der nach Befehl 124 in die Hände des Volkes übergegangenen betrieblichen- und sonstigen Vermögenswerte. Er bat den Rat der Stadt um eine Schilderung der bereits getroffenen Anordnungen zu dieser Frage.

- 2 -

Kampfhandlungen unversehrt geblieben war, konnten recht mühelos Brandenburger ermittelt werden, die mit Überzeugung dem NS-Regime gedient und durch Anzeigen und Denunziationen anderen Menschen Schaden zugefügt hatten.[8]

Flüchteten in den letzten Kriegstagen besonders NS-belastete Leute, waren es jetzt zunehmend Menschen, die in der Verstaatlichung der im Herbst 1945 vorläufig von der Besatzungsmacht beschlagnahmten und treuhänderisch verwalteten Betriebe einen falschen Weg sahen. Im Jahr 1948 enstanden die meisten Volkseigenen Betriebe (VEB), als einer der ersten Betriebe Brandenburgs die Wiemann-Werft im Februar 1948. In der Stadt Brandenburg waren 64 Betriebe betroffen. Von diesen wurden sieben als ehemalige Rüstungswerke enteignet, weiteren18 Unternehmen wegen NS-Belastung im Sinne der Direktive 24 des Alliierten Kontrollrates das Gewerbe entzogen, darunter den Firmen Wiemann (Schiffbau), Riedel (Textilien), Heiland (Seilerwaren), Hillerbrich (Drogerie), Sommer (Uhren), Reishaus (Schmuckwaren) und Hutfilz (Textilien).[9] Im Flick'schen Mittelstahl-Werk hatte eine Belegschaftsresolution schon im Dezember 1945 die Enteignung ausgelöst.

156 und 157 Protokoll über die Einrichtung eines Traktorenwerkes in den Räumen des ehemaligen Brannabor-Werkes. Die ersten Traktoren "Aktivist" rollen durch die Straßen Brandenburgs

Während in einigen Fabriken noch demontiert wurde, kam woanders schon die Produktion neu in Gang. Auf der Wiemann-Werft/Thälmann-Werft fand im April 1947 der erste Schiffsstapellauf statt, es folgten hochseetüchtige Fischerei-Seiner für das Schwarze Meer. Im gerade neu entstandenen Brandenburger Traktorenwerk wurde im August 1948 der erste Schlepper für Generatorgas aus Holz probeweise gefertigt. Ab Februar 1949 begann die Serienproduktion; jetzt aber für den Traktor „Aktivist", von dem bis August 1950 1000 Stück aus den Werkhallen rollten. Im September 1949 begann die Produktion in einem neuen Warmwalzwerk in Kirchmöser, und im Dezember, nach einer Ministerratssitzung in Berlin, sprach sich in der ganzen Stadt herum: *„Wir bekommen ein neues Stahlwerk!"*.

Das Jahr 1948 schien neue Zeichen zu setzen: Seit dem vorangegangenen Jahr kannte man in einigen Betrieben bereits das Wort „Wettbewerb". Im Frühjahr 1948 nutzten über 100 Betriebe diese Methode der Leistungssteigerung. Die Thälmannwerft hatte im Juli alle VEB der Besatzungszone zum Wettbewerb aufgerufen und der Stadt maßgeblich zu dem Titel „Stadt der Aktivisten" verholfen. Von nun an gab es „Prämien" und "Aktivisten" für Jahrzehnte. Die ersten Aktivisten hat-

Preis 10 Pf.

Brandenburger Nachrichten

Amtliches Nachrichtenblatt des Rates der Stadt Brandenburg (Havel)

Herausgegeben vom Rat der Stadt Brandenburg

Redaktion: Brandenburg (Havel), „Haus der Kultur", Altst. Markt 9. Informationsdienst. Tel. 863. Apparat 6 / Erscheint jeden Donnerstag

Nummer 49 | 9. Dezember 1948 | 1. Jahrgang

An die Jugend der Stadt Brandenburg!

Liebe Jungen und Mädel!

Unsere Feinde stehen auf dem Wege, der zu einem neuen imperialistischen Kriege führt. Mit diesem Ziel spalten sie Deutschland und Berlin und verhindern die Erschaffung eines einheitlichen Deutschlands und einer einheitlichen Regierung für Deutschland. Sie verschaffen sich dadurch die Möglichkeit, Westdeutschland zu unterjochen und verwenden dessen Reichtum und Industrie für eine neue Aggression. Wir wollen keine Todesopfer, Sorgen und Elend. Uns ist bekannt, wohin uns der hitlerische Krieg geführt hat. Eine Wiederholung desselben wollen wir nicht, sondern eine friedliche Entwicklung. Unsere Stadt Brandenburg hat während des Krieges sehr viel Schaden erlitten, und da zur Zeit wenig Arbeitskräfte vorhanden sind, haben wir beschlossen, eine Jugendsonntagsschicht „Enttrümmerung" durchzuführen. Wir helfen damit unseren Vätern und Müttern und es wird dadurch ein großer Teil von Mitteln gespart, welche für den Wohlstand unserer Bevölkerung benutzt werden könnten.

Darum rufen wir Euch, die gesamte Jugend Brandenburgs, zur aktiven Teilnahme an dieser nützlichen Maßnahme auf. Kommt deshalb am Sonntag, dem 12. Dezember, um 9 Uhr mit Spaten zum Nikolaiplatz.

Einstimmig angenommen von der Wredow-Oberschule für Jungen.

158 Aufruf von Schülern der Wredow-Oberschule (der späteren Goethe-Schule) zu einem Enttrümmerungseinsatz

ten es nicht leicht; denn die vorherrschende Meinung war: *„Erst müssen wir mehr essen, dann können wir auch mehr arbeiten"*. Gegen dieses Argument überzeugte auch nicht die ab 1. Mai 1949 am Neustädtischen Markt eingeweihte „Aktivistensäule" mit der Veröffentlichung bester Arbeiterinnen und Arbeiter. Viele merkten: Auch ein „positiver Pranger" kann unangenehm sein. In den 1948 und 1949 herausgegebenen „Brandenburger Nachrichten" oder auf Wandzeitungen in Betrieben konnte man die Losung lesen: *„Noch mehr produzieren, um besser zu leben!"* Das blieb für lange Zeit die Motivation für mehr und bessere Arbeit. Und tatsächlich nahm die Zahl der Aktivisten besonders in Brandenburg immer mehr zu.

Wie geht es weiter mit Deutschland?

Die Jahre 1948 und 1949 brachten zwei neuartige Streitvokabeln ins Gespräch: „Einheit" und „Spaltung". Am 15. Mai wurden die Bürger in 53 Wahllokalen an die Wahlurnen gerufen, um Delegierte für einen Volkskongreß zur Vorbereitung eines gesamtdeutschen Parlamentes zu wählen. Bald darauf, am 23. Mai, begann ein Volksbegehren für die Einheit Deutschlands. Bis 6. Juni hatten sich 93,3 Prozent der Wahlberechtigten eingetragen. Erwartungsgemäß war die Mehrheit gegen eine Spaltung Deutschlands.

Obwohl die Volkskongressbewegung als Alternative zum Auseinanderdriften der beiden Teile Deutschlands gedacht war, waren die Entscheidungen über das künftige Schicksal Deutschlands längst in den Hauptstädten der Besatzungsmächte gefällt worden.[7]

Wahl-Aufruf!

Wähler der Stadt Brandenburg! Männer, Frauen, Jugendliche!

Am Sonntag, dem 15. Mai 1949, und am Montag, dem 16. Mai 1949, geht das deutsche Volk an die Wahlurne

In gleicher, geheimer und direkter Stimmabgabe wählen wir unsere Delegierten zum 3. Deutschen Volkskongreß.
Der Kampf des deutschen Volkes um seine nationale Existenz ist in ein neues entscheidendes Stadium getreten.
Die imperialistischen Machthaber haben die Zerreißung Deutschlands vollendet.
Sie brechen das Potsdamer Abkommen, verweigern Deutschland einen Friedensvertrag und haben mit dem Besatzungsstatut die Dauerbesetzung und Kolonisierung Westdeutschlands vorbereitet.
Der Dollarimperialismus hintertreibt die Gesundung der deutschen Wirtschaft und nimmt uns die Möglichkeit, zu normalen Lebensbedingungen zurückzukehren.
Der Atlantikpakt ist die vollendete Verschwörung der westlichen Imperialisten gegen den Weltfrieden.
Das uns geraubte Ruhrgebiet soll zu einem Waffenarsenal und Westdeutschland zu einem Aufmarschplatz für einen neuen Krieg gegen die friedliebenden Völker des Ostens gemacht werden.
Deutschland ist das Objekt der anglo-amerikanischen Machtpolitik. Westdeutsche Politiker betätigen sich als ausländische Agenten gegen die Einheit und den Frieden Deutschlands.
Sie betreiben mit dem Bonner Grundgesetz die Spaltung Deutschlands und weisen die vom deutschen Volksrat angebotene Verständigung zurück.

Der Deutsche Volksrat hat den nationalen Notstand ausgerufen!
Die Delegiertenwahl zum 3. Deutschen Volkskongreß ist ein Akt der vom Deutschen Volksrat proklamierten nationalen Selbsthilfe!

Die am 23. Mai in Paris abermals zusammentretende

Außenministerkonferenz wird Deutschlands Stimme hören!

Wir fordern
die demokratische Einheit Deutschlands,
einen gerechten Friedensvertrag und
den Abzug der Besatzungstruppen!

Jeder tue in der Stunde höchster Entscheidung seine nationale Pflicht

Deshalb ein einmütiges „Ja" am 15. und 16. Mai

Wähler der Stadt Brandenburg!
Erkennt die Stunde der Entscheidung!

Sagt „Ja" zum Frieden!
Sagt „Ja" zur Einheit!

Flaggen heraus!

Deutscher Volkskongreß für Einheit und gerechten Frieden
Kreisvolksausschuß Brandenburg (Havel)
gez. Eichler

Flaggen heraus!

SED	CDU	LDP	NDPD	FDGB	VdgB	DFD	FDJ	VVN	Kulturbund
Weichenhein	Wicke	Senkpiel	Dr. Geißler	Kurt Thiele	Meyer	Hoffmann	Loos	Märksch	Kehr

21 - Br 1437

159 Gemeinsamer Wahlaufruf für den 3. Deutschen Volkskongreß

Für Aufregung sorgte die Währungsreform am 20. Juni 1948 in Westdeutschland und drei Tage später in West-Berlin. Am 24. Juni folgte die Sowjetische Besatzungszone mit einer eilig vorbereiteten Geldreform. Die alte deutsche Rentenmark bekam einen Kupon, eine kleine Marke aufgeklebt. Bald danach konnte das provisorische gegen neues Geld umgetauscht werden. Begann mit den Währungsreformen die Spaltung Deutschlands? Manchen Brandenburgern wurde es unbehaglich.

Während im November 1948 über Brandenburg die amerikanischen „Rosinenbomber" zur Versorgung der von der sowjetischen Regierung blockierten Westsktoren Berlins brummten, sprach sich in Brandenburg eine erfreuliche Neuigkeit herum: *„Am 20. dieses Monats wird eine neues Kaufhaus eröffnet."* Das ehemalige Kaufhaus Flakowski hieß jetzt „HO" – eine Abkürzung für „Handelsorganisation" - , zuweilen auch „Freier Laden" genannt und von Spöttern „Schwarzer Laden". Ohne Karten und Bezugscheine konnte frei eingekauft werden, leicht unter dem Schwarzmarktpreis. Das Kuchenbrot kostete 12,- Mark, die Bockwurst mit Salat zuerst 8,60 Mark, nach gut einem Jahr nur noch 3,75 Mark. In den folgenden Jahren gingen die Preise schrittweise erheblich herunter. Der Schwarze Markt verschwand. Die Preise für die rationierten und auf Karten zu erstehenden Waren blieben wie gewohnt niedrig. Ab 1948 stieg der Lebensstandard allmählich an, lag aber schon zu dieser Zeit unter dem Westdeutschlands, wo der Marshallplan wirksam geworden war, wo das Ausmaß der Kriegszerstörungen weit geringer war als zwischen Elbe und Oder und wo die Belastungen durch Reparationszahlungen und Demontagen bei weitem nicht so hoch waren wie in der Sowjetischen Besatzungszone.

Ein Blick in einen Wirtschaftswegweiser von 1948 zeigt noch viele traditionelle Brandenburger Firmen: J. F. Krause Eisenhandlung, Eugen Macco Strümpfe und Trikotagen, Seifenfabrik A. Zieten, Landmaschinen-Handel Hanisch, Brauerei Hans Schnura, Kaufhaus TEXHA/Haferkamp & Aust, die Speditionen Kraatz und Taege, Lampenladen „ahu"/Arthur Huhn, Spirituosenhandel Wein-Wiesike, Brauerei Dauter und Elektro-Ferchland, Bürowaren Bischoff und Motorschiff „Sonnenschein" von Hermann Antrick. Nur einige wenige Firmen haben das Ende der DDR-Zeit überlebt.

Die im Jahr 49 auffrischenden Sturmböen der großen Politik gingen auch an Brandenburg nicht vorbei. Die Reden, die aus Berlin über die Sender kamen, über den Berliner Rundfunk oder den RIAS, wurden zunehmend härter und aggressiver auf allen Seiten. Der Kalte Krieg war entbrannt, und mit Ängsten sprach man von einem Dritten Weltkrieg, der auszubrechen drohe. In Berlin gab es auf den S-Bahnhöfen Tumulte, und im friedlichen Brandenburg wurden die Debatten heftiger.

Bei Oma tauchte ein Mann aus Westberlin auf, der ihr helfen wollte, da sie ja die Witwe eines alten SPD-Funktionärs wäre, meinem Großvater, dem spätere SA-Mann. Der Mann kam von einem „Ostbüro" (der SPD). Oma war er unheimlich. Sie wies ihn sicherheitshalber ab.

Die FDJ-Mitgliederschaft hatte bis zum Jahresende 1948 in Brandenburg die Zahl Tausend überschritten. Die ersten Blauhemden waren schon zu sehen. Am Mittag des 11. Okober 1949 versammelten sich diese über tausend jungen Leute auf dem Hauptbahnhof und fuhren in Sonderzügen nach Berlin. Dort bekam jeder eine Pechfackel, dann zogen sie auf der Straße Unter den Linden an der Humboldt-Universität vorbei. Dort standen der neue Staatspräsident und die neue DDR-Regierung.

Ich war mit von der Partie. „Schau mal! Da stehen Pieck und Grotewohl!" raunten wir einander zu. Frühmorgens, nach 3 Uhr, waren wir wieder in Brandenburg zurück. Müde fiel ich zu Hause ins Bett. Ich hatte noch nicht verdaut, was da eigentlich los war. Vielen meiner mitgereisten Freunde erging es sicher ähnlich. Die Älteren, von denen einige noch als Flakhelfer auf Flugzeuge gezielt hatten, waren mit viel größerem Ernst als wir Unter den Linden an der neuen DDR-Regierung vorbeigezogen.

Bald verstanden auch viele Jüngere die Tragweite des Geschehens der letzten Wochen. Nachdem am 7. September sich Bundestag und Bundesrat im Westen konstituiert hatten und die Bundesrepublik Deutschland als Staat ausgerufen hatten, folgte vier Wochen später in der sowjetischen Besatzungszone die Konstitution einer „Provisorische Volkskammer" aus der heraus eine Regierung gewählt wurde. Der zweite Staat auf deutschem Boden hieß Deutsche Demokratische Republik.[10] Die Spaltung Deutschlands prägte schließlich mental anderthalb Generationen und hinterließ tiefe Spuren mit langanhaltender Wirkung – bis in die heutige Zeit. Gegen die Gründung der DDR hatte es in Ostdeutschland keinen nennenswerten Widerstand gegeben, dafür gab es große Erwartungen und viele neue Hoffnungen.

Anmerkungen:

1. Es wäre nach nunmehr über 55 Jahren angebracht, einiger dieser tapferen Persönlichkeiten öffentlich zu gedenken, vielleicht in Straßennamen.
2. Tausende Kilometer Bahnstrecke hatten die deutschen Truppen in der Sowjetunion bei ihrem Rückzug zerstört.
3. "Aktivisten der ersten Stunde" – ein Begriff, der in der DDR üblich war.
4. Hinweis von Herrn Professor Günter Benser: "Die zentralen Quellen (Brief Walter Ulbrichts vom 24. Juni 1945 und der Besuch Wilhelm Piecks in Brandenburg am 16. August 1945) legen den Schluß nahe, dass der Stadt Brandenburg von der Zentrale der KPD eine Modellrolle und Signalfunktion beim Aufbau städtischer Strukturen zugedacht war." Das Land Brandenburg erhielt vier Oberlandratsämter, die anstelle der früheren Regierungsbezirke Potsdam und Franfurt/Oder traten. Diese Ämter wurden am 31. Januar 1947 wieder aufgelöst. Siehe: Ingo Materna, Wolfgang Ribbe, Geschichte in Daten – Brandenburg, München/Berlin 1995, Seite 229.
5. "Werwolf" = NS-Guerilla, insbesondere mit Jungen der HJ. Faksimile-Nachdrucke von Werwolfflugblättern und der Ankündigung der "Hinrichtung" in der Schrift von Herbert Blobel: Die Schaffung der Einheit der Arbeiterklasse...in der Industriestadt Brandenburg (Havel), Brandenburg 1971. Weiterhin: Hinweis von Klaus Möhle, Paplitz, Kriminalpolizist in Brandenburg ab 1945. Von diesem stammt auch der Hinweis, dass von Besatzungstruppen in der US-Zone gefasste "Werwölfe" auf der Stelle erschossen wurden. Über die Verhaftung von zu Unrecht Verdächtigten wird von dem Verein "Erinnerung e.V. Brandenburg/Havel" eine Erfassung gemacht. Siehe dazu auch Klaus Heß, Besatzungszeit und SED-Herrschaft, in: Stahl und Brennabor, Potsdam 1998, Seite155. Über Wilhelm Sypniewski siehe: BStA, Nr. 2.0.2.18, Pag. 30ff.
   Zur Verschleppung von Kindern siehe: Edith Hahn Beer, a.o.O., Seite 258, ebenso: Information von Herrn Dr. Hauer, Berlin.
6. Das ist sicher für viele heute eine unbequeme Tatsache. Siehe: BLHA, Bestand des ehemaligen Bezirksparteiarchivs der SED, PA I/3/11/58; PA I/3/59 und 105; weiterhin BLHA, Rep. 330 I/2/5 und Rep. 333 III/3/3. Im Übrigen verweise ich auf eine Reihe von Untersuchungen über die Einheitsbewegung vor 50 Jahren um das Jahr 1996, sowohl von der Friedrich-Ebert-Stiftung als auch vom Rosa-Luxemburg-Bildungsverein Brandenburg publiziert und teilweise konträr ausgedeutet.
7. Über den früheren Stadtarchivar Dr. Hans Neumann und sein Schicksal im Zusammenhang mit der Entnazifizierung: BStA Bestand Oberbürgermeister, Nr.2.0.2.18, Pag.99ff; über die Rückführungsaktion der Wredowschen Sammlung: BStA, Bestand Rat der Stadt, Abteilung Kultur Nr. 2.0.14.1, bes. Pag. 2 bis 10, weiterhin Nr. 2.0.14.5.
8. BStA, 2.0.2.27, Pag. 290f und 263 bis 273 und Nr. 2.0.2.89. In dieser Akte ist erkennbar, dass im November 26 Personen wegen Beteiligung oder Mitschuld an der "Reichskristallnacht" am 9. November 1938 inhaftiert waren, darunter auch der ehemalige Direktor der Ritterakademie Prof. Ludwig Ziehen. Weiterhin siehe: Edith Hahn Beer, Anm. 16/Kap. II, Seite 253.
9. BStA, Nr. 2.0.2.50
10. Zurückblickend besteht heute weitgehend Übereinstimmung in der Geschichtsschreibung darüber, dass in den ersten Nachkriegsjahren das deutsche Volk letztlich keine demokratische Möglichkeit hatte, über den Charakter eines deutschen Nachkriegsstaates bzw. über Einheit oder Spaltung des Landes zu entscheiden.

160 und 161 Brandenburger FDJler auf dem Weg zum I. Deutschlandtreffen Pfingsten 1950 nach Berlin; Rast am Potsdamer Stadtschloß

Viertes Kapitel

40 Jahre DDR und eine weitere „Jahrhundertwende“

Im „DDR-Frühling” - die fünfziger Jahre

„Auf den Straßen, auf den Bahnen” und „Deutsche an einen Tisch” – neue Lieder, neue Parolen

Das erste DDR-Jahrzehnt mutet in der Rückschau wie das Wetter im Frühjahr an: Kälte, Wärme, turbulente Unwetter und freundlich-frische Frühlingssonne wechseln sich ab, zuweilen überraschend. Das erste größere Ereignis der jungen DDR brachte erneut größere Teile der Brandenburger Jugend in Bewegung: am Nachmittag des 26. Mai 1950 hatte der seit Dezember des vergangenen Jahres tätige Oberbürgermeister Otto Kühne auf dem Neustädtischen Markt rund eintausend FDJ-Mitglieder zum 1. Deutschlandtreffen nach Berlin verabschiedet und zu diesem Anlaß ohne Rücksicht auf ihren einmaligen Museumswert die schwarz-rot-goldene Fahne des Brandenburger Handwerkervereins von 1848 mit dem Doppelwappen der Stadt überreicht. Zum Glück kam die Fahne heil zurück. Am nächsten Morgen waren die „Delegierten”, annähernd viertausend Brandenburger FDJ-Mitglieder, per LKW nach Berlin gerollt. Auf den Fahrzeugen wurde gesungen und gewitzelt. Das neue Lied hieß: *„Auf den Straßen, auf den Bahnen, seht ihr Deutschlands Jugend ziehn ...”.* Am verregneten Pfingstsonntag Vormittag wurde marschiert, vorbei an der Tribüne mit den Ehrengästen gegenüber dem Lustgarten, ein Ritual, das in der Zukunft bei Aufmärschen noch oft stattfinden sollte. Als Training für dieses Ereignis waren Tage zuvor die 50er-Blöcke im Blauhemd den Grillendamm hoch und runter gezogen.

Vater meinte: „Muß denn schon wieder marschiert werden?” Der Sohn war schlauer und entgegnete: „Diesmal ist es für den Frieden.“ Wie auch immer: Marschieren für Großdeutschlands Weltmacht war in der Tat diesmal nicht gemeint, sondern jetzt schlicht die „Rettung von Deutschlands Einheit”.[1] *Ich hatte in Köpenick einen West-Berliner im Blauhemd aber mit rotem Halstuch kennen gelernt, der war mit dem Gruß „Freundschaft” vertraut wie ich. Er gehörte zu der SPD-nahen Jugendorganisation „Rote Falken”. Mir ging ein Licht auf. Aus dieser Tradition also stammt die von uns verwendete Symbolik, aus der Tradition meiner Eltern! Da er und ich recht ähnliche Auffassungen hatten und damals die seit über einem Jahr bestehende „Nationale Front” zur „Aufnahme von Verbindungen mit unseren Brüdern und Schwestern in Westdeutschland” aufgefordert hatte, fühlte ich mich mit allem im Einklang.*

Andere junge Brandenburger berichteten von anderen Erlebnissen wie diesen: Am Potsdamer Platz wurden sie „von drüben” mit Apfelsinen beworfen. Das verletzte ihren Stolz, und sie warfen zurück. Es gab eine “Schlacht”.

Wenige Tage zuvor waren 23 Kinder aus Salzgitter-Watenstedt zu drei Ferienwochen in Brandenburg eingetroffen. In dem Spannungsfeld von „hier” und „drüben” wuchs die junge Generation in Brandenburg heran, die das Geschehen in den nächsten 40 Jahren zunehmend mehr bestimmen sollte und von der eine große Mehrheit mit Gefühlen großer Hoffnung nach der dramatischen Jahrhundertwende 1945 und in Aufbruchstimmung in die Zukunft ging. Mit einem großzügigen Gesetzeswerk zur Jugendförderung Anfang 1950 waren die Rahmenbedingungen für gute Aufstiegschancen gegeben. Sie wurden von vielen jungen Leuten genutzt, und so wuchs über Lehrgänge und Studiengänge eine neue Elite heran, vorwiegend aus den unteren sozialen Klassen rekrutiert.

Ein Jahr später, im Juni 1951, stimmten in einer Volksbefragung für einen Friedensvertrag und gegen die Wiederaufrüstung etwa 95 Prozent der stimmberechtigten Brandenburger mit ja, erstmals auch die 16 bis18-jährigen. Wer sollte denn schon gegen diese Vorschläge sein? Hatten doch die meisten Zeitgenossen die Zweistaatlichkeit als provisorisch und bald vorübergehend angesehen, und die Redewendung *„wenn es mal anders wird ...”* war verbreitet. *„Deutsche an einen Tisch!”* war der damals in der Startphase der DDR verbreitete „Slogan” – damals noch „Losung” genannt. Die Abstimmenden hatten nicht die interne Offenbarung des ersten Bundeskanzlers Dr. Adenauer in einem Brief an einen Freund gekannt: *„Auch ich bin der Auffassung, daß die Aufgabe des westlichen Deutschlands einmal sein wird, mit friedlichen Mitteln den Osten wiederzugewinnen und zu kolonisieren.”*[2]

162 Bild unten: Schrottentladung ohne Kran im SWB nach dem Produktionsbeginn Juli 1950

163 Sondernummer der Betriebszeitung des SWB zum 1. Abstich am 20. Juli 1950

Der Kraftakt am Silokanal

Am 15. Februar 1950 versammelten sich Tausende vorwiegend ärmlich oder auch in Arbeitskluft gekleidete Brandenburger auf dem Demontage-Trümmerfeld unweit des Silokanals, um zu sehen, wie Minister Selbmann einen Grundstein für den neuen Siemens-Martin-Ofen 1 des Stahl- und Walzwerkes Brandenburg (SWB) legte. Nach kurzen aber hektischen 155 Tagen war es so weit: Am 20. Juli sollte der erste Abstich sein, aber einen Tag vorher blieb der Gießkran stehen. Der Kranelektriker Heinz Nickel konnte in einer zermürbenden 24-Stunden-Schicht den feierlichen Akt mit Minister, Funk und Film, noch unter freiem Himmel, retten. Solche beherzten Leistungen sollte es in diesem Betrieb in den folgenden Jahrzehnten noch oft geben. Nur noch 21 ehemalige „Flick-Arbeiter” waren bereit, wieder in einer „Knochenmühle” zu arbeiten. So waren etliche der ersten Brigadiere, Oberschmelzer usw., vorerst noch Ungelernte. In der Anfangszeit war fast alles Handarbeit, selbst Schrott, auch alte Stahlträger, wurden mit der Hand entladen. Die Kräne kamen erst später. Im ersten kompletten Produktionsjahr gab es 241 Unfälle; die Zahlen gingen dann von

Stahlwerk im Aufbau

Betriebszeitung der Arbeiter, Techniker, Ingenieure und Angestellten der Stahl- und Walzwerke Brandenburg

HERAUSGEGEBEN VON DER BETRIEBSGRUPPE DER SED

1. Jahrgang	Erscheint 14tägig	20. Juli 1950	Preis 5 Pf	Sondernummer

Unsere Schaffenden gingen mit dem Bewußtsein an die Arbeit:
Am 20. Juli muß der Stahl fließen

Und es wurde geschafft

Sie haben erkannt, daß zum III. Parteitag der Sozialistischen Einheitspartei Deutschlands die Voraussetzungen geschaffen werden, für den weiteren Aufbau und die Verbesserung der Lebenslage des deutschen Volkes.
Für die Einheit unseres deutschen Vaterlandes, für die Erhaltung und Sicherung des Friedens und die Freundschaft mit allen friedliebenden Völkern werden sie auch weiterhin ihre Kräfte einsetzen.

Bild 163

164 Noten der „KuBa“-Kantate: „Heute lacht Brandenburg, heut fließt der Stahl!“

Jahr zu Jahr zurück. Die Fluktuation war groß und das Werk unrentabel. Noch 1954 wechselten etwa 50 Prozent der Belegschaft ihre Arbeitsstelle, und der Betrieb musste mit 7,5 Millionen Mark Staatszuschuß gestützt werden. Erst 1959 war das Stahl- und Walzwerk Brandenburg vorübergehend schuldenfrei, Gewinne erzielte es ab den 70er Jahren. Um die Beherrschung von Leitung, Planung und Produktion gab es während der fünfziger Jahre harte Auseinandersetzungen. Einige von denen, die sich duchsetzten, wurden in den folgenden Jahren zu legendären Persönlichkeiten des SWB: allen voran der Fachmann aus alten Zeiten und “die Seele des SWB” Friedrich Franz, daneben Friedrich Minow, Konrad Sawade, Karl Klinke, Karl-Heinz Piontek, Heinz Bohm und andere.

Bisweilen wird dieser damalige Schwerpunktbetrieb der DDR als Prestigeobjekt der DDR-Führung betrachtet; es ging aber darum, eine Stahlproduktion für die DDR aufzubauen, um von den Unwägbarkeiten und den politischen Beeinflussungen des Interzonenhandels unabhängig zu werden.[3] Um die Dimensionen der Entwicklung zu verdeutlichen, seien einige Zahlen der Rohstahlproduktion des SWB genannt (in Millionen t): 1950: 0,5, 1960: 1, 1980: 2,3, 1991: 0,7. Das SWB prägte für vier Jahrzehnte die Stadt Brandenburg als „Stadt der Stahl- und Walzwerker“, und es gab wohl keinen Kommunalbereich, in dem nicht das SWB seine Rolle gespielt hatte, vor allem in den Bereichen Sozialwesen, Kultur und Sport.

Der Produktionsbeginn 1950 wurde sogar in einer Kantate von Kurt Barthel, bekannt unter dem Kürzel „KuBa“, besungen. Die Musik komponierte André Asriel. Ein Tenor erklang pathetisch: *„Schrott und Vergangenheit unter die Ramme, unter die Ramme. Schmilzt wie die böse Zeit, wie die böse Zeit. Rein brennt die Flamme, die Flamme!“* Und der Chor folgte: *„Heute lacht Brandenburg, heut fließt der Stahl!“*

Neue Begriffe, neue Tatsachen und Spannungen

In diesen ersten DDR-Jahren mussten sich die Zeitgenossen an neue Begriffe gewöhnen, die für 40 Jahre fester Bestandteil der Alltagssprache wurden. In die Betriebe kehrten ein: Betriebskollektivvertrag (BKV), Brigadeverträge, Massenwettbewerbe, Verbesserungs- und Neuerervorschläge, Selbstverpflichtungen, Neuerermethoden, Wanderfahnen, Siegerbetriebe, Parteilehrjahr, Abteilungs- und Betriebsgewerkschaftsleitung (AGL und BGL), Betriebsparteiorganisation (BPO), FDJ-Studienjahr und Pionierlager. Für fast alle Berufsgruppen gab es nun Feiertage: Tag des Eisenbahners, des Bauarbeiters, des Lehrers, der Deutschen Volkspolizei, Internationaler Frauentag und Kindertag. Berufswettbewerbe und Lernaktive dienten einer garantierten Berufsentwicklung junger Leute. Nach 1990 haben einige der geschaffenen Einrichtungen eine ungebrochene Lebenskraft gezeigt und gehören heute noch, wenn auch verschiedentlich mit geänderten Namen und Rechtsstatuten als Erbstücke der Vergangenheit zum Lebensalltag der Brandenburger: Volkssolidarität, Kulturbund, Agrargenossenschaft oder Agrar-GmbH (LPG), Wohnungsbaugenossenschaft (AWG), Jugendweihe (-feier), Frauen- und Kindertag, Station junger Techniker und Naturforscher, Kinderfreizeitzentrum (Pionierhaus).

Es musste aber auch eine schwerfällige Sprache erduldet werden, wenn es zum Beispiel in der MV (Märkische Volksstimme, Organ der SED und Vorläuferin der Märkischen Allgemeinen Zeitung/MAZ) in einem Bericht über den Besuch des Staatspräsidenten Wilhelm Pieck im August 1950 im SWB hieß: *„Er sagte kritisch und selbstkritisch, dass in der ideologischen Ausrichtung der Werktätigen im SWB viel versäumt worden ist und die Parteiarbeit zugunsten der Terminerfüllung vernachlässigt wurde."*

Die Schilderung einer HO-Verkäuferin in der Caféstube Steinstraße macht deutlich, was für die Versorgung der Bürger typisch wurde: *„Um 13.00 Uhr begann sonntags unser Dienst. Eine Stunde lang wurde die Ware abgepackt, dann machten wir den Laden auf. Die Menschen standen 3 Häuser weit Schlange. Der Laden wurde nie leer. Oft reichte die Ware nicht aus. Abends um 21.00 Uhr gingen 2 Kolleginnen noch zur HO-Gaststätte "Roland" (früher Oske) und schleppten noch 2-3 Stiegen Backware; auch die wurde noch verkauft. Nebenbei kostete ein Schweineohr anfangs noch 3,- Mark; jetzt sind es 20 Pfennige. Um 23 Uhr zum Feierabend musste eine Kollegin den Erlös, der enorm hoch war, wegbringen – in Begleitung eines Nachtpförtners."*[4] Dazu sei vermerkt, dass in jener Zeit schrittweise eine Preissenkung nach der anderen folgte.

Ein weiterer und anfänglich besonders umstrittener Begriff war „Volkswahlen". Der Demokratische Block aller ostdeutschen Parteien hatte Ende März 1950 zu Freien Wahlen in ganz Deutschland aufgerufen und alternativ für den Fall der Ignorierung in Bonn für den 15. Oktober Wahlen in der DDR auf der Grundlage eines gemeinsamen Programms beschlossen. In der Brandenburger CDU hatte der Beschluß für Unruhe gesorgt, da ihr Stadtverordneter Dr. Lawatsch dagegen auftrat. Mehr noch: Er kritisierte die Oder-Neiße-Linie, deren völkerrechtliche Festschreibung durch die beiden Ministerpräsidenten Grotewohl (DDR) und Cyrankiewicz (Polen) in Vorbereitung war, als nicht legitimiert.[5] Als nicht rechtmäßig erklärte er auch die Kontrollausschüsse, die ähnlich wie 1919 gegen Schieberei und Korruption tätig waren. Er setzte sich öffentlicher Kritik aus bis zur Behauptung in der Presse, dass er daran einen Schuldanteil hätte, dass die FDJ-Arbeit an der Puschkin-Oberschule auf dem Dom, im Bereich der ehemaligen Ritterakademie unter dem Direktorat von Dr. Runge, nur schwach entwickelt wäre.

165 Lehrer und Abiturienten der Puschkin-Oberschule 1951 auf dem Dom. In der Mitte Direktor Dr. Runge

In der Tat hatten sich in den Pausen heftige Konfrontationen auf dem Schulhof abgespielt. Auf der einen Seite fünf Mitglieder der FDJ, vorwiegend aus dem Arbeiter-

stand, auf der anderen Seite 15 Schüler vorwiegend aus dem traditionellen Brandenburger Bürgertum. Ich erinnere mich an einen Disput. Im Unterricht hatte sich Dr. Lawatsch als „christlicher Sozialist" bezeichnet. Ich fragte mich: „Wie geht das zusammen?" Erst später begriff ich, dass beide Anschauungen sehr nahe miteinander verwandt sind, wenn sie ehrlich gemeint sind und nicht einem Machtkalkül entspringen.

Die Wahlen am 15. Oktober waren insofern neuartig als die Stimmzettel keine Kreise zum Ankreuzen hatten, es also eine Einheitsliste gab, der man zustimmen oder sie ablehnen konnte, und daß die „Wahlkabine" nur ein kleiner Verschlag war. Man wählte offen. Das Wahlergebnis lag bei 99 Prozent der Zustimmung zur Einheitsliste. Diese Art der Wahl nach sowjetischem Vorbild war ein Pyrrhussieg, ein strategischer Fehler, denn von nun an konnte man nicht mehr zurück. Vermutlich wäre sie in dieser Form gar nicht nötig gewesen; denn mit starken Mehrheiten für die Einheitsliste war auch bei geheimer Wahl damals durchaus zu rechnen.[6]

„Freund, reih' dich ein..." – Frühlingsstimmung an heißen Augusttagen – Kulturleben im Lenz

Es dauerte nur 14 Monate, und wieder fuhren Jugendliche von Brandenburg nach Berlin, zu den „III. Weltfestspielen der Jugend und Studenten für den Frieden". Insgesamt besuchten im August 1951 rund 7500 junge Brandenburger die zwei Wochen dauernde Veranstaltung. *In den Zügen wurde gesungen, was die Kehlen hergaben. Man erzählte danach von einer 69jährigen Dame, die sich in einen Zug eingeschlichen hätte, „um ihr Herz noch einmal als 19jährige zu erleben".*

Die Beteiligung größerer Teile der Brandenburger Jugend war maßgeblich organisiert von Günter Kähne. Über zwei Millionen Jugendliche kamen nach Berlin, darunter etwa 26 000 aus 104 Ländern, obwohl erst sechs Jahre seit dem Ende des Krieges vergangen waren, der hier seinen Ausgang nahm. Folklore aller Kontinente erklang. Ein aus Jugendlichen bestehendes Kreiskulturensemble unter der Leitung des Chefdirigenten des Theaters und späteren Gründers der hiesigen Musikschule und des Collegium Musicum, Willy Eickel, moderiert vom Schauspieler Kurt Pawell hatte als „Kerntruppe" die zwei Oberschulchöre der Puschkin- und Goethe- Oberschule, die der Musiklehrer Eisemann formiert hatte. *Ein Lied war besonders beliebt: „Laßt heiße Tage im Sommer sein, im August, im August blühn die Rosen" – mancher Zeitgenosse kann das Lied noch heute singen.*

166 Der erste Nachkriegskarneval 1954 im Jugendklubhaus "Philipp Müller" in der Steinstraße

In die Stadt Brandenburg kamen nach dem Krieg, abgesehen von den sowjetischen Besatzungssoldaten, erstmals wieder Ausländer. Sie wurden als Gäste mit freundlichem Willkommen begrüßt: 75 Franzosen, 150 Polen, 24 Studenten aus Columbien und Venezuela. Aus dem anderen Teil Deutschlands kamen 20 Nordwestdeutsche von der Waterkant und 52 Süddeutsche. Auf dem Marienberg sangen und tanzten 300 sowjetische junge Volkskünstler Folklore ihrer Völker, und erstmals konnte man in unserer Stadt ungewohnte chinesische Klänge hören und Artistik sehen.

167 „Komsomolzentreffen“ mit sowjetischen Soldaten im Jugendklubhaus, etwa 1955

168 „Nathan der Weise“ 1950 im Brandenburger Theater

Das Jahr 1951 löste eine Hochkonjunktur der Volkskunst aus. Jeder Betrieb, der auf sich hielt, förderte eine Kulturgruppe. Seit Februar 1951 hatte das SWB das „KuBa-Ensemble“ mit 170 Lehrlingen, ab Juni desselben Jahres die Post ihren Postchor. Ensembles probten in der Thälmann-Werft, andere Betriebe hatten Mandolinen-, Tanz-, Theater-, Artistik-Gruppen; begabte Solisten wurden gefördert; später nannte man sie „Junge Talente“. Die meisten Formationen bestanden nur kurze Zeit. Bis 1960 waren 17 Chöre mit über 1000 Sängern wieder verschwunden. Damit war die Kulturbewegung keineswegs zu Ende. Lediglich die Formen änderten sich mit wachsendem Wohlstand und neuen Freizeitbedürfnissen.

In den fünfziger Jahre erhielt das Kulturleben der Stadt mit 12 Klub- und Kulturhäusern eine durchaus respektable Bereicherung. Außer den Großbetrieben, die wie das SWB, Klub- und Kulturhäuser unterhielten, richtete auch die Stadt Jugendclubs ein. Das alte Volkshaus in der Steinstraße wurde im Oktober 1952 als Jugendtreff feierlich mit dem Moderator Heinz Quermann eröffnet und hieß jetzt „Philipp Müller“, nach einem in Essen erschossenen jungen Aufrüstungsgegner. Im „Philipp“ haben fast zwei Generationen junger Brandenburger Spaß erlebt und Anregung erhalten, wie 1954 mit der Begründung des neuzeitlichen Karnevals in der Stadt oder in den 70er Jahren mit den „Perlen des Alltags“.

Die Kinder der Stadt hatten bereits drei Jahre zuvor 1949 in der alten Freimaurerloge in der Neustädtischen Heidestraße ein Pionierhaus bekommen. Beide Häuser waren die ersten ihrer Art in der DDR. Vielen Brandenburgern sind noch einige engagierte Leiter des „Philipp“ in Erinnerung: Siegmund Schuroff mit seiner Frau, Friedhelm Grabe, Herbert Thom, Joachim Pollock und andere. Im „Haus der Freundschaft“, heute Bismarck-Terrasse, trafen sich ab 1951 für vier Jahrzehnte regelmäßig Brandenburger mit Vertretern der Roten Armee und ihren Familien. Der individuelle Familienkontakt war dagegen recht selten und schwierig zu entwickeln. Namhafte Leiter waren dort Christian Knipp und später Jakob Eischet.

Das Stadttheater hatte seine erste große Blüte nach dem Krieg mit dem Intendanten Curt Asmus-Bach, welcher in Goethes Jugendwerk „Götz von Berlichingen“ die Titelrolle spielte. Es gab große Aufführungen wie „Der fliegende Holländer“ von Richard Wagner und Operetten wie „Der Graf von Luxemburg“. Der bis 1950 tätige

Chefdirigent Paul Schwob veranstaltete Jugendsinfoniekonzerte, öffnete das Verständnis des Publikums durch Konzerteinführungen, was dann zur Tradition wurde, und hielt im überfüllten Saal der SVK (AOK) für den Kulturbund einen Vortrag zum Thema: „Jazzmusik – ja oder nein?".

Das junge Volk flanierte wie seit jeher die „Rennbahn" hoch und runter, die Haupt- und Steinstraße von der Jahrtausendbrücke bis zum Steintorturm und zurück, oder ging ins Kino. Aus der Sowjetunion sah man „Stepan Rasin" und „Sturm über Asien" von Sergej Eisenstein, aus Österreich „Wiener Madeln" mit Willi Forst, aus Westdeutschland „Meine Tante, deine Tante" mit Johannes Heesters, Kathe Kühl und Ernst Legal und „Morgen ist alles besser" mit Grete Weiser, Fita Benkhoff und Paul Klinger, und von der DEFA sah man „Das Geheimnis der blauen Schwerter" mit Alexander Engel, „Der Kahn der fröhlichen Leute" mit Petra Peters und Fritz Wagner, „Der Rat der Götter" über das unheilvolle Zusammenspiel von Großindustrie und Naziherrschaft mit den bedeutenden Darstellern Paul Bildt und Willi A. Kleinau und „Zugverkehr regelmäßig", ein Film über die damals aktuellen Buntmetalldiebstähle und -schiebereien. Immer mehr wurden Filme mit politischer oder historischer Bildungsfunktion gezeigt. Der „aufgeklärte Bürger" war ein Gesellschaftsziel, und die Nationale Front unterhielt „Aufklärungslokale" mit 2436 Aufklärern. So rief die Nationale Front zu Kartoffelkäfer-Sammelaktionen. Im Mai 1953 wurden vorwiegend von Schulklassen über 95 000 Stück gesammelt, angeblich von US-Flugzeugen abgeworfen, wie es in Presse und Rundfunk hieß.

Die ersten Hausgemeinschaften begannen ihre Vorgärten zu bepflanzen nach einem Aufruf: „Brandenburg schöner denn je!" Der Aufbruchstimmung folgten zunehmende Spannungen.

Schwüle Spannungen und Frühlingsgewitter

Der ersten Aufbruchstimmung folgte eine empfindliche Abkühlung. Dabei war eigentlich neue Begeisterung eingeplant, nämlich mit der II. Parteikonferenz der SED im Juli 1952, die den planmäßigen Aufbau des Sozialismus verkündet hatte. Damit verbunden war der Beschluß zur vorrangigen Entwicklung der Schwerindustrie. Im SWB wurde ein SM-Ofen nach dem anderen errichtet, bis 1956 waren es elf. Zu dem Beschluß gehörte auch der Aufbau militärisch strukturierter und ausgebildeter Polizeieinheiten; aus der VP-Bereitschaft Hohenstücken wurde ein „Mechanisiertes-Regiment" der KVP (motorisierte Infanterie der Kasernierten Volkspolizei) in khaki-braunen Uniformen und mit blauem Mützenrand. Die Freiwilligenwerbung, vor allem in den Betrieben, wurde in der folgenden Zeit immer mühseliger, zuweilen mit unangenehmen Mitteln durchgeführt. Doch für all solche Beschlüsse, vor allem, wenn sie „von oben herab" erfolgten, konnte man sich nichts kaufen. Noch immer gab es Lebensmittelkarten und hohe HO-Preise. Im Westen waren die Karten schon abgeschafft, und der amerikanische „Marshallplan" begann sich auszuwirken.[7] Wer nach West-Berlin fuhr, konnte das in den Läden sehen. Die Wirtschaftslage blieb gespannt; denn die Strukturschäden durch die Spaltung des Landes, ein stark reduzierter Interzonenhandel Anfang 1953, und die enormen Reparationszahlungen an die Sowjetunion, welche die DDR für ganz Deutschland entrichtete, wirkten sich aus. Im April wurden die sowjetischen Reparationsforderungen in Kenntnis der sich verschlechternden Stimmungslage in der DDR stark reduziert.

Gegen Kleinunternehmer, den Mittelstand und Großbauern wurden drastische steuerliche und andere Belastungen durchgesetzt, Kredite gesperrt oder andere Zwangsmaßnahmen ergriffen, wie auch gegen den Spediteur August Taege in der Steinstraße, der wegen des ungenehmigten Kaufes eines Pferdes in Untersuchungshaft genommen worden war.[8] Zum Geschäftsleben in Brandenburg gehörten in jener Zeit unter anderem die Adler-Brauerei Firma Dirr in der Bergstraße, APA-Pudding/Alfred Panknin in der Grünen Aue, die Optiker Schacht und Daubenbeck, die Buchbinderei Bischoff, Gardinen-Meyer, Textilien-Frensche, die Dampfwäscherei Stute und Radio-Pax in der Hauptstraße (Ritterstr.). Sie unterlagen recht starren Beschränkungen ihrer Geschäftstätigkeit.

Eine Kampagne gegen die Junge Gemeinde der evangelischen Kirche führte zum Schulausschluß von 74 Oberschülern in Brandenburg, und ein „Feldzug für strenge Sparsamkeit" hatte Preissteigerungen zur Folge. Verschlechterungen in der Versorgung der Bevölkerung und schließlich der Beschluß über eine 10 prozentige Normerhöhung in den Betrieben erwiesen sich als eine Politik, die das befreiende Sozialismus-Ideal der Vorväter diskreditierte und überzeugte Sozialisten auf eine harte Probe stellte. Die Republikfluchten nahmen zu. Der Neue Kurs, eine überraschende Korrektur der zuvor gefaßten Beschlüsse am 9. Juni 1953 durch die SED-Führung auf Druck der sowjetischen Führung brachte eine Senkung der Arbeitsnormen und das Eingeständnis von Fehlern, konnte aber große Teile verärgerter Bürgen nicht mehr beruhigen. Die aufgestauten Spannungen entluden sich acht Tage später, wobei schon am 12. Juni 1953 die Speditionsarbeiter von Taege vor dem Amtsgericht die Freilassung ihres Chefs verlangt hatten. Das hatte zu einem Massenauflauf geführt; junge Leute drangen randalierend und prügelnd in das Klubhaus „Philipp Müller" ein.

Etwa gleichzeitig mit den Bauarbeitern in der Berliner Stalinallee begannen in Brandenburg in den Frühstunden des 17. Juni etwa 100 Bauarbeiter der Bau-Union im Bereich des SWB einen Streik und bildeten einen Demonstrationszug durch die Stadt. Andere Betriebe schlossen sich an.[9] Die streikenden Betriebe waren vorrangig das Schlepperwerk, die Thälmannwerft und die Elisabeth-Hütte. Im SWB, im VEB Stahlbau und anderen Betrieben wurde zu 80 bis 90 Prozent weitergearbeitet, im SWB die Befeuerung der SM-Öfen gesichert. Der Zug ging durch die Stadt, teilte sich zeitweilig und erreichte einige Zentren der Machtausübung. Aus der SED-Kreisleitung flogen Akten durch das Fenster in den Stadtkanal, im Kreisgericht (Amtsgericht) wurden Volkspolizisten entwaffnet, Richter gefesselt, geprügelt und verletzt, und es wurden Häftlinge befreit. Aus dem FDGB-Haus am Neustädtischen Markt flogen Schreib- und Rechenmaschinen. Die Direktion der Notenbank hatte schon frühmorgens die Weisung erhalten, die Bank geschlossen zu halten und niemanden einzulassen. An der Ecke Stein- und Hauptstraße demolierten Demonstranten die Aktivistensäule, einige standen oben drauf und hielten Reden. Andere Reden kamen von einem LKW in der Nähe, und Leute sagten: „Das sind die vom RAW Kirchmöser".[9] Ein PKW fuhr hin und her, und Männer darin trafen Anweisungen. Wer zuhause blieb, konnte im Radio vom amerikanischen Sender RIAS, der in West-Berlin stationiert war, Handlungsaufforderungen hören.[10] Die Demonstrationen waren in erster Linie gegen die Normerhöhung gerichtet, es wurden aber auch politische Forderungen wie „Freie Wahlen" laut. Die Unzufriedenheit war allgemein. Gegen Mittag konzentrierte sich die Demonstration auf dem Nikolaiplatz vor dem Volkpolizei-Kreisamt im alten Zuchthausgebäude. Der nicht ganz unproblematische Sturm auf die Polizeistation löste einige Schüsse aus. Ein Mann aus Plaue erhielt eine gefährliche Kopfverlet-

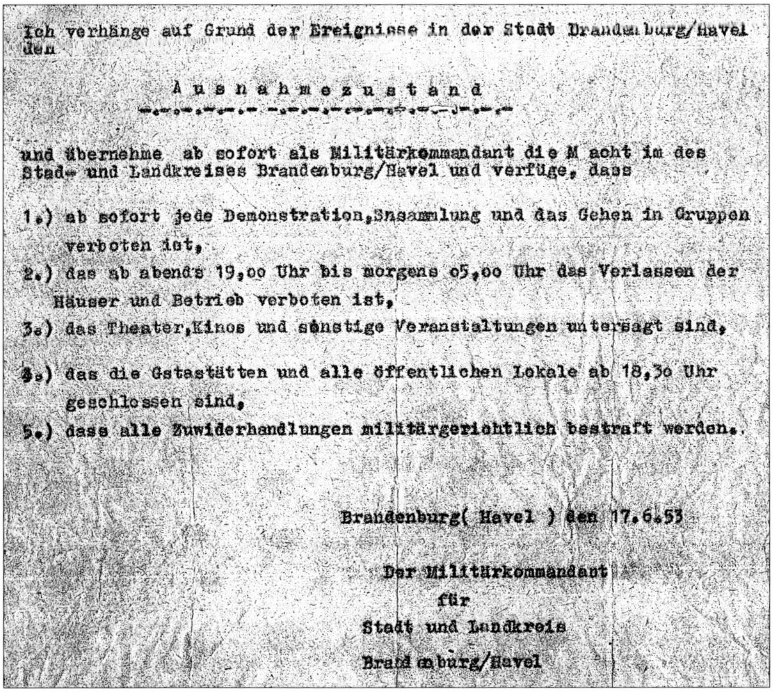

Ich verhänge auf Grund der Ereignisse in der Stadt Brandenburg/Havel den

Ausnahmezustand

und übernehme ab sofort als Militärkommandant die M acht im des Stad- und Landkreises Brandenburg/Havel und verfüge, dass

1.) ab sofort jede Demonstration,Ansammlung und das Gehen in Gruppen verboten ist,

2.) das ab abends 19,oo Uhr bis morgens o5,oo Uhr das Verlassen der Häuser und Betrieb verboten ist,

3.) das Theater,Kinos und sonstige Veranstaltungen untersagt sind,

4.) das die Gststätten und alle öffentlichen Lokale ab 18,3o Uhr geschlossen sind,

5.) dass alle Zuwiderhandlungen militärgerichtlich bestraft werden.

Brandenburg(Havel) den 17.6.53

Der Militärkommandant
für
Stadt und Landkreis
Brandenburg/Havel

169 Erklärung des Ausnahmezustandes am 17. Juni 1953 in Brandenburg

zung. Trotzdem: Volkspolizei und indessen eingesetzte KVP blieben zurückhaltend und vorsichtig. Die Aufregung war jetzt auf dem Höhepunkt. Die Sowjetische Besatzungsmacht hatte indessen den Ausnahmezustand ausgerufen, und erst nach Abriegelung des Platzes durch Einheiten der Rote Armee löste sich die Demonstration auf. Wenn man vom Blut des Kopfverletzten und den Verletzungen des verprügelten Richters absieht, verliefen die Demonstrationen am 17. Juni 1953 in Brandenburg trotz aller Turbulenzen im Vergleich zu anderen Städten wie Rathenow relativ friedlich.[11]

Ab 19. Juni wurde wieder überall gearbeitet, die Normerhöhung war bereits zurückgenommen worden, enteignete Händler wie Eugen Macco und die Bestattungsfirma Dieckmann in der Kurstraße erhielten ihre Geschäfte zurück, entlassene Oberschüler wurden wieder in die Schule aufgenommen, die Spannungen mit der Kirche schienen nach Gesprächen der DDR-Führung mit Landesbischof Mitzenheim in Thüringen vorerst gelöst Es dauerte noch eine Weile, bis die Gewitterfront verzogen war.

Die Stadt beginnt zu blühen – neue Gewitterwolken kündigen sich an

Die Stabilisierung, welche den Unruhen folgte, setzte verhältnismäßig schnell ein. Partei- und Staatsfunktionäre, welche nicht entschlossen genug widerstanden hatten, wurden entlassen oder gemaßregelt wie der Oberbürgermeister Otto Kühne; sogenannte Rädelsführer bekamen Prozesse. In den Volkseigenen Betrieben wurden ab August 1953 Arbeiterkampfgruppen aufgestellt, zuerst im Schlepperwerk und im SWB. Das Wort „Sicherheit“ bekam ein zunehmendes Gewicht im politischen Alltag.

170 Kampfgruppe des RAW Kirchmöser etwa 1954

In die Betriebe kehrte der Arbeitsalltag zurück und damit die Wettbewerbe. Das Jahr 1954 wurde, nach sowjetischem Vorbild, „Jahr der großen Initiative“ genannt. Hatte das Schlepperwerk 1952 mit der Produktion von Kettenschleppern, vor allem für den Export, begonnen, wurde 1956 das 10 000. Fahrzeug produziert. Das Werk hieß jetzt „Brandenburger Traktorenwerke". Das Stahl- und Walzwerk mit inzwischen vier Walzstraßen am Silokanal und in Kirchmöser beschäftigte etwa 5800 Menschen. Im April 1959 lief in der Thälmann-Werft der erste Fischkutter für „harte Devisen" vom Stapel. Er ging nach Island. In der kommunalen Tuchfabrik diskutierte man über ein neues Wettbewerbsmodell mit dem Motto: *„So wie wir heute arbeiten, werden wir morgen leben"*, nach einer Aktivistin „Frida-Hockauf-Bewegung" genannt. Diese Formel schien vielen einzuleuchten, andere fragten angesichts der oft angespannten Versorgungslage: „Wann ist morgen?". Die HO organisierte einen „Höflichkeitswettbewerb" der Verkäuferinnen, Serviererinnen und Kellner, und die/der Beste bekam eine Moskaureise spendiert. Neue Läden wurden eröffnet. Die „Kaskade" Ecke Ernst-Thälmannstraße/Otto-Nuschke-Straße wurde ein besonders beliebter Szenetreff. Im Hotel „Zum Bären" zeigte die einheimische Industrie eine Messe von Massenbedarfsgütern unter dem Motto „Tausend kleine Dinge". Die Drahtzieherei des SWB begann, eiserne Gartenstühle herzustellen. Hatten Ende 1955 erst knapp 100 Haushalte der Stadt ein Fernsehgerät, waren es Ende 1956 schon etwa tausend. Doch wertvolle Gebrauchsgüter wie Kühlschränke, Waschmaschinen, usw., waren noch für lange Zeit erst nach geduldigem Warten zu bekommen, Fernsehgeräte gab es ab Anfang der 60er Jahre ohne Voranmeldung.

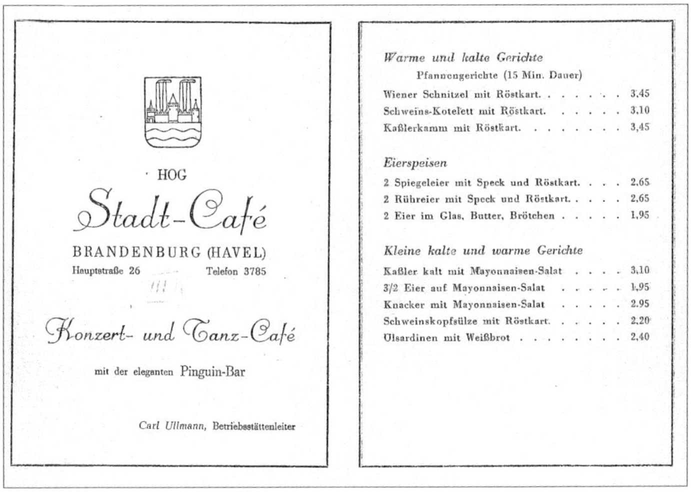
HOG

Stadt-Café

BRANDENBURG (HAVEL)

Hauptstraße 26 Telefon 3785

Konzert- und Tanz-Café

mit der eleganten Pinguin-Bar

Carl Ullmann, Betriebsstättenleiter

Warme und kalte Gerichte

Pfannengerichte (15 Min. Dauer)

Wiener Schnitzel mit Röstkart.	3,45
Schweins-Kotelett mit Röstkart.	3,10
Kaßlerkamm mit Röstkart.	3,45

Eierspeisen

2 Spiegeleier mit Speck und Röstkart.	2,65
2 Rühreier mit Speck und Röstkart.	2,65
2 Eier im Glas, Butter, Brötchen	1,95

Kleine kalte und warme Gerichte

Kaßler kalt mit Mayonnaisen-Salat	3,10
3/2 Eier auf Mayonnaisen-Salat	1,95
Knacker mit Mayonnaisen-Salat	2.95
Schweinskopfsülze mit Röstkart.	2,20
Ölsardinen mit Weißbrot	2,40

171 Speisekarte des Stadt-Cafe' 1951

172 Ecke Steinstraße-Friedensstraße (St. Annenstraße) in den 50er Jahren

Ab 1958 begannen in den Stadtbezirken pflichtgebundene Röntgenuntersuchungen. Der Tbc-Arzt Dr. Fischer erwarb sich weithin große Verdienste bei der Überwindung dieser alten Volkskrankheit mit Hilfe eines „Volksröntgenkatasters". Stadtrat Dr. med. Höpfner konnte ein Jahr später mitteilen, dass etwa 40 Prozent des Gesamthaushaltes der Stadt für das Gesundheitswesen zur Verfügung stehe.

In allen Stadtteilen wurden jetzt die vom Krieg geschlagenen Lücken mit Neubauten ausgefüllt; neue Wohnblöcke ent-

173 Die ersten Neubaublöcke in Brandenburg Nord an der Brielower Straße 1960

174 Kundgebung zum ersten Spatenstich der AWG “Stahl” in der Thüringer Straße September 1954

175 Neubau am St. Paulikirchplatz/Abtstraße

standen ab 1950 auf dem Görden, ab 1952 am Temnitz zwischen St. Annenstraße (damals Friedensstraße) und St. Paulikloster und ab 1954 in der Walzwerksiedlung. Am 7. Februar 1953 wurde mit dem ersten Spatenstich durch Oberbürgermeister Kühne in der Blumenstraße der Auftakt zu einem umfassenden Aufbauprogramm gegeben, welches zum DDR-Programm „Nationales Aufbauwerk” (NAW) gehörte. Zwischen 1953 und 1960 wurden im Jahresdurchschnitt 150 bis 250 Wohnungen geschaffen. Die Bevölkerung wuchs unaufhörlich: von etwa 70 000 Einwohnern 1945 auf über 87 000 im Jahre 1955. Etwa 13 Prozent der Bevölkerung (11 000 Einwohner) stammte aus den ehemaligen deutschen Ostgebieten. Die Wohnungsnot blieb den Brandenburgern noch lange erhalten. Schneller ging es mit dem Neubau voran, nachdem Arbeiterwohnungsbaugenossenschaften (AWG) gegründet worden waren, im Juni 1954 im SWB und Anfang Juli 1954 die BRAWOG als gemeinsame Genossenschaft der anderen Betriebe. Beide Genossenschaften begannen im September zu bauen, die AWG „Stahl” in der Thüringer Straße und die BRAWOG Ecke Kirchhofstraße. Auch das reichte nicht. Einen Ausweg gab es nur noch „auf der grünen Wiese”. Größere Programme mußten her. Den großen Neubeginn für Brandenburg-Nord markierte der 21. Juli 1959 mit der Grundsteinlegung für Block 1 in der Brielower Straße neben dem Fußballplatz von Motor Süd durch Max Herm, der indessen seit 1957 wieder Oberbürgermeister in Brandenburg war. Im Jahr 1957 hatte die Stadt mit etwa 83 500 Einwohnern etwa 4500 Wohnungssuchende.[12] Der alte, seit 1898 bestehende, Bau- und Sparverein bildete sich nach einigen Steuerrestriktionen durch den Rat der Stadt und einer Beschwerde an den Ministerpräsidenten Otto Grotewohl 1958 in eine gemeinnützige Genossenschaft um. Sein verdientes Vorstandsmitglied, der frühere Stadtrat Konrad Eichler, hatte in einer Festschrift in jenem Jahr die große 60-jährige Genossenschaftstradition in der Geschichte der Brandenburger Sozialpolitik gewürdigt. Er wurde daraufhin von orthodoxen Parteifunktionären als „alter Sozialdemokrat” an-

176 Blick in die fertiggestellte Guts-Muthsstraße im neuen Stadtteil Nord Juni 1962

177 Freiwilliger Arbeitseinsatz zum Aufbau der Freilichtbühne auf dem Marienberg 1955

gegriffen und letztendlich zum Verlassen seiner Stadt genötigt, eine politische Flurbereinigung, wie sie in den „ruppigen 50er Jahren“ verbreitet war.[13] An die Bautätigkeit der 50er Jahre erinnert noch die Freilichtbühne für 800 Gäste auf dem Marienberg, eine Bürgerinitiative mit unbezahlten "Aufbaustunden" im Rahmen des NAW.

Das Kulturleben blühte auf. Die Abteilung Kultur im Rat der Stadt registrierte 1956 drei größere Kulturensembles und 104 Volkskunstgruppen, darunter 25 Chöre und Musikgruppen sowie 26 Volkstanzgruppen. Das Theater vermeldete Rekorde: 433 Vorstellungen mit über 200 000 Besuchern und dem stolzen Fundus von fast 15 000 Theateranrechten. Davon bestand ein größerer Teil aus „Kollektivanrechten“ der Betriebe. Nach der Losung des V. Parteitages des SED Juli 1958 „Sozialistisch arbeiten, lernen und leben“ wurde es jetzt üblich, dass „Sozialistische Brigaden“ mit Familienangehörigen gemeinsam in das Theater gingen.

178 Die Freilichtbühne, eröffnet am 19. Mai 1956

179 Kinderbuchausstellung des Kulturbundes im Haus der Jungen Pioniere

Alte Brandenburger Sozialdemokraten glaubten in der Losung „Die Kunst dem Volke” die Vision der Vorväter im Geiste August Bebels wiederzuerkennen: Vater war wieder mit seiner Partei versöhnt, obwohl der Disput über den “Sozialdemokratismus” ihn einmal recht verletzt hatte. Er leitete nun mit viel Spaß ein Lehrlingskulturensemble junger Elektriker, sah jetzt manche alten Ideale in Verwirklichung begriffen, und er ging in seinem sozialistischen Arbeitsalltag voll auf. Mutter trat dem Kulturbund bei und lernte dort interessante Leute kennen.

Ab Juni 1956 traf man sich regelmäßig im Fontaneklub an der Jahrtausendbrücke. Ärzte, Lehrer, Juristen, Wirtschaftsleiter und Künstler tauschten sich dort in recht freisinniger Weise aus. Prominente Namen waren darunter wie die Ärztinnen und Ärzte Frau Dr. Eichler, Frau Dr. Kallenbach, Herr Dr. Großmann, Herr Dr. Stober, Herr Dr. Küpper, Herr Obermedizinalrat (OMR) Dr. Schirmer, die Juristen Frau Dr. Lotze, Herr Dr. Gampe und Herr Dr. Persicke, die Schauspieler und Sänger Oskar Fritzler, Hanna Hermsdorf und Alfred Mühlmann, die Lehrerinnen und Lehrer Frl. Hellerford, Dr. Gisela Rankewitz, Ingrid Preckwinkel, Friedrich Grasow und Alfred Gierszewski. Aus der heimischen Industrie kamen unter anderem Fritz Minow und Klaus Markusch aus dem SWB und Hans-Jürgen Schmalfeldt aus dem RAW Kirchmöser. Der Gymnasiallehrer Dr. Hartmann hielt regelmäßig Vorträge über Goethe und sein Werk, und der Chefdirigent Prof. Egon Bölsche machte Konzerteinführungen unter dem Motto: „Wie höre ich Musik?”[14]

180 Demonstration zum 1. Mai in der Steinstraße, wahrscheinlich 1954

Ab 1955 wurden jährlich für die 14 jährigen Schüler Jugendweihen durchgeführt, unter Rückgriff auf alte bis in das 19. Jahrhundert reichende Traditionen. In den Schulen begannen 1959 die Umstrukturierungen zur “Zehnklassigen Polytechnischen Oberschule” mit Einführungsunterrichten in die sozialistische Produktion der Betriebe (USP und ESP). Diese Praxisverbindung brachte das DDR-Schulwesen in eine auch international beachtete Position. Allmählich formierte sich eine hochgebildete Elite, die sich vorwiegend aus den früheren unteren Volksschichten rekrutierte. Für Kinder der alten Elite und des Bürgertums blieb zuweilen der Zugang zu höherer Bildung wegen ihrer Herkunft versperrt. Auch die SED-Mitglieder waren durch „Parteidisziplin“ veranlasst, sich weiterzubilden, und die „Dokumente der Partei regelmäßig zu studieren”. Gefordert wurde, sowohl Urteilskraft als auch einen „dialektisch-kritischen Geist” zu entwickeln. Oft entwickelten sich bei hauptamtlichen Funktionären jedoch ein unangenehmer serviler Geist und Karrieredenken.[15]

Den tausend kleinen Dingen auf der Spur!

Werte Einwohner!

Die großartigen Erfolge der Werktätigen in der Industrie und in der Landwirtschaft führten zur ständigen Steigerung des Lebensstandards.

Mit der Lösung der ökonomischen Hauptaufgabe wird der Tisch noch reichhaltiger und vielfältiger gedeckt sein.

Aber auch die Regelung der tausend kleinen Dinge ist erforderlich.

Auch Sie können mithelfen!

Welche Industriewaren müßten zur Bereicherung des Warensortiments noch hergestellt werden?

Haben Sie schon einmal nachgedacht, welche Massenbedarfsgüter dort im Betrieb, wo Sie arbeiten, hergestellt werden können?

Kennen Sie solche Möglichkeiten, wo Kindergärten-, Krippen- und Hortplätze zusätzlich gewonnen bzw. ausgebaut werden können?

Wo gibt es noch leerstehende Räume und für welchen Zweck sind sie geeignet?

Welche Reparaturen werden oft nicht ausgeführt bzw. wobei müssen Sie lange warten?

Sicher können Sie uns auch noch andere Hinweise geben, wie in Brandenburg die tausend kleinen Dinge geregelt und gelöst werden können.

Wir werden Ihnen dankbar sein für Ihre Vorschläge, die dann dem Rat der Stadt zur Auswertung übergeben werden.

Benutzen Sie bitte die anhängende Karte für Ihre Hinweise.

Kreisausschuß der Nationalen Front
Brandenburg-Stadt

181 Aufruf der Nationalen Front zur Mitarbeit der Bevölkerung um 1959

Die Bürger hatten ihren Spaß, als am 3. Mai 1959 die Internationale Friedensfahrt der Radamateure (die XII.) erstmals durch Brandenburg kam. Im Konzerthaus sah man aus dem Westen den Film „Das Wirtshaus im Spessart”, während im Meteor die DEFA-Filme „Die lustigen Weiber von Windsor“ und „Das Lied der Matrosen” aus den Tagen der Novemberrevolution gespielt wurden. Aus der Sowjetunion sah man „Admiral Nachimow” und „Die Stalingrader Schlacht” und aus Frankreich „Fanfan der Husar” mit Gerard Philippe und „In gewissen Nächten” mit Fernandel.

Der neue Oberbürgermeister Max Herm – viele nannten ihn „Maxe” – schickte sich ab 1957 an, die Stadtverwaltung zu demokratisieren. Er suchte einen engen Kontakt zur Bevölkerung, machte Front gegen das „Sitzungsunwesen”, bewegte die kommunalen Angestellten „an die Basis”, in Betriebe und Wohnbezirke, damit sie lernen sollten, das Volk zu verstehen, und er provozierte kritische Auseinandersetzungen über die Arbeitsweise der Ämter. Diesen Stil setzte er mühsam durch, gegen manch intrigante Widerstände im Amt und in der SED-Kreisleitung.[16] Immer wieder war unter Brandenburgern zu hören: „Der ist ein echter Kommunist”, und man begann zu vergleichen ....

182 Volkspolizei der VP-Bereitschaft Hohenstücken am 1. Mai 1952 auf dem Puschkinplatz (Nikolaiplatz)

Die Spannungen der großen Politik rumorten am Horizont. Beide deutsche Staaten waren inzwischen in Militärpakte eingebunden, seit dem 9. Mai 1955 die Bundesrepublik in der NATO und seit dem 28. Januar 1956 die DDR mit der neu gegründeten Nationalen Volksarmee (NVA) im Warschauer Pakt. Im Bundestag sprach 1957 mit unüberhörbarer Stimme der Verteidigungsminister Franz Josef Strauß über den „Fall Rot“. Das machte vielen Menschen Angst.

Seit April 1956 stand in Hohenstücken ein mechanisiertes Infanterieregiment der NVA, ab 1958 mit sowjetischer Struktur und dem Namen „Mot.-Schützen-Regiment 3“. Zur Garnison der NVA kamen in Kirchmöser das Pionier-Bataillon 3, vorübergehend in der Magdeburger Straße ein Flak-Regiment, danach eine Offiziersschule der Luftstreitkräfte und in Briest das Hubschrauber-Geschwader 31. Am Himmel erschien vor allem etwas ganz anderes: der erste künstliche Erdsatellit am 4. Oktober 1957. Der sowjetische Sputnik war eine Weltsensation, und man stand bei klarem Himmel spätabends auf der Straße, um ihn zu erspähen. Wenn das gelang, erscholl der Ruf: „Da kommt er!“

Am 13. Oktober 1957, einem Sonntag, wurde der sofortige Umtausch alter in neue Banknoten verfügt. Eine perfekte Geheimhaltung bei der Organisierung hatte funktioniert. In Brandenburg waren 213 Zahlstellen von 12 bis 22.00 Uhr geöffnet, um den Umtausch von 300 Mark in bar pro Person vorzunehmen. Dem folgten in den nächsten Tagen die weiteren Auszahlungen, Umschreibungen und so weiter. Der Wechselkurs von 1:10 in West-Berlin hatte dazu geführt, dass riesige Mengen Ostmark in Westberlin deponiert wurden. Diese stellten eine inflationäre Bedrohung für die DDR dar. Jährlich gingen dem Land etwa 200 Millionen Mark durch den Warenfluß über die innere Stadtgrenze Berlins verloren. Nach diesem Überraschungscoup erholte sich die DDR-Wirtschaft weiter, der Lebensstandard nahm allmählich zu, und neue Illusionen wurden in der Zeitung geweckt: „*bis 1961 die Bundesrepublik einholen und überholen!*“. Doch immer wieder traten „Engpässe“ auf. Im Herbst 1958 wurde wegen einer Versorgungskrise ein Operativstab gebildet, der sich unter anderem mit der Beschaffung von Kartoffeln,

183 Aufruf zur Luftschutzschulung 1960

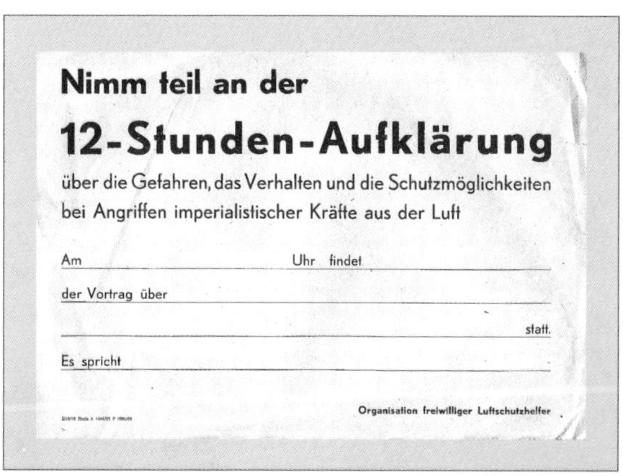

Nimm teil an der

12-Stunden-Aufklärung

über die Gefahren, das Verhalten und die Schutzmöglichkeiten bei Angriffen imperialistischer Kräfte aus der Luft

Am ______ Uhr findet

der Vortrag über ______

______ statt.

Es spricht ______

Organisation freiwilliger Luftschutzhelfer

Fleisch, Milch und Tabakwaren befasste, während Obst und Gemüse reichlich vorhanden waren.[17] Schon 1959 mußte der Fünfjahrplan abgebrochen werden. 1960 traten verstärkt Planverluste und ökonomische Rückschläge auf. Die Abwanderungsbewegung nahm wieder zu. Brandenburg sollte nicht zur Ruhe kommen.

Sommerliche Entfaltung - die sechziger Jahre

Die sechziger Jahre begannen mit weiteren tiefen Veränderungen für zahlreiche Brandenburger. Nachdem die DDR-Führung 1959 durch den Abbruch des Fünfjahrplanes darauf verzichtet hatte, *„bis 1961 die Bundesrepublik einzuholen und zu überholen"*,[18] wurde am 15. Januar 1960 durch das ZK der SED mit einem Offenen Brief zur Offensive aufgerufen, zum *„Sieg der sozialistischen Produktionsverhältnisse"* nun auch in den Dörfern, genannt *„sozialistischer Frühling auf dem Lande"*. Brandenburger Betriebe schickten zahlreiche Agitatoren in die Dörfer der Region, um vor allem die mit festen staatlichen Aufkaufpreisen schon recht wohlhabend gewordenen Mittel- und Großbauern für die kollektive Landwirtschaft zu gewinnen; die Kleinen waren ohnehin überwiegend daran interessiert. Bis Ende März 1960 hatte die Stadt zehn landwirtschaftliche Produktionsgenossenschaften (LPG), die sich in der Folgezeit zusammenschlossen. Die traditionsreichen Ackerbürger der Altstadt, vom Weinmeisterweg und von der Askanier- und Harlunger Straße fanden sich, mancher zähneknirschend, in einer Genossenschaft wieder. Am 1. Mai konnte die FDJ-Kreisleitung stolz verkünden, dass 62 junge Brandenburger auf's Land gehen – als Viehzüchter oder Agrotechniker. Die Betriebe wurden dazu angehalten, über „Freundschaftsverträge" Kontakte mit Landwirtschaftlichen Produktionsgenossenschaften aufzunehmen. So befassten sich jetzt etliche Stahlwerker, Kammgarnspinnerinnen, Spielwarenhersteller, HO-Handelsleute und andere nebenbei mit Agrarfragen. Dazu gehörten im Sommer und Herbst Ernteeinsätze oder Delegierungen als „Kader auf's Land", als Bürgermeister, MTS -Techniker (Maschinen-Traktoren-Stationen), als Finanzbuchhalter, Bauhandwerker und vieles mehr. Aus der Goethe-Oberschule halfen 36 Schüler in Steinberg bei Ziesar bei dem Bau einer „Schweinestraße". Die Schularbeiten blieben vorläufig liegen.[19] Die Eigentumsveränderungen betrafen auch Handwerker, die in „Produktions-Genossenschaften des Handwerks" (PGH) zusammengeschlossen wurden. Noch heute existieren einige PGH-Nachfolgebetriebe: Elektriker, Frisöre, Fischer, Mechaniker. Als profitabelster Gemeinschaftsbetrieb erwies sich bald die PGH der Fleischer. Bis Ende 1960 erreicht die „sozialistische Integration" weitere Ergebnisse: 80 Einzelhändler mit Kommissionsverträgen und 15 Privatbetriebe mit „staatlicher Beteiligung". Mit diesen Methoden wurden privatwirtschaftliche Betriebe an die Planwirtschaft gebunden.

184 Angehörige des VEB Energieversorgung beim Kartoffelernte-Einsatz 1960 in Weseram

Der Auftakt in das neue Jahrzehnt begann bewegt und wurde dramatisch. Oberbürgermeister Max Herm beklagte im Januar 1961 zu vie-

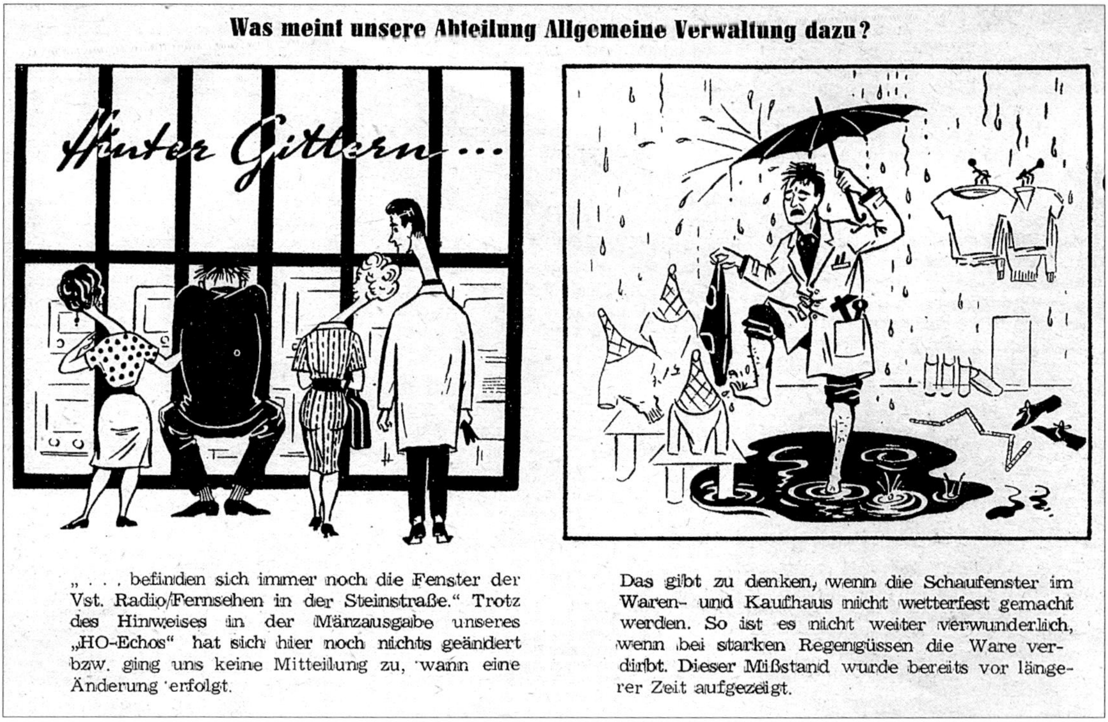

185 Karikaturen in der Brandenburger Betriebszeitung “HO-Echo”, Juli 1961

le Stillstands- und Wartezeiten und andere Störungen in den Betrieben. Verbreitete „Planrückstände”“bremsten die Entwicklung der Wirtschaft. Da halfen auch nicht die 90 „Arbeiterkontrolleure”, die der FDGB organisiert hatte. Im Frühsommer gesellte sich zur industriellen Krisenlage eine akute Kartoffelknappheit aufgrund einer außergewöhnlich schlechten Ernte im Vorjahr. Im Frühjahr 1961 stand wieder einmal das Hochwasser in vielen Gärten zum Beispiel zwischen Schlachthof und Plane und auf unbestellten Feldern. Betriebsküchen gingen zu Nudel- und Reisgerichten über. Die „Westverwandten” schickten Pakete mit Grieß, Graupen und Mehl, doch das gab es auch hier ausreichend.

Der DDR wurde 1960 wiederholt eine Unterbrechung des Ost-West-Handels angedroht. Als Gegenmßnahme kam nur eine Lösung in Frage: „Alles selber herstellen!” Die Entwicklung von Ersatzprodukten und Kapazitäten für die Fertigung band viel Geld aus dem Staatshaushalt, das Versorgungsniveau stagnierte. Die Fluchtbewegung nahm sprunghaft bis zum Sommer zu.[20] Die Brandenburger wurden unruhig: *„Meine Ärztin ist weg!”, „Mein Meister ist abgehauen!”, „Unsere Klassenlehrerin ist nicht mehr da!”* – so gingen die Gespräche. In West-Berlin und in der Bundesrepublik waren ostdeutsche Fachkräfte in der Nachkriegskonjunktur des „Wirtschaftswunders” ebenso willkommen wie Gastarbeiter, die in Italien, Griechenland, Jugoslawien, der Türkei und anderswo angeworben wurden.

186 Die letzte Lebensmittelkarte 1961 (für Kartoffeln)

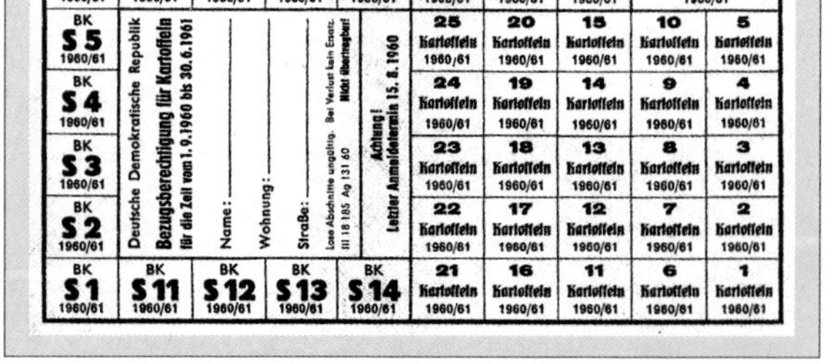

187 Oberbürgermeister Max Herm besucht nach dem 13. August 1961 das Mot. Schützen-Regiment 3 der NVA-Hohenstücken an der Grenze zu West-Berlin bei Hennigsdorf.

Empfindliche Lücken in der Wirtschaft wirkten wie ausgebrochene Zähne im Getriebe. Das Chaos war abzusehen. In der „Märkischen Volksstimme" häuften sich Polemiken gegen "Feinde der Republik", „Kopfjäger", „Menschenhändler" und „Grenzgänger". Dieser Begriff bezog sich auf Leute, die hier wohnten und in West-Berlin arbeiteten und mit dem Tauschkurs West : Ost = 1 : 4 schnell in der Lage waren, die sehr knappen wertvollen technischen Artikel wie Kühlschränke und Waschmaschinen in den HO- Läden zu kaufen. Staatsanwalt Bechtel wollte am 10. August 1961 vor Jugendlichen einen Vortrag über Grenzgängerei halten, aber nur wenige kamen. Die Grenzgänger sollten jetzt „in West" bezahlen: Mieten, Wasser, Gas. In Betrieben wurden „Komitees gegen den Menschenhandel" gebildet. Brandstiftungen schürten Ängste: im Kino Plaue, in Garagen, in Scheunen der Umgebung; Schaufenstereinbrüche mehrten sich.

Die Tage um den 13. August 1961 erlebte ich bei der NVA.

Die NVA - Mot.Schützen aus der Kaserne Hohenstücken wurden am Sonnabend, dem 12. August 1961 mittags kurz vor Dienstschluß unerwartet zum Übungsplatz nach Lehnin verlegt, zur „Überprüfung der Sauberkeit von Schutzmasken und MPi", wie es hieß. Nach Mitternacht war alles klar: „West-Berlin wird abgeriegelt!" – lautete der Auftrag. So schnell wie jetzt fuhr die kilometerlange Regimentskolonne bisher noch nie. Bei aufgehender Morgensonne ging es zunächst in östliche Richtung, erst über die Autobahn, dann auf einer Chaussee in nördliche Richtung. Überholende Westwagen auf der Autobahn hatten irgendwo vor Berlin kehrt gemacht und kamen bald wieder entgegen. Bei Hennigsdorf angekommen, richteten sich die Soldaten in einem Eichenwald an der Havel in Zeltbahnen ein. Die Spannung am 13. August war groß, keiner murrte, einige fragten: „Warum rollen wir denn nicht gleich weiter?" Offiziere antworteten: „Peking hat uns das empfohlen. Aber: Sind wir denn Maoisten? Wir machen keinen Krieg, den wollen wir gerade verhindern!"[21]

Der US-Politiker Fulbright hatte schon im April gesagt: *„Ich verstehe nicht, warum die Ostdeutschen nicht ihre Grenzen schließen.*"[39] Tage danach tauchten die ersten Besucher aus Brandenburg in dem Wald bei den Soldaten auf: Oberbürgermeister Herm, Künstler des Theaters und Funktionäre und Arbeiter aus dem Traktorenwerk. In Hennigsdorf vor dem Kino protestierten Massen junger Grenzgänger. Soldaten aus Brandenburg fuhren auf SPW (Schützenpanzerwagen) langsam an ihnen vorbei – als „Demonstrationsfahrt". In Berlin standen am Brandenburger Tor Männer der „Kampfgruppen" aus Ostberliner Betrieben, bewaffnet – doch ohne Munition."[23]

188 Dampfschiff Deutschland, 1962

Die Erleichterung, daß ein militärischer Konflikt ausgeblieben war, war allgemein, weniger jedoch, daß West-Berlin „zu" war. Wie oft, gingen die Meinungen weit auseinander. Die einen sagten: *„Der Pfahl in unse-*

189 Haltestelle der Überlandbusse am Neustädtischen Markt um 1960

190 Professor Robert Havemann als Gast im Fontaneklub des Kulturbundes, Januar 1961

rem Fleische ist endlich gezogen", andere verbargen nicht ihr Entsetzen und ihre Wut. Familienschicksale wurden tragisch: Vater, Mutter, Bruder, Schwester waren „drüben" und unerreichbar. Für viele gab es einen Schock, doch die Masse der Brandenburger blieb ruhig und gefasst, wie so oft in früherer Zeit. Von verzweifelten Fluchtabenteuern erfuhr man in der Regel erst allmählich aus dem Radio, vom RIAS oder dem SFB. Die Urlauber an der Malge umringten das HO-Versorgungsboot „Sturmvogel“, feierten ein Strandfest mit der Tanzgruppe und anderen Talenten des Jugendklubhauses „Philipp Müller", und die HO eröffnete einen Bootsverleih mit 14 Paddel-, vier Ruderbooten und fünf Wassertretern. Man genoß einen herrlichen Sommer. Im Klubhaus der Traktorenwerker am Hauptbahnhof spielte die Schwarz-Weiß-Combo flotten Swing, im Konzerthaus sah die Jugend den Film „Verliebt in Kopenhagen"; im Meteor sah man einen der vielen „Titanic"-Filme, und das Leben ging für die Mehrheit der Bevölkerung weiter wie bisher. Das traf nicht für einige Kritiker zu, die offen aufgetreten waren und danach verhaftet wurden, wie zum Beispiel im VEB Elisabethhütte. Auch eine kleine Jugendgruppe der Evangelisch-Freikirchlichen Gemeinde in der Jahnstraße (Baptisten) bekam die neue Lage deutlicher zu spüren, als sie gemeinsam mit gleichgesinnten Jugendfreunden aus Berlin-Schmöckwitz wäh-

191 Kundgebung „10 Jahre Friedensstahl aus Brandenburg” am 20. Juli 1960 im Bereich der Drahtstraße des SWB

rend ihrer Ostsee-Ferien von Binz aus eine Kutterfahrt auf das Meer hinaus machte und die Idee aufkam, bis vor die Küste der dänischen Insel Bornholm zu fahren. Nach entsprechenden Funksprüchen wurde rechtzeitig kehrt gemacht, aber zwei Tage Untersuchungshaft blieb den Brandenburgern nicht erspart.[24]

Aus dem Urlaub in den Betrieb zurückgekehrt erfuhren der Kumpel oder seine Frau von einer neuen Aktion, diese hieß jetzt „Produktionsaufgebot”. Aus einem Ostberliner Betrieb war der Aufruf im Land verbreitet worden, *„in der gleichen Zeit für das gleiche Geld mehr zu produzieren”*. Diese Losung bestimmte in der Folgezeit das Geschehen. Den ehemaligen Grenzgängern waren schnell Arbeitsplätze vermittelt worden; denn Arbeitskräfte waren und blieben knapp. Im Stahl- und Walzwerk begann im Mai 1962 die Produktion einer der größten Walzstraßen Europas, der 1120-er Block- und Brammenstraße. Es wurde gearbeitet, was das Zeug hielt; bis 1965 waren über zweitausend Betriebsangehörige Aktivist geworden; in der Regel verbargen sich dahinter überdurchschnittlicher Fleiß und ausgeprägte Kollegialität. „Brigadeabende” wurden Tradition. Die Arbeit war nicht „Job”, sondern zunehmend Lebensinhalt. Man verdiente relativ gut, und das Warenangebot nahm in den folgenden Jahren zu, aber auch die „Schere” zwischen schnell wachsender Kaufkraft der Bevölkerung und der langsamer wachsenden Produktivität ging weiter auseinander und sollte sich nicht mehr schließen. Das Warenangebot blieb vor allem bei technisch hochwertigen Konsumgütern unzureichend. Es entstand der Wunsch, mehr kaufen zu wollen als es zu kaufen gab.

Mit dem 1963 verkündeten „umfassenden Aufbau des Sozialismus” war ein gewisser Aufschwung verbunden. Ein „Neues Ökonomisches System” gab den Volkseigenen Betrieben mehr Bewegungsfreiheit, Planrückstände wurden aufgeholt, und die Brandenburger erfreuten sich eines wachsenden Wohlstandes. Sichtbares Zeichen war der rege Bau von „Datschen”, Wochenendhäuschen oft in idyllischen Lagen. Im November 1962 gab der Rat der Stadt „Grünes Licht” für die Bebauung des westlichen Beezseeufers. Den zahlreichen traditionellen Kleingartensparten folgten neue: zum Beispiel am Silokanal, auf dem Görden, an der Ziesarer Landstraße; dazu kamen Wochenendsiedlungen rings um die Stadt: am Schmöllner Weg, beiderseits der Havel, wo es sich anbot – bis zu den Nachbardörfern. Die nicht immer legale „Beschaffung” mancher nur schwer zu erlangender Baumaterialien wurde zur Legende. Für manchen Datschenbauer war der Bungalow Ersatz für das ersehnte Einfamilienhaus. Zeitweise musste das Stadtbauamt gegen Schwarzbauten aktiv werden.[25]

Ab 1966 wurde in zwei Etappen die Arbeitswoche verkürzt, zuerst auf 45 Stunden. Ältere Brandenburger empfinden heute noch die 60er Jahre als die Zeit einer bedeutenden Verbesserung ihrer Lebenssituation, als „ein sommerliches Jahrzehnt”. Brandenburg entfaltete sich zur „sozialistischen Stahlstadt” mit dem größten Metallurgiebetrieb des Landes und mit anderen bedeuten-

192 Blick auf die Ernst-Thälmann-Werft vor 1960

den Großbetrieben, von denen jedoch 1962 die Thälmann-Werft der einsetzenden Modernisierung und Produktivitätssteigerung weichen musste. Der Schiffbau wurde nach Stralsund verlegt. Im September 1965 begann die Umprofilierung des Traktorenwerkes in ein Getriebewerk. Die Stadt Brandenburg wurde jetzt das Industriezentrum des Bezirkes Potsdam. War Brandenburg wieder eine „rote Hochburg“, wie in den alten Zeiten? Es sah so aus, verglichen mit anderen DDR-Städten.

Ungebrochen stark war der Wohnungsbau in der Stadt. Brandenburg-Nord wuchs weiter in westliche Richtung, und 1965 begann die Planung für das Neubaugebiet Hohenstücken, beide zusammen der größte Neubaukomplex im Bezirk Potsdam. Allein 1963 wurden etwa 94 Prozent aller Neubauwohnungen durch Genossenschaften an ihre Mitglieder übergeben. Die junge Generation wohnte jetzt mehrheitlich modern, die Zahl der Kinder nahm zu.

Letzter Stapellauf

Majestätisch im schwarz-roten Gewand steht er auf der Helling. Viele Augen sind auf ihn gerichtet. Seile verbinden den unter ihm stehenden Slipwagen mit der Slipwinde. Der Sicherheitsposten klettert zum Schiff hinauf, der Slipmotor wird angestellt. Langsam, fast gravitätisch, rollen die Wagen mit diesem großen Koloß dem Wasser zu. –

Letzter Stapellauf in der Ernst-Thälmann-Werft, der Schwedenkutter 15 wird seinem Element übergeben.

Unzählige Male schon, wie auch die geübten Handgriffe verraten, verließen auf die gleiche Weise Fahrgastschiffe, Kutter, Schlepper, Bagger, Schuten und Fähren das Land, um dann, nachdem sie am Kai wie eine leere Wohnung ihre Möbel erhalten hatten, auf den Meeren und Seen ihre Aufgaben zu übernehmen.

Am 19. September 1962 aber erlebten alle Schiffbauer und ihre Meister sowie Ingenieure mit dem Produktionsleiter noch einmal bewußt diesen planmäßigen Ablauf in der Produktion einer Werft, in der Erinnerung an die gemeinsamen Arbeitsjahre und Vorausschau auf die neue Arbeitsstelle.

Während dieser Ueberlegungen wird der Weg des Kutters zum Wasser immer kürzer, und unwillkürlich vergleichen die Schiffbauer das Abrollen der Slipwagen mit dem Abrutschen der ersten Schiffe aus der alten Schiffbauhalle. Ging vor 12 bis 13 Jahren ein Schiff ins Wasser, dann fehlte danach jede Menge Schmierseife, denn die Schlitten mußten ja schließlich von der Halle bis zum Wasser hin rutschen.

Romantik der Arbeit, ja, sie ist immer vorhanden. Gestern gab es sie trotz schwieriger Arbeit beim Ringen um die ersten sichtbaren Erfolge zum Wiederaufbau unserer Industrie und heute besteht sie im Tüfteln und Knobeln um neue, bessere Arbeitsmethoden, für eine höhere Technik und Vervollkommnung der Arbeitsorganisation.

Der Sicherheitsposten auf dem Schwedenkutter 15 prüft zum letzten Mal die Dichte des Schiffes nach und löst dann die Seile, die es noch mit dem Land verbinden. Im Beiboot warten zwei Schiffbauer darauf, die bald freiwerdenden und dann im Wasser herumschwimmenden Pallhölzer hereinzuholen. Diszipliniert und reibungslos geschieht das alles, wie an jedem anderen Tag, und ebenso pflichtbewußt werden wir alle morgen oder übermorgen den neuen Arbeitsplatz ausfüllen. –

Noch ein kleiner Ruck – der Schwedenkutter 15 schwimmt. Die Arbeit der Schiffbauer ist damit bis auf das Objekt Sachsen-Anhalt in unserer Werft beendet.

Der Produktionsleiter, Genosse Gresch, dankte allen Kollegen des Schiffbaues für ihre jahrelange, gute und erfolgreiche Arbeit. Sie im SWB so fortzusetzen, heißt für die erfolgreiche Vollendung des Aufbaus des Sozialismus einen großen Beitrag leisten.

193 Aus der letzten Ausgabe der Betriebszeitung „Werft-Echo“ der Ernst-Thälmann-Werft im Oktober 1962

Trotz der von 1960 bis 1970 etwa 6300 neu gebauten Wohnungen blieb die Wohnungsnot, denn die Bevölkerung wuchs unaufhörlich: von fast 87 000 im Jahr 1960 auf fast 94 000 im Jahr 1970. Den Höchststand erreichte die Stadt 1979 mit 95 568 Einwohnern. Für die Neubauviertel entstanden Krippen, Kindergärten und Schulen, allein von 1960 bis 63 fünf Krippen mit 444

194 Kindergarten in Brandenburg-Nord in den 60er Jahren

Plätzen und mit Tageskosten von 9 Mark, von denen nur 1,60 Mark zu bezahlen waren. Bald brauchte nicht mehr auf einen Platz in der Krippe oder im Kindergarten gewartet zu werden. In den 60er Jahren entstanden die Karl-Liebknecht-Schule, die Bertolt-Brecht- und die Fritz-Weineck-Schule, in den 70er Jahren schließlich sieben weitere Schulen. Brandenburger Baupolitiker hatten bisweilen aufreibende Auseinandersetzungen mit Planungsbürokraten im Rat des Bezirkes in Potsdam auszufechten, die an Nachfolgeeinrichtungen sparen wollten, wo es nur ging: hier eine Arztpraxis, da ein Kindergarten, dort eine Klubgaststätte, dort ein Heizhaus vielleicht erst etwas später und da vielleicht ein Hochhaus ohne Fahrstuhl. Die Brandenburger setzten sich mit Verbissenheit in Potsdam durch, mussten sich aber auch Kritik aus der Bezirkshauptstadt anhören, dass sie den Ausbau des Stadtzentrums vernachlässigen würden. [26]

In den 60er Jahren entstand das Profil des „neuen Brandenburg”, so wie es heute noch besteht. Das sind zuerst einmal erneuerte Straßen: die Straße der Aktivisten am SWB, die Wilhelmsdorfer Landstraße, Krakauer Straße, Göttiner Straße, aber auch etliche neue Brükken, vor allem an entnervenden Bahnübergängen wie am Altstädt. Bahnhof und in der Potsdamer Straße. Neu gebaut wurden auch die Brücke an der Krakauer Schleuse und die Quenzbrücke. Weiterhin entstanden das Wasserwerk Mahlenzien mit dem Hochbehälter auf dem Marienberg. Bis 1967 mußten wegen des zu geringen Wasserdruckes an manchen Tagen die jungen Einwohner im Stadtteil Nord aus

195 Alltäglicher Verkehrsstau an den Bahnschranken am Altstädtischen Bahnhof Frühjahr 1968

196 Brückenbau zum Bahnübergang am Alstädtischen Bahnhof 1969

197 Blick in die Straße der Aktivisten (Magdeburger Landstraße) vor der Quenzbrücke in den 60er Jahren

198 bis 200 Am 17. Juli 1969 wurde die neue Regattastrecke an den Oberbürgermeister Reinhold Kietz übergeben

dem dritten Stockwerk ihr Wasser aus der Waschküche holen. 1968 entstand am Marienberg das Volksbad mit 45 000 freiwilligen unbezahlten Arbeitsstunden der Bevölkerung. Das waren 37 Prozent der Gesamtkosten.

Schließlich folgte am 16. Juli 1969 die Einweihung der Regattastrecke mit einem großen DDR-Rudererteffen. Die Hauptakteure bei Planung und Bau dieser auch international beachteten Strecke waren Fritz Sumpf und Alfred Prollius gewesen.

Ab 1965 wurde endlich damit begonnen, die Bausubstanz der Innenstadt zu erfassen und Pläne für eine Neugestaltung aufzustellen. Sie sollte „modern" werden, nach dem Vorbild westlicher Städte. Die ersten Großplatten-Scheiben entstanden am Neustädtischen Markt, und ein Plan sah eine Schnellstraße in die Altstadt vor. Sie sollte von der Friedensbrücke aus, der früheren St. Annenbrücke, durch das Deutsche Dorf, durch das Neustädtische Wassertor zur Hammerstraße, dann durch die alte Thälmannwerft über die Havel gehen, über die Spitze von Kleins Insel in die Altstadt und dort durch die Altstädtische Große Heidestraße neben der Bäckerstraße in die Rathenower Straße hinein. Dort war schon der erste Asphalt gegossen, die Pläne wurden jedoch bald darauf verworfen.

Das Kulturleben der Stadt bekam in jenen Jahren neue Farben. Die „Havelfestspiele" begannen 1963 und wurden von den Brandenburgern lebhaft angenommen. Ferner gab es beachtliche Sängertreffen Brandenburger Chöre und des Umlandes (1963), eine „Brandenburger Revue" mit Talenten des SWB und der ganzen Stadt (1964), Bärbel Wachholz, das Sand-

201 Modell der Neugestaltung der Innenstadt im Bereich der Jahrtausendbrücke Ende der 60er Jahre

202 Neubau in der Friedensstraße 1969 (St. Annenstraße), Haus des Handwerks Ecke Straße der Jungen Pioniere (Neustädtische Heidestraße)

männchen aus dem Hubschrauber, die Dresdner Philharmoniker und immer wieder einen großen Trubel auf dem Marienberg mit seiner einmalig schönen Freilichtbühne. Bis heute unerreicht blieben in der Erinnerung vieler die 3. Havelfestspiele 1965 mit dem Fischerfest in der Altstadt. Als sich der historische Umzug mit Reitern, Kaleschen, Postkutschen und Stadtwachtsoldaten durch die Stadt bewegte, als sich der Elferrat des indessen entstandenen Karnevalsklubs BKC als „Räte” der 1715 „zwangsvereinigten” Alt- und Neustadt Brandenburg der Bürgerschaft präsentierte, waren fast alle Bewohner Brandenburgs auf der Straße. „Bürgermeister” Günter Heider, „Stadtmedicus” Dr. Karutz und „Ratsherr” Hans Georg Albrecht boten perlenden Wein mit Räucheraal - damals eine Rarität; denn die Aale gingen in der Regel als „Devisenbringer” nach West-Berlin. Die „Honoratioren” der Stadt stachen unter Flötenklängen und Trommelschlägen ein Faß Bier an und erfreuten sich der Komödianten und Spielleute und mit ihnen das Volk.

Im Neubaugebiet Nord hatten die Fackelzüge der Kinder Kilometerlänge. Die Organisatoren der „Nationalen Front” organisierten in ihrem neu gebauten „Kietz” große Kinderfeste, mit denen heutige kaum mehr vergleichbar sind. Jung und Alt hatten viel Spaß daran.[27]

203 Die Friedensfahrt passiert die Steinstraße in Richtung Friedensstraße am 24. Mai 1966

In jener Zeit lernten viele Brandenburger, die Vorgärten ihrer Häuser zu pflegen und Hand anzupacken, wenn aufgerufen wurde: *„Schöner unsere Städte und Gemeinden – Mach mit!"* Ob der Aufruf „zu Ehren des Zwanzigsten Jahrestages der DDR" oder eines beliebigen Parteitages des SED geschah, war den Mitmachern im Grunde genommen gleich. Es wurde mit wachsender Freude „mitgemacht". In jener Zeit entstand für die meisten Brandenburger, insbesondere für die jungen Familien, etwas, das es bis dahin noch nicht gab, ein Gefühl der Geborgenheit und Mitmenschlichkeit. Man gewöhnte sich daran, für einander da zu sein, nicht nur privat sondern auch in der „Brigade" im Betrieb. Jugendliche, die nach Schulabschluß in das Berufsleben eintraten, bekamen mühelos eine Lehrstelle. Im April 1969 boten 66 Betriebe der Stadt, die Handwerksbetriebe in der Handwerkskammer zusammengefasst als eine Angebotsstelle, 1453 Lehrplätze an.[28]

204 Die Brandenburger "Ratsherren" zu den 3. Havelfestspielen 1965 in der Altstädtischen Wassertorstraße

205 Oberbürgermeister Max Herm eröffnet gemeinsam mit dem "Sandmännchen" auf dem Sportplatz von Motor-Süd 1963 die I. Havelfestspiele

206 Fernsehliebling Meister Nadelöhr wird 1966 auf der Freilichtbühne Marienberg von den Kindern bejubelt

207 Einweihung des Autosalons in der Rosa-Luxemburg-Straße am 30. September 1969

208/209 Bildtext siehe rechte Seite

Mit viel Geduld, oft auch ungeduldig, wurde in immer mehr Familien für ein Auto der Marken “Wartburg” oder für den “Trabant” gespart. Im neuen Autosalon in der Kirchhofstraße waren die begehrten Stücke ausgestellt, dort konnte auch ein Vertrag abgeschlossen werden, aber dann hieß es viele Jahre: warten. Man begnügte sich daher oft, nach etwas kürzerer Wartezeit mit den Krafträdern “Berlin-Roller” oder “Schwalbe” oder mit einem Fahrrad.

Überhaupt war die Brigade ein zentraler Punkt im täglichen Leben – nicht nur im Betrieb. Man ging mit der Brigade ins Theater oder mit dem Kumpel auf den Fußballplatz, wo in den 60er Jahren in Brandenburg noch nicht viel los war. Das änderte sich erst in den 80er Jahren mit der Erstklassigkeit der Fußballmannschaft “Stahl Brandenburg”. Im Theater war das Angebot noch groß: von 1961 bis 1964 gab es 60 Schauspiele, Opern und Operetten und 80 Konzerte und mit beachtlichem Niveau, alles vom eigenen Ensemble gespielt. Die Intendanten (unter anderen Gerhard Wruck, Albert Bußmann und Joachim Pollok) stellten die Spielpläne auf die Bedürfnisse der Bevölkerung ab. Im Jahr 1967 feierte das Ensemble sein 150jähriges Bestehen.[29]

URKUNDE

Für die Mitarbeit b. d. Renovierung der St.-Gotthardkirche

wird dem

Klempnermeister Georg Wolff

für gute handwerkliche Leistungen beim Aufbau unseres Arbeiter-und-Bauern-Staates diese Urkunde verliehen

Brandenburg/Havel, am 12.12.1966

Handwerkskammer des Bezirkes Potsdam

Kreisgeschäftsstellen Brandenburg Stadt und Land

Leiter Sekretär

Lebhafte Aktivitäten entfalteten auch Heimatgeschichte und Denkmalpflege. Die Abdeckung der Klosterruinen von St. Pauli und St. Johannis in den Jahren 1962/63 und die Abstützung der Arkadenpfeiler im Dom mit Stahlbeton 1965 zur 800-Jahrfeier des ehrwürdigen Hauses, um vorerst die Hauptgefahr des Einsturzes abzufangen, seien genannt. Bedeutend waren die 1962 begonnenen und ab 1966 im großen Umfang fortgesetzten und von Klaus Grebe geleiteten Ausgrabungen des Museums für Ur- und Frühgeschichte Potsdam auf der Dominsel. Sie ermöglichten erstmals genauere Vorstellungen über Gestalt und Charakter der fürstlichen Slawenburg Brandenburg.

Das Leben blieb relativ unbeeinflusst von den Spannungen der großen Welt, vom Kalten Krieg, der einige Male in einen heißen umzuschlagen drohte.

Spannungen bekamen eigentlich nur die Soldaten der NVA in ihren Brandenburger Standorten zu spüren, als sie beispielsweise 1962 während der Kubakrise die Kaserne nicht verlassen durften und "auf dem Sprung" waren. Sechs Jahre später gab es erneut eine Krise: In Prag rollten im August 1968 sowjetische Panzer ein, und die Soldaten der NVA waren wieder in voller Gefechtsbereitschaft, hingen an den Radios, um Neuigkeiten zu erfahren; einige sahen schon die NATO in Böhmen einrollen. Es gab weitere kritische Situationen, bei der kriegerische Konflikte nicht auszuschließen waren. Im Verlauf der Jahre war eine Art "trojanische Mentalität", eine Belagerungspsychose, in der DDR entstanden. Sie sollte später noch eine peinliche Rolle spielen.

210 Lehrmeister der Betriebsberufsschule des SWB machen auf den 1. Betriebsfestspielen 1971 Tanzmusik

Brandenburg hatte in den 60er Jahren zwei Oberbürgermeister: bis 1965 Max Herm, der zu Recht Ehrenbürger der Stadt wurde und von 1965 bis 1976 Reinhold Kietz. Die sechziger Jahre des Jahrhunderts gingen zu Ende und auch mancher Traum von schnellem Fortschritt in den Spuren des „Weltniveaus", wie es damals hieß. Das Heimatmuseum zeigte noch im Oktober 1969 zum 20. Rebublikgeburtstag die Bezirksfotoausstellung *„Seht, was aus uns geworden ist"*, aber im SWB, wo die für Brandenburg wichtigsten "Messen gesungen" wurden, ertönten Ende 1969 *„Mißtöne im Brandenburgischen Konzert"*. Unter dieser Überschrift hatte das SED-Organ „Neues Deutschland" am 10. Dezember hohe Planschulden und Mängel bei der Beherrschung moderner Technologien angeprangert, also vermeintliche Führungsschwächen. Die erstmalige Einführung eines neuen Verfahrens - ein ursprünglich japanisches hocheffektives Siemens-Martin-Schmelzverfahren war in Vorbereitung - brauchte vielleicht seine Zeit, auch das notwendige Geld und ein Maß an Erfahrungen. Beteiligte Führungskräfte mit sogenanntem Herrschaftswissen wußten zu berichten, daß nicht zuletzt intrigante Konkurrenzmotive im Spiele waren – von denen auch die sozialistische Solidargesellschaft nicht frei war.

Kurzum: Die Betriebsleitung wurde ausgewechselt: ein „kleines Erdbeben" für die Stadt. Auch für Partei und Staat deuteten sich Veränderungen an. Ein Jahr später, im Dezember 1970 eröffnete Erich Honecker mit der Kritik an „Disproportionen" in der Volkswirtschaft eine schrittweise „Palastrevolution" gegen Walter Ulbricht. Diese Vorgänge in Berlin ließen ahnen, dass eine neue Ära mit dem Jahrzehntewechsel zu erwarten war. Ob sie wohl Gutes bringen würde?

Im Dezember 1969 waren die Silvesterkarten für die HO-Gaststätten und Klubhäuser, wie immer schon lange ausverkauft, und in der BNN, den der NDPD/Nationaldemokratischen Partei nahen „Brandenburger Neuesten Nachrichten", konnte man eine sarkastische Anzeige lesen: *„Zwei junge Ehepaare bitten um Eintrittskarten für Silvester 1975, da sie in diesem Jahr wie so oft wieder leer ausgingen."* Im „Filmkunsttheater" wurde „In 80 Tagen um die Welt" gezeigt, und die Kinder konnten im „Meteor" in der Hauptstraße die Späße von „Alfons Zitterbacke" ansehen.

Bilder linke Seite unten:
208 Bedachung der Ruine des Winterrefektoriums des St. Pauliklosters in den 60er Jahren
209 Urkunde des damals 78jährigen Klempnermeisters Wolff für die Eindeckung des Turmes von St. Gotthardt mit Kupferplatten

211 Eröffnung des HO-Kaufhauses Magnet 1967

„Sozialistischer Herbst“ - die siebziger Jahre

Das neue Jahrzehnt begann zuerst einmal sehr kalt. Alle Gewässer waren zugefroren. Von Anfang Dezember 1969 bis Mitte März 1970 lag eine dichte Schneedecke über Stadt und Land, und als die Familien an der Malge Ende März den Ostersonntag feierten, schauten sie noch auf große Eisfelder auf dem Breitlingssee. Der Ostermontag und der Himmelfahrtstag waren von der Partei- und Staatsführung abgeschafft worden. Das geschah, um die Arbeitszeitverluste durch die Einführung der 5-Tage-Arbeitswoche wenigstens etwas zu kompensieren oder wie es hieß: *„die Erreichung der Planziele zu sichern“.* In den Großbetrieben liefen am Ostermontag Sonderschichten, um Planschulden abzubauen.

Im April 1970 hatte die Rekonstruktion und Modernisierung des Stahl- und Walzwerkes begonnen. Nach dem Führungswechsel im Betrieb flossen plötzlich wieder staatliche Investitionsmittel: bis Mitte des Jahrzehnts über 500 Millionen Mark unter anderem für die Rekonstruktion der Siemens-Martin-Öfen, der Tieföfen des Walzwerkes und vor allem für die Umstellung auf Erdgas- und Erdölfeuerung, mit erheblichen Produktivitätssteigerungen und auch Arbeitserleichterungen verbunden. Nebenbei sei erwähnt, dass das SWB in diesem Jahrzehnt auch damit begann, stählerne Boulevardmöbel, Pkw-Anhänger, Maschendraht und sogar Holzspielzeug herzustellen – alles planmäßig. In den anderen Brandenburger Betrieben begannen ähnliche Modernisierungen. Zur Förderung des Betriebsklimas gab es ab 1971 noch eine Neuheit : die „Betriebsfestspiele“, erstmals im Getriebewerk und danach im Mai im SWB durchgeführt. Die zahlreichen Zirkel präsentierten sich in Ausstellungen und Veranstaltungen im Betriebsklubhaus, und Brigaden wetteiferten miteinander in einer etwas seltsamen Veranstaltungsvariante – dem „ÖkuLei“ (Ökonomisch-kultureller Leistungsvergleich). Feuchtfröhlich wurden Wettbewerbserfolge miteinander verglichen, und man bemühte sich „künstlerisch“ miteinander, sang zwei oder drei Lieder zum Gaudium aller; es folgten Essen, Trinken, Tanzen, ausgiebig und ausgelassen.

212 Veranstaltung „Alte Liebe rostet nicht“ mit Radio DDR in der Stahlhalle

213 Fernsehaufnahmen mit dem Brandenburger Armeesingeklub (BAS) 1972 auf dem Neustädtischen Markt

„Singegruppen” wurden landesweit Mode; die Qualifizierten nannten sich „Singeklub ”. Während weltweit die Beatles und Rolling Stones die junge Generation „anheizten”, begannen, von der FDJ gefördert, nicht eben wenige DDR-Jugendliche zu singen, wenigstens für etliche Jahre: „Wenn alle Brünnlein fließen”, „Sag mir, wo du stehst”, „Bella ciao” und „Partisanen vom Amur”.

Auch das war ein Stück Jahrzehnteauftakt: Im Juli 1970 trafen sich die namhaftesten DDR-Singeklubs im Brandenburger Konzerthaus in der Steinstraße zur „IV. Werkstattwoche der Singeklubs”. Die Großen, welche da kamen, hießen „Oktoberklub” (Berlin) , „Pasaremos” (Dresden), EOS „Geschwister Scholl Wismar” (EOS = Erweiterte Oberschule, quasi Gymnasium), EOS Hoyerswerda und andere. Auch in Brandenburg versuchte man sich erfolgreich: der Singeklub des BMK Ost (Bau- und Montagekombinat Ost), gegenüber dem alten Schlachthof oder der Brandenburger Armeesingeklub der NVA Hohenstücken, BAS genannt, der es auch zu Fernsehauftritten brachte.

Die großen Vorbilder in der DDR hießen unter anderem Manfred Krug, von dem man wusste, dass er Lehrling im SWB gewesen war und sein Vater dort Technischer Direktor, Kurt Demmler, Hartmut König, der in der DDR lebende Kanadier Perry Friedman, Thomas Natschinski und das „Team Vier”, für alternative Geister auch Wolf Biermann. Die amerikanischen Vorbilder hießen Joan Baez, Bob Dylan und Pete Seeger, und aus Chile war es der im September 1973 unter dem Pinochet-System ermordete Victor Jara. Die Songs gingen gut ins Ohr, die Texte waren teilweise interessant, für Zweifler aber nicht immer akzeptabel. Der Einfluß der westeuropäischen 68er-Bewegung war erkennbar und nahm allmählich in Teilen der Jugend zu.

Nach langen Jahren des Alleinvertretungsanspruches der BRD hatte die Deutschlandpolitik unter Willy Brandt eine neue Richtung erhalten. „Wandel durch Annäherung” hieß die verwendete Formel. Der von den bisherigen westdeutschen Regierungen propagierte “Alleinvertretungsanspruch für Deutschland” wurde zugunsten pragmatischer Lösungen aufgegeben. Eine Phase der Entspannung setzte ein. Im Jahr 1971 schlossen die Siegermächte in ihrer nach wie vor bestehenden Verantwortung für Deutschland als Ganzes ein Abkommen, das den Rahmen setzte, innerhalb dessen die beiden deutschen Staaten ihr Miteinander vertraglich regeln konnten. Ein Jahr danach kam es zwischen beiden deutschen Staaten zum „Grundlagenvertrag” und 1973 schließlich zur Aufnahme beider deutscher Staaten in die UNO. Zahlreiche Staaten der Welt nahmen nun mit der DDR auch formell diplomatische Beziehungen auf. Das machte viele selbstbewusst und war ein Grund zum Feiern. Der deutsche „Arbeiter- und Bauernstaat” wurde endlich in der Welt anerkannt.

214 Der BAS beim Karneval des BKC, 1975

215 Hobbyartisten mit Wolfgang Sumpf (r.) und Erich Fricke (l.) im Jugendklubhaus „Philipp Müller" 1960

Im Sommer des Jahres 1973 fuhren etwa 1000 Brandenburger Mitglieder der FDJ nach Berlin zu den „X. Weltfestspielen der Jugend und Studenten". Die „kleinen Festivals" in der Stadt begannen schon im Juni mit den nun traditionellen Havelfestspielen „Links und rechts der Havel". Höhepunkt auf der Freilichtbühne war das seit 1968 bestehende „Arbeitervariete' des SWB", das unter dem Motto spielte: „Ein Blumenstrauß für Brandenburg". Der weithin bekannte Hobbyartist Wolfgang Sumpf baute kunstvoll Menschenpyramiden auf. In den Klubhäusern der Betriebe liefen Programme fast non stop, und im Pionierhaus in der alten Freimaurerloge Neustädtische Heidestraße, damals Straße der Jungen Pioniere, tummelten sich Kinder massenweise auf einem Kinderfest unter dem Motto „Immer lebe die Sonne".[31] Ende Juli sah sich eine französische Delegation in der Stadt um und stellte fest, dass Brandenburg wohl so viel Klub- und Kulturhäuser habe wie ganz Frankreich. Zu jener Zeit pflegte die Stadt Brandenburg, schon seit 1964, einen recht intensiven Austausch mit der Partnerstadt Ivry sur Seine bei Paris. Dorthin mitzufahren war natürlich nur möglich, wenn man für eine Delegation auserwählt war. Eine andere Delegation in Brandenburg sei noch erwähnt: Vietnamesen erhielten von der Brandenburger Handwerkerschaft eine „Solidaritäts-Spende" von 200 000 Mark überreicht, eine Geste für das seit mehr als 11 Jahren durch den Krieg mit den USA geschundene Land. Das Gleisbauwerk Kirchmöser beteiligte sich an der Solidaritätsaktion mit Lieferungen von Gleisbautechnik, unter anderem mit einem vollständigen Bauzug und mit 204 Liter Blutkonserven aus der Belegschaft.

Die siebziger Jahre des Jahrhunderts ließen sich für Brandenburg und die DDR recht gut an. Der neue Parteichef Erich Honecker hatte 1971 auf dem VIII. Parteitag der SED eine weitere *„Erhöhung des materiellen und kulturellen Lebensniveaus"* und eine konsequentere *„Einheit von Wirtschafts- und Sozialpolitik"* verkündet. Renten und Mindestlöhne stiegen an, der Wohnungsbau, die Schaffung von Dienstleistungsunternehmen und die Konsumgüterproduktion wurden beschleunigt. 1976 bekam Brandenburg neue Stützpunkte für Autopflege und -reparatur und eine Autowaschanlage, Einrichtungen, die, kaum errichtet, überlastet waren. Der Fortschritt war jedenfalls sichtbar, gemessen am "Westniveau" jedoch eher bescheiden. Immer wieder wurde in Berichten und Analysen etwa so formuliert: *„Die Beschlüsse werden erfüllt ..."* doch *„nicht alle Waren des Grundbedarfs sind überall bis zum Ladenschluß vorhanden"*, wie es 1973 in der "Märkischen Volksstimme" stand. Der Vergleich mit den Konsumangeboten im Westen nahm in der Bevölkerung zu, insbesondere in den 80er Jahren, als die restriktive Reisepolitik für DDR-Bürger in den Westen etwas abgemildert wurde.

216 Erich Honekker April 1974 in Brandenburg

1972 wurden die letzten mittelständischen Betriebe verstaatlicht, für die Inhaber zu relativ günstigen Bedingungen. Dazu gehörte zum Beispiel die Firma „Cekab" in der Kleinen Gartenstraße, welche Campingmöbel herstellte, sowohl für den Eigenbedarf als auch für den „Westexport". Für diese Aktion gab es keine ökonomischen sondern nur politische Gründe.

Zum Auftakt seiner Regierungszeit konnte Erich Honecker stolz nach Moskau an Leonid Breshnew schreiben, dass die *„Umwandlung ... der Privatbetriebe ... mit Erfolg abgeschlossen ..."* sei und damit der Sozialismus in der DDR gesiegt habe.[32] Das Leben lief wie gewohnt weiter, man befand sich mitten in den „Mühen der Ebene", wie es Bertolt Brecht einst treffend formuliert hatte. Die Lage in Brandenburg war, wie in der übrigen DDR auch, recht stabil. Es ging langsam aber stetig vorwärts.

Im November 1972 begann die Montage des ersten Wohnblocks in Hohenstücken, wo sich vorher in der Nähe des Silokanals die Laubenkolonie „Erdenglück" befunden hatte. Die musste an den Waldrand am Johannisburger Anger ziehen, in die Nähe des Gördensees. An der Gördenbrücke auf dem früheren Opelgelände enstand bis 1976 ein modernes Plattenwerk des Wohnungsbaukombinates (WBK). Nun konnte durch Großplatten das Bautempo im zweiten Neubaugebiet beschleunigt werden; Flüchtigkeitsmängel, besonders im Ausbau, blieben bei dem hohen Bautempo nicht aus. Von Ende 1976 bis 1979 erfolgte die Ausführung eines alten schon 1926 konzipierten Projektes: der Zentrumsring West, zuerst vom Hauptbahnhof bis zur Havelbrücke. Bereits damals wies Stadtbaudirektor Sehrer mahnend darauf hin, dass zugleich mit der Sanierung der innerstädtischer Bausubstanz begonnen werden müsse, damit die etwa 35 000 Einwohner, die noch in den vernachlässigten Häusern wohnten, einen zeitgemäßen Wohnstandard erhielten. Doch dazu reichten die Kapazitäten und Mittel nicht aus. Diese wurden, wie im ganzen Lande auch hier, bis auf wenige Ausnahmen auf den Neubau konzentriert. Die strategischen und finanziellen Entscheidungen wurden ohnehin zentral gefällt. In den siebziger Jahren wurden auf diese Weise in Brandenburg etwa 9 800 Wohnungen geschaffen, der größte Teil von der AWG Brandenburg, die unter dem Vorsitz von Lothar Schulze mit einem stolzen Anlagevermögen von 130 Millionen Mark die größte AWG des Bezirks Potsdam war.

Brandenburg war eine besonders geförderte DDR-Stadt geworden, die sich erst allmählich verschönte. Für neue Fassadenfarben in der Altstadt reichte es vorerst nur, wenn sich der Staatsratsvorsitzende Honecker angekündigt hatte, um auf einer Protokollstrecke alle 5 Jahre zu einem Treffen mit ehemaligen Häftlingen des deutschen Faschismus im Zuchthauses Brandenburg und zu einer Großkundgebung am Ehrenmal in der Nähe des Krematoriums zu fahren.

217 Einweihung der neuen Friedenswarte am 7. Oktober 1974

218 FDJ-Mädchen zum Pfigsttreffen 1979 am Aufgang zum Marienberg

Der Marienberg bekam ein neues Antlitz. Seine Neugestaltung erfolgte 1974/75 zu einem vielfach gerühmten „Park der Kultur und Erholung" und mit einer neuen „Friedenswarte" zum 7. Oktober 1974, dem Tag der Republik. Ein weithin sichtbarer metallener Aussichtsturm, noch heute gern bestiegen, war heftig umstritten, weil für seinen Bau die frühere "Bismarckwarte" abgerissen werden mußte.

Von den fast 93 890 Einwohnern der Stadt im Jahr 1977 waren bei Vollbeschäftigung 47 200 im Berufsleben, davon etwa 22 000 Frauen. Für die Kinder gab es in Krippen, Kindergärten und Schulhorts genügend freie Plätze. Von den Produktionsarbeitern befanden sich zwei Drittel im Schichtbetrieb. Die Aufwendungen für die medizinische und soziale Betreuung waren von 1970 bis Mitte der achtziger Jahre pro Einwohner um das Zweieinhalbfache gestiegen.[33] Für den Nahverkehr wurden täglich durchschnittlich zu 52 Prozent die Straßenbahn und zu 30 Prozent der Bus genutzt bei einem Fahrpreis von 12,5 Pfennigen und einem Fahrscheinwert von 28 Pfennigen. Also 15,5 Pfennige zahlte die Stadt für jede Fahrt dazu.
In der sommerlichen Freizeit zog es die Massen mit heimischen Zweitaktern oder importierten Viertaktern, meist „Lada" oder „Skoda" aus dem RGW[34] oder in überfüllten Bussen hinaus in die Gärten und Bungalows am Rande der Stadt. Ab 1. Mai 1971 konnte man endlich auch im Bus zur Malge fahren, wo von HO-Gaststättenchef Prager zur Bedienung für die Massen Erholungssuchender, hauptsächlich in der Mittagszeit, Oberschüler angeworben wurden und das Menü auf vier Angebote reduziert werden musste. Auf dem Breitling zogen zahlreiche Boote vorbei, vom Kanadier bis zum 20er-Jollenkreuzer, mit „Tümmler" oder „Forelle" – laut und dunstig, aber robust. Etliche zog es zu den neu eingerichteten FKK-Stränden an der Malge und gegenüber Radewege. Die Betriebe errichteten insgesamt sieben Erholungsheime. Das SWB schuf 1972 in Bollmannsruh sein bis dahin größtes Ferienobjekt. Der Kampf um den „FDGB-Ferienscheck" gehörte im Betrieb zum Alltag. Die „Zauberworte" der Ferienorte hießen zum Beispiel: Sellin, Baabe, Kühlungsborn, Göhren, Oberwiesenthal, Oberhof, Schmiedefeld, Ilsenburg oder Wernigerode, aber auch Varna, Balaton, Sotschi oder Beskiden „im sozialistischen Ausland".

219 Der Parkplatz am Neustädtischen Markt um 1970

220 Vor der HO-Gaststätte Kaskade im Sommer 1979

221 Das Versorgungsboot „Sturmvogel” der HO an der Malge 1975

Das Leben im sozialistischen Alltag schien noch sommerlich – doch es bekam zunehmend herbstliche Züge. Das zeigte sich unter anderem an den regelmäßig wiederkehrenden Riten, die immer mehr von ihrer ursprünglichen Frische der frühen Aufbruchjahre verloren hatten. Jährlich bewegten sich am 1. Mai zehntausende Brandenburger, gegliedert nach Betrieben, in stundenlangen Züge an der Ehrentribüne auf dem Puschkinplatz vorbei.

Ich konnte mich partout nicht dazu überwinden, „Winkewinke” zu einigen Funktionären dort oben zu machen, die mir unsympathisch waren, weil ich sie erlebt hatte. Ich lief einfach vorbei.

Diese Art, den 1. Mai zu begehen, entsprach wohl sowjetischen Gebräuchen, widersprach aber zutiefst den Traditionen der deutschen Arbeiterbewegung. Zu den immer mehr formalisierten Riten gehörten auch diverse „Initiativen und Aktivitäten” wie die „persönlich- und kollektiv-schöpferischen Pläne”, die „Schulen der sozialistischen Arbeit” und bei den älteren Jugendlichen in den Schulen die Prüfungen für das „Abzeichen für Gutes Wissen”. Bei den Jüngeren waren es die „Pionieraufträge”, oder im Winter das „Manöver Schneeflocke”. Besonders die Pionierferienlager blieben unverändert fröhlich und beliebt und mit 12,- Mark für zwei Wochen höchst billig.[35] Eine große Schar von Lehrern, Eltern und Pionierleitern engagierte sich dort aus Freude an der Freizeit mit Kindern – ob an der Küste Mecklenburgs, in den Bergen Sachsens oder Thüringens oder auch an märkischen Seen.

222 An der Stadtschleuse

223 Am Badestrand Gördensee in den 70er Jahren

224 Der Musiklehrer Wilhelm Wimmers mit dem Lehrlingsblasorchester des SWB 1978

Zu ihnen gehörten Inge und Willi Mahrenholz, die schon seit 1948 selbstlos und herzhaft Kinderspaß organisierten. Ich gehöre zu den ersten Brandenburgern, die ihre Fürsorge 1948 im „Plauer Sommerlager" genießen konnten und erstmals nach dem Krieg mit bis zu sieben Schüsseln Suppe zu Mittag den Heißhunger jener Jahre stillen konnte.

Eine kleine aber nicht zu unterschätzende Minderheit von Kindern und Jugendlichen verlebte seit 1950 schöne Ferientage am Beetzsee bei Georg Jagdhuhn im „Haus am See" in der Nähe des evangelischen Kirchengutes Mötzow, von Partei- und Staatsfunktionären nicht ohne Grund mit Misstrauen beargwöhnt. Hier hatte auch Pfarrer Markus Meckel noch als Jugendlicher Ferien gemacht, der erste DDR-Außenminister 1990 nach dem Fall der Mauer.

Ab 1973 gingen etwa 90 Prozent der Schüler in die 9. Klasse über, um den Abschluß der 10. oder 12. Klasse zu erreichen.

Die Lebenssituation der Brandenburger war angenehm, man genoß die Vorzüge der „zweiten Lohntüte", die staatlich subventionierten Preise und Zuwendungen. Ein „DDR-Bewußtsein" war durchaus vorhanden,[36] besonders wenn DDR-Sportler aus Brandenburg Welt- und Olympiarekorde holten oder andere international anerkannte Leistungen vollbrachten wie Siegmund Jähn, der als erster Deutscher im August 1978 in den Kosmos flog. Im Juni 1980 war dieser Kosmonaut in unserer Stadt zu Besuch. Das neue Jahrzehnt begann für die Brandenburger Sportbegeisterten triumphal: die Brandenburger Bernd und Jörg Landvoigt, Ilona Richter und Birgit Fischer holten 1980 in Moskau Olympisches Gold.

Der weltweiten Informatikentwicklung folgend wurde auch in Brandenburg damit begonnen, die Elektronische Datenverarbeitung (EDV) anzuwenden, im SWB 1970 mit einem Großrechner R-300, aus heutiger Sicht ein Monstrum, 1976 an den Siemens-Martin-Öfen, bei den ab 1977 im Bau befindlichen neuen Werken auf dem Quenz, dem Elektrostahlwerk und der Kontinuierlichen Drahtstraße, in großem Umfang im Getriebewerk. Irgendwann war unübersehbar, dass die weltweiten Entwicklungen jedoch schneller und mit größerem Kapitaleinsatz verliefen. Die staatlichen Mittel reichten nicht aus für diesen ungleichen Wettlauf. Kritische Bürger warnten davor, dass die DDR beginne, über ihre Verhältnisse zu leben. Unbehagen hatte auch im November 1976 vor allem in intellektuellen Kreisen die Ausbürgerung des Liedermachers Wolf Biermann erzeugt, weniger bei der Masse der Brandenburger, für die er uninteressant oder unbekannt blieb. In der DDR-Kulturszene brachen Widersprüche und Konflikte am deutlichsten auf.

225 Sonderbrief zu den Europameisterschaften der Frauen im Rudern 1972

In Brandenburg betraf diese Konflikte beispielweise die „Singenden Soldaten" in der NVA-Kaserne Hohenstücken und ihren Chef im Regimentsklub. Sie erfuhren zu Unrecht Maßreglungen. Das MfS hatte ganz andere

226 und 227 Das Elektrostahlwerk (ESW) am Quenzsee ab 1979

Soldaten als Sympathisanten entdeckt.[37] *Zuvor hatten die „Künstler in Uniform" noch im Fontaneklub ein Kammerkonzert gegeben, das einzige Mal in der Brandenburger Garnisonsgeschichte, daß Soldaten „aus der Truppe" ein solches Kunstereignis in der Brandenburger Öffentlichkeit gestalteten. Ein kalter Herbstwind pfiff über die Kulturlandschaft.*

Überdies hatte der Staatsratsvorsitzende die „Möglichkeit jäher Wendungen" in der Politik vermutet. Eine große Weltöl- und –stahlkrise ab 1976 hatte auch in Brandenburgs Wirtschaft Störungen hervorgerufen. Die internationale Wetterlage hatte sich merklich abgekühlt. Ende Dezember 1979 marschierte die Sowjetunion in Afghanistan ein. Neue Ängste breiteten sich aus und erfassten zum Beginn der 80er Jahre zahlreiche Brandenburger.

228 Motoschiff „Aktivist" auf dem Silokanal

Übersicht über erfaßte Person...

........BV. Potsdam................

Territorialer Bereich	4.1.1. Gesamt	davon weibl.	operativ erfaßt in OV	OPK	KK SV	Speicher DE	4.1.3. Gesamt	davon weibl.	operativ erfaßt in OV	OPK	KK SV	Speicher DE	4.1.4. Gesamt	4.1.5. Gesam
1	2	3	4	5	6	7	8	9	10	11	12	13	14	15
Kreisdienststellen														
Belzig	6		1	1	1	3	9		(1)	1	1	3+3AOV	4	36
Brandenburg	5		5				28	1	13+(2)	9	2	2AOV	11	47
Gransee	1		1				6		(1)	2		2AOV+1AOPK	6	83
Jüterbog	6		4	1	1		8		1+(2)	3	2		1	17
K.-Wusterhaus.	2				1	1AOV	23	3	5+(1)	4	5	2AOV+6AOPK	27	228
Kyritz	10	3	4		4	2AOPK	18	3	4+(1)	3	3	2AOV+5AOPK	8	24

239 Statistik der Bezirksverwaltung Potsdam des Ministeriums für Staatssicherheit

Es wird kalt - die achtziger Jahre

Dieses achte Jahrzehnt begann mit zwei Aufregungen in den „sozialistischen Bruderländern“: eine Streikwelle rollte im Sommer 1980 durch Polen. Sie endete im August in Gdansk mit der staatlichen Anerkennung einer neuartigen und etwas eigenartigen „Gewerkschaft Solidarnosc“ – eigenartig, weil sie von der Kirche des Landes unterstützt wurde und eigentlich mehr als Partei wirksam war. Die politisch interessierten Brandenburger diskutierten darüber; einige meinten: „Geschieht den Kommunisten recht”, andere „Wie können Arbeiter gegen sich selber streiken?” Die Parteiführung der SED zog aus den Ereignissen in Polen hauptsächlich eine Schlussfolgerung, die sie auch durchsetzte: „Höchste Wachsamkeit” und „Die Konterrevolution im Keime ersticken!” Die in den Jahrzehnten des Kalten Krieges entwickelte Belagerungsmentalität führte jetzt zum weiteren Ausbau der Staatssicherheit zu einem flächendeckenden Überwachungssystem, und die Mitarbeiter in der Dienststelle Neuendorfer Straße und in den MfS-Außenbüros in Betrieben und Institutionen bekamen zunehmend mehr Arbeit. Die Ansteckungsgefahr, welche von Solidarnosc ausging, musste wohl das Selbstbewusstsein des im Vergleich zu anderen DDR-Städten hier recht kleinen Kreises einer oppositionellen „Subkultur” stärken. Argwohn gegen die „ideologische Aufweichung durch den Westen” führte dazu, dass „Stimmungsberichte” immer mehr zum Arbeitsalltag leitender Kader gehörten.

Schließlich erzeugte der NATO-Nachrüstungsbeschluß über die Stationierung des Raketensystems „Pershing II” im Dezember 1979 neue Ängste. Geheimnisträger im Partei- und Staatsapparat in Brandenburg wußten, dass auf die Stadt Atomraketen der NATO gerichtet waren. In Neubauten wurden jetzt atomsichere Schutzräume eingerichtet, mit Schleusenkammern, dicken Stahltüren und besonderen Betonverstärkungen. In der Neustädtischen Forst zwischen Wilhelmsdorf und Wenzlow und am Waldrand hinter Göttin wurden gleichartig ausgestattete unterirdische Führungsbunker in die Landschaft gesetzt. Außerdem bekam die Wirtschaft des Landes Einschränkungen wie die Drosselung von West-Importen zu spüren. Das Tiefbau-Kombinat in der August-Bebel-Straße mußte nun mit immer weniger Bitumen für den Straßenbau auskommen. Statt Asphalt wurde mehr Beton gegossen, über den unsere Autos zum Teil noch heute rumpeln. Mancher begann damals zu fragen: *„Halten wir das durch? Wird der Frieden sicher bleiben wie seit 20 Jahren?”*

Die von Partei- und Staatschef Honecker geprägte Forderung: „Das Teufelszeug muß weg”[38] fand eine breite Zustimmung, vom überzeugten DDR-Anhänger bis zum kirchlichen Pazifisten. Protestmeetings in den Betrieben gegen die neue Raketenrüstung waren nicht nur „organisiert”, sondern brachten ein breites Bedürfnis zum Ausdruck. Weniger Akzeptanz fand der nun in den Schulen eingeführte Wehrunterricht, der insbesondere kirchlich gebundene Brandenburger zum Widerspruch herausforderte. Etliche von ihnen schickten sich an, auf ihre Jakken Aufnäher mit der Losung „Macht Schwerter zu Pflugscharen!” anzubringen, was den Unwillen so manchen Funktionärs erzeugte oder in den Schulen Lehrer in Verlegenheit brachte. Stand doch immer die Frage im Raum: *„Welche Schwerter sind gemeint? Auch die der NATO oder nur unsere?”* Die Freiwilligenwerbung für eine NVA-Karriere in den Schulen und Betrieben wurde immer mühseliger. Für Aufregung in der Stadt sorgte der Dachstuhlbrand in der „Hubschrauber-Kaserne”, der früheren Kürassierkaserne in der Magdeburger Straße - am 10. April 1983.

230 Dachstuhlbrand in der “Hubschrauberkaserne” Magdeburger Straße am 10. April 1983

Zu Beginn des neuen Jahrzehnts wehte ein immer kälterer Wind über die politische Landschaft – im Innern wie außerhalb. Doch vorerst berührte das noch nicht nachhaltig den Brandenburger Alltag. Größere Teile der Arbeiter und Angestellten, Männer wie Frauen waren an schnell voranschreitenden Wirtschaftsentwicklungen beteiligt. Die größten Schritte machte wieder einmal das SWB. Bereits ein Jahr zuvor, am 1. Januar 1979, war es zum „Stammbetrieb des Qualitäts- und Edelstahlkombinates” (QEK) befördert worden, was dem Selbstbewusstsein der tradtionsreichen Metallurgen des SWB gut tat und nicht zuletzt die Verbundenheit mit „ihrem Betrieb” kräftigte. Nach einem Probelauf am 7. Oktober 1979 ging im April 1980 das neue hochmoderne Elektrostahlwerk mit Stranggußanlage auf dem Quenzgelände in Betrieb, errichtet von der italienischen Firma Danieli. Staatsratsvorsitzender Honecker als höchster Gast klatschte zufrieden Beifall. Ein Jahr später folgte eine von Dänen errichtete und aus Magdeburg (SKET) gelieferte Kontinuierliche Drahtstraße, aus der sich Drahtrollen mit einer Endgeschwindigkeit von 70 Metern pro Sekunde aufwickelten, alles weitgehend automatisiert. Bis 1985 waren jedoch die Grenzen der Einsatzmöglichkeit moderner Elektronik im SWB wesentlich erreicht. Das SWB produzierte bis zum Ende der achtziger Jahre rund ein Drittel des Rohstahles der DDR, etwa ein Viertel des Walzstahles und etwa drei Viertel des Walzdrahtes. Im Jahr 1988 hatte das SWB etwa 9600 Betriebsangehörige, darunter über 2500 Frauen und annähernd 600 Lehrlinge. Viele dieser jungen Leute besaßen Lineale mit dem eingeprägten Spruch: „Deine Zukunft – unser Stahl”. Die Ökonomen des Werkes empfanden es als wohltuend, dass der Betrieb weitgehend vor der weltweiten Stahlkrise geschützt war. Einige Nachdenkliche begannen jedoch

231 Bericht der Brandenburger Stadtverwaltung zur Entwicklung der Stadt 1981 bis 1985

BRANDENBURG

BILANZ

der gesellschaftlichen Entwicklung
der Stadt Brandenburg
in den Jahren 1981 — 1985

232 Produktionshalle des Getriebewerkes in den 80er Jahren

zu fragen: *„Wie lange noch?"* Familien in der Walzwerksiedlung und der Gördensiedlung am Silokanal klagten: *„Wann hört der Qualm aus den Schornsteinen endlich auf, Fenster und Gardinen zu schwärzen?"*

Noch war Brandenburg unangefochten das größte Industriezentrum des Bezirkes Potsdam, und auch andere Betriebe der Stadt trugen zu gewinnträchtigen Deviseneinnahmen des Landes bei, wie das auf numerisch gesteuerte Maschinen umgerüstete Getriebewerk mit der Zulieferung unter anderem für den LKW W-50 und sein Nachfolgemodell L-60. Die Brandenburger Betriebe erreichten einen Anteil von fast 20 Prozent der Industrieproduktion des Bezirks Potsdam mit bemerkenswerten Steigerungsraten. Der führende westdeutsche Historiker zur DDR-Geschichte und erklärte Gegner des DDR-Systems, Hermann Weber, schrieb, daß *„die arbeitenden Menschen in der DDR ...unter größten Entbehrungen den insgesamt imponierenden Aufstieg der DDR-Wirtschaft erzielt haben."*[39] Dem ist nichts hinzuzufügen.

Zurückblickend wird mancher Brandenburger in Erinnerung haben, dass in den 80er Jahren die betriebliche Arbeitsorganisation zunehmend krisenhafte und stagnierende Erscheinungen bekam und Stillstandszeiten bis zu acht Stunden pro Arbeitskraft und Jahr erreichten.

233 u. 234 Großkundgebung mit Erich Honecker am 26. April 1975 am Ehrenmal Marienberg

Nach Brandenburg kamen immer mehr Gäste. Das Jahrzehnt begann, wie schon erwähnt, mit einem Besuch des Staatsratsvorsitzenden Honecker, der mit dem ihm eigenen Stolz das Elektrostahlwerk einweihte und daneben noch eine Gedenkstätte für ehemalige Zuchthausgefangene im alten Schloß zu Bagow. Die für später geplante Einweihung eines Widerstands-Museums am nördlichen Fuß des Marienberges kam nicht mehr zustande, wobei die 1987 gebildete „Nationale Mahn- und Gedenkstätte Brandenburg" in dem späteren JUKUFA-Container[40] in Brandenburg-Nord mit drei erinnerungswerten Ausstellungen „Topografie des Terrors" aus West-Berlin, „Euthanasie in Brandenburg" und „Widerstand im Brandenburger Zuchthaus" in den Jahren 1987 bis 1989 weithin Beachtung fand.

Doch zurück zu den Honecker-Kundgebungen: Buskolonnen aus dem Bezirk rollten in die Willi-Sänger-Straße, und angeblich 90 000 Zuhörer lauschten mehr oder weniger interessiert der Rede des Staatsratsvorsitzenden am Hang des Marienberges. Beim nächsten Mal, Ende April 1985, war die Zahl noch gigantischer: 100 000 sollen dabei gewesen sein, eine Zahl, die Brandenburg bisher noch nicht kannte und die nur noch vom „Brandenburg-Tag” 1998 mit einer viertel Million Menschen übertroffen wurde. Aber auch Gäste anderer Art trafen in Brandenburg ein. Ende März 1980 kamen die weltbesten Judokas aus 18 Ländern in die restlos ausverkaufte „Kultur- und Sporthalle” am Quenz, die „Stahlhalle”, und Anfang Juni 1980 aus neun Ländern die Kanuelite zur Regattastrecke. Im August 1985 fand hier eine Weltmeisterschaft statt. Die Ruder-Junioren aus 30 Ländern wurden von 23 000 begeisterten Brandenburgern beklatscht.

In jener Zeit bekam das Brandenburger Stadtbild neue Elemente und Farben. Von Ende 1979 entstand bis 1982 die Fußgängerzone in der Hauptstraße mit dem nun endgültigen Standort des Fritze-Bollmann-Brunnens, mit der Caféstube „Kaffeekännchen” und dem heute leider stillgelegten Hotel „Haveltourist“.

In der zweiten Hälfte des Jahrzehnts wurden Häuserrekonstruktionen in der Steinstraße fortgesetzt. Baulükken erhielten historisierende Neubauten wie am Molkenmarkt und Packhof/Ecke Hauptstraße. Manche Lücken wurden erst durch denkmalwidrige Abrisse in der Alt- und Neustadt geöffnet, manche Neubauten an historischem Ort mißlangen gründlich wie zum Beispiel am Katharinenkirchplatz.

Im Wohnungsbau wurden von 1979 bis 1989 10 025 Wohnungen übergeben, eingeschlossen 426 Eigenheime und etwa 500 rekonstruierte Wohnungen in der Innenstadt. 1988 wurde schließlich mit 72 Wohnungen der Schlusspunkt des Neubaugebietes Hohenstücken gesetzt. Etwa 30 000 Einwohner wohnten jetzt in dem Neubaugebiet. Die über einhundert Jahre währende Wohnungsnot in Brandenburg war damit zu Ende. Rund 40 Prozent der Brandenburger besaßen eine nach 1945 gebaute Wohnung. Hinzu kamen die entsprechenden „Kinderkombinationen”,[41] Schulen, Jugendklubs, medizinischen Einrichtungen, Kaufhallen, Restaurants, Straßenbahnverbindungen nach Hohenstücken und anderes mehr.

Ab Dezember 1983 rollte der Autoverkchr über die neue Havelbrücke, und ab Januar 1984 konnten die PKW-Besitzer in der Willi-Sänger-Straße in einem neuen IFA-Laden Ersatzteile kaufen. Das war ein großer

235 Sanierungsarbeiten an der St. Katharinenkirche 1983

236 Der Fritze-Bollmann-Brunnen in der zum Boulevard gestalteten Hauptstraße 1983

237 bis 239 Rundblick vom Dach des Lehrlingswohnheimes der Betriebsschule des Bauwesens „August Bebel“ am Gallberg über die Neubaugebiete Hohenstücken und Nord

240 Im Plattenwerk des Wohnungsbaukombinates an der Gördenbrücke

Fortschritt, gemessen an dem zum Teil unerträglichen Mangel in der Versorgung mit Kraftfahrzeug-Ersatzteilen, der trotzdem weiterhin spürbar blieb. 46 Prozent aller Haushalte waren 1986 im Besitz eines PKW, sicher nicht vergleichbar mit dem Standard in der BRD.

Auch das Kultur- und Freizeitleben der Stadt wurde statistisch erfaßt. Einige Angaben über die „kulturelle Massenarbeit" seien hier angebracht: Im Jahr 1987 hatte die Stadt 12 Klub- und Kulturhäuser, elf Bibliotheken, zwei Amateurtanzkapellen, 43 angemeldete Diskomoderatoren, drei Kulturensembles, zwei Karnevalsklubs, 33 Jugendklubs, der Kulturbund unterhielt 25 Fachgruppen im Fontaneklub an der Jahrtausendbrücke. Die HO unterhielt 47 Gaststätten; hinzu kamen 12 private Kommissionsgaststätten. In 39 Betriebs- und anderen Sportgemeinschaften wirkten 176 Sportformationen. In Betrieben und Klubhäusern waren 67 Volkskunstgruppen tätig. Der Kleingartenverband umfasste etwa 15 000 Mitglieder, eine noch heute annähernd gültige Zahl. Über die Hälfte der Kleingärtner pflegte in den warmen Monaten „draußen" zu wohnen.[42] Die Stadt Brandenburg hat auch jetzt noch die meisten Kleingarten- und Siedlervereine im Land Brandenburg.

Beispiele für erfolgreiche Kulturarbeit gab es viele. In den 80er Jahren entstanden sechs Formationen des Kulturbundes, die neue Farben in das öffentliche Leben brachten und progressiv-kritisch wirkten: 1981 die Gesellschaft für Natur und Umwelt mit Winfried Kohls, die Arbeitsgruppe Jazz mit Klaus Ahrens, der Fontane-Jugendklub mit Roberto Heß, die Gesellschaft für Denkmalpflege mit Wilfried Schwarz, der Interessenkreis Militärgeschichte mit Henri Richter und Manfred Ostendorf und der Arbeitskreis Stadtgeschichte mit dem Autor dieser Schrift.

241 Arbeiterblasorchester des Getriebewerkes, Vorläufer der "Original-Bollmann-Musikanten"

242 Aufführung des Singeklubs "Karls Enkel" im Fontaneklub

Im Jahr 1985 hatte Brandenburg etwa 95 100 Einwohner, davon 17 000 Kinder. Über 56 100 Menschen waren berufstätig. Vollbeschäftigung war in dieser Zeit selbstverständlich. Von den Frauen im arbeitsfähigen Alter befanden sich 90,6 in einem Beschäftigungsverhältnis. 97 Prozent der Vorschulkinder wurden in einem Kindergarten oder einer Krippe betreut. Knapp die Hälfte der Neubauwohnungen war zu der Zeit fernbeheizt.

An der Verwaltungsspitze der Stadt standen als Oberbürgermeister von 1976 bis 1985 Elvira Lippitz und danach bis 1990 Klaus Mühe. Die Erinnerung an die alte „Rote Hochburg Brandenburg" war durchaus noch lebendig und hatte im traditionsverwurzelten Arbeitermilieu der Bevölkerungsmehrheit ihre Nahrung – sicher in unterschiedlicher Ausprägung.[43]

243 HO-Blumenladen in der Charlotte-Grupa-Straße (Warschauer Straße) 1982
244 Sonntags-Verkaufsstelle der HO in der Hauptstraße 1972

Anfang der 80er Jahre, bevor Vater starb, sahen meine hochbetagten Eltern auf ihr Arbeiterleben zurück, "frei" von Eigentum an Produktionsmitteln, Grund und Boden oder anderen Kapitalien. Sie kamen zu dem Schluß, dass der schönste Teil ihres Lebens in der DDR stattgefunden hatte, gemessen an all den dramatischen Belastungen davor und zwischen den vier Herrschaftsverhältnissen, die sie seit Jahrhundertbeginn kennengelernt hatten.

Die in Elternhaus, Schule, Pionierverband und anderen Organisationen erzogenen, heranwachsenden Enkel entwickelten jedoch vielfach neue Lebensansprüche, die mit den bisher geltenden Werten wie ein relativ gutes Einkommen, relativ bescheidener Lebensstil, sichere Altersvorsorge, die Anerkennung einer sozialen Gleichheit und gegenseitiger Solidarität nicht mehr übereinstimmten. Bei den „Hausherren von morgen" stellte sich ein Gefühl der Enge ein, von vielen Eltern mehr oder weniger besorgt wahrgenommen. Wenn auch die Brandenburger Arbeiterjugend in den Betrieben 1985 in 356 Jugendbrigaden ihr Tagewerk verdiente, an den jährlichen „Messen der Meister von Morgen" in der Stahlhalle teilnahmen, wenn sie auch an der Gestaltung von „Jugendobjekten der FDJ" beteiligt war: „die Große Welt" war das nicht. Die Jugendlichen wollten die ihnen gesetzten gedanklichen und territorialen Grenzen nicht als gegeben hinnehmen, wie es der Jugend auf der ganzen Welt eigen ist. Die politisch Verantwortlichen fanden auf die teilweise unverblümt vorgetragenen Lebensvisionen junger Menschen keine Antworten. Über 20 000 Brandenburger hatten sich um 1985 an den vielfältigsten Formen demokratischer Mitwirkung beteiligt: in der „Volkskontrolle", der „Schiedskommission" und „Konfliktkommission", der „Arbeiter- und Bauern-Inspektion", im „Verkaufsstellenausschuß" (gegen den Verkauf besonders begehrter Waren „unter dem Ladentisch", sogenannter „Bückware"), im „Aktiv für Ordnung und Sicherheit in den Wohnbezirken", in der „Stadtinspektion" oder im „Verkehrssicherheitsaktiv", in Parteien und Massenorganisationen, aber auch in offenen Debatten im Betrieb zwischen Leitung und Belegschaft, gewissermaßen eine organisierte Betriebs- und „Basisdemokratie" in einem zentralistisch geordneten Staat.

Äußerlich erschien die Lage in Brandenburg wie auch in der DDR nach 35 Jahren Sozialismus trotz vielfältiger

245 Stadtbegehung des Arbeitskreises Stadtgeschichte und Interessenkreises Denkmalpflege im Kulturbund 1986 zur Erfassung verfallender historischer Bausubstanz

Erschütterungen und Belastungen im Kalten Krieg zwischen West und Ost nach wie vor stabil. Im Untergrund jedoch, vor allem bei der Jugend, wurden Veränderungen der übermächtigen, allgegenwärtigen, bevormundenden Strukturen diskutiert. Die Nachdenklichen unter den politisch Verantwortlichen erkannten immer deutlicher den wachsenden Reformdruck, eine zunehmende Destabilisierung der Ordnung und die Reformunfähigkeit.

246 Altstädtische Fischerstraße Nr. 17

Schon im Dezember 1986 rief der Kreisparteisekretär Reinhold Kietz in der Stahlhalle vor den Funktionären in der ihm eigenen Lautstärke aus: *„Die begonnene technologische Schlacht entscheidet über Sein oder Nichtsein.”* Ein Menetekel? Dem folgte die Illusion: *„Es ist die historische Aufgabe der kommunistischen Parteien, die wissenschaftlich-technische Führungsrolle in der Welt vorzubereiten und zu organisieren.”*[45] Unmittelbar zuvor hatte der Generalsekretär Honecker auf dem XI. Parteitag der SED verkündet: *„Weiter so!”*

Nicht nur ich hatte damals 1986 gebannt vor dem Bildschirm auf den Parteitagsbericht geschaut, mit einiger Erschütterung die bekannten Lebe-hoch-Rituale wahrgenommen, gesehen wie Michail Gorbatschow als Staatsgast aus der UdSSR peinlich von diesen Ritualen berührt war, und die schockierende Erkenntnis gewinnen müssen: es passiert nichts Neues. Ich fragte mich, ob das noch lange gut geht bei uns.

Auf den Parteiversammlungen der SED in den Betrieben wurden zunehmend kritische Stimmen laut. Die Brandenburger ärgerten sich immer mehr über die MV (im Volksmund „Merkwürdige Vogelstimme”), über die schön geredeten Nachrichten im Fernsehen und im Rundfunk, die teilweise in krassem Gegensatz zu den vermehrten „Versorgungslücken” standen.

Neue Begehrlichkeiten wurden durch Kontakte mit Bundesbürgern und durch Reisen in die BRD geweckt. Brandenburger mit Westverwandtschaft konnten sich mit Hilfe eines von D-Mark getauschten „Forum-Schecks” aus dem Intershop am Hauptbahnhof attraktive Sachen kaufen oder aus Wernigerode einen von Westverwandten bezahlten „Genex-Wagen” abholen. Wer kein Westgeld hatte, schaute hinterher. Das Westfernsehen mit seiner Werbung tat sein übriges, und die immer zahlreicher werdenden Westreisenden kamen schockiert von Glanz und Flitter der westlichen Konsumtempel zurück. Das wirkte in der Bervölkerung stärker auf die Stimmungslage als irgendwelche Demokratiedefizite. Die Kommunalwahlen am 7. Mai 1989 liefen

247 FDJ-Lehrlingssingeklub des SWB 1982

248 und 249 Weihnachtsmarkt-Vorbereitungen 1981

ab wie „gewohnt". Viele Funktionäre bemühten sich redlich um Problemlösungen, und das Volk ging „wählen", wie gewohnt in der Mehrzahl offen und mit einem Stimmzettel der Einheitsliste ohne Kreise zum alternativen Ankreuzen. Es wurde ruchbar, die Ergebnisse wären frisiert worden. Eine relativ kleine aber entschlossene Gruppe Oppositioneller aus Kirchenkreisen verglich in elf Wahlbezirken gezählte und veröffentlichte Ergebnisse und löste eine Diskussion aus, die sich nicht zuletzt auch gegen den Hegemonieanspruch der SED und ihr Demokratieverständnis richtete.

Aus diesem seit etwa 1980 entwickelten politisch-alternativen „Sub-Milieu", vorwiegend junger Leute, mit Treffpunkten wie dem „Café contact" der evangelischen Domgemeinde oder in der St. Gotthardt-Gemeinde [36], erwuchsen die Initiatoren zum Aufbruch der verhärteten DDR-Verhältnisse im Herbst 1989. Die weitgehende Ausgrenzung der Kirchen in der DDR rächte sich jetzt. Die vom Fernsehen übertragenen Ereignisse über Massenfluchten seit dem Sommer und über Demonstrationen in Berlin, Leipzig, Dresden, usw. seit dem 7.Oktober, als der 40. Jahrestag der DDR noch aufwendig gefeiert worden war, brachten auch die sonst eher zurückhaltenden Brandenburger in Bewegung. Mitte Oktober bildete sich das NEUE FORUM mit etwa 90 Interessenten. Es folgten öffentliche Diskussionsveranstaltungen, die immer mehr Brandenburger anzogen. Den ersten Versammlungen im Klubhaus „Philipp Müller" und im Theater folgten weitere, unter anderem im Gemeindehaus der St. Gotthardt-Gemeinde in der Bergstraße, verbunden mit einem Massenzulauf, noch von einem Großaufgebot der Staatssicherheit kontrolliert. Schließlich, am 30. Oktober 1989, gab es ein Großforum in der Stahlhalle mit einem Dialog zwischen Vertretern der Stadt, der SED, der Nationalen Front und etwa 3100 Bürgern.

250 Demonstration in der Steinstraße am 12. November 1989

Die Stimmungskurven schlugen hoch und brachten schließlich am Nachmittag des 12. November etwa 12 000 Brandenburger auf die Beine, die sich durch die Steinstraße zum Neustädtischen Markt bewegten und „für einen lebenswerten Sozialismus" demonstrierten. Siebzehn Redner plädierten für eine Demokratisierung des Landes; der Betriebsdirektor des VEB Mechanische Spielwaren lobte seine trotz Unzufriedenheit fleißig und hart arbeitenden Betriebsangehörigen. Das war wohl typisch für die „friedliche Revolution" in der DDR und in unserer Havelstadt: Es wurde nicht gestreikt, sondern debattiert.

Das Jahresende 1989 sah die Brandenburger in heftiger Aufregung. Nach dem Fall der Mauer bildeten sich neuartige Riesen-Schlangen. Die erste bildete sich ab 11. November 1989, pünktlich zu Beginn der Karnevalsaison, vor dem VPKA (Volkspolizeikreisamt) in der Magdeburger Straße. Die Bürger standen an, um einen regulären Visumstempel für Westreisen in den Ausweis zu bekommen. Innerhalb einer Woche waren es etwa 100 000 Stempel! Im folgenden Jahr sollten noch mehr Schlangen folgen: vor Banken und PKW-Zulassungsstellen.

Das Jahrzehnt ging mit drei Aktionen und einer Parteigründung zuende: am 3. Dezember mit einer Lichterkette des NEUEN FORUM, am 11. Dezember mit einer Übernahme des MfS-Hauses Neuendorfer Straße durch Staatsanwaltschaft und NEUES FORUM und am 19. Dezember durch die Konstituierung eines „Runden Tisches" – nach polnischem Vorbild. Am 13. Dezember bildete sich im Altstädtischen Rathaus eine neue Sozialdemokratische Partei (SDP). Die „zweite Staffel" rüstete sich für die Übernahme der Macht, unter ihnen auch Leute mit „DDR-Karriere".

Die "Wende" zum neuen Jahrhundert

Eine ausführliche Darstellung und Betrachtung der 90er Jahre wie bei den vorhergehenden Jahrzehnten empfinde ich gegenwärtig als zu früh, weil die Zeit noch zu frisch ist und die umwälzenden Ereignisse emotional vielfach noch nicht verarbeitet sind. Deshalb sollen die letzten zehn Jahre des Jahrhunderts, die „Nachwende-Zeit", nur mit einer knappen Übersicht über wichtige Entwicklungen und Ereignisse angedeutet werden.

Das Jahr 1990 begann für viele mit Erwartungen und Hoffnungen. Brandenburger, die in der DDR-Zeit aufgewachsen waren und die sich, trotz mancher Widrigkeiten, geborgen und sicher versorgt fühlten, empfanden die „Wende" als schockierendes Ereignis, andere spürten die aufgebrochene Enge und das Ende von Bevormundung und persönlicher Einschränkung. Für sie eröffneten sich völlig neue Horizonte.

Zum Jahreswechsel und danach verließen Genossen massenweise ihre Partei, enttäuscht oder aus Angst, als Genosse Repressalien ausgesetzt zu werden, aus Opportunismus, oder einfach weil sie gegen ihren Willen zum Eintritt in diese Partei „überredet" worden waren.

Aus der SED wurde, um veränderte politische Zielsetzungen zu signalisieren, die SED-PDS, später die PDS. Bei den schrittweisen Namensänderungen ging es auch darum, den Zugriff auf das in 40 Jahren beträchtlich gewachsenen Parteivermögen zu behalten. Die Mitgliedschaft der SED-PDS in Brandenburg schmolz von etwa 13 000 auf 2000 Mitglieder, später auf etwa 300 PDS-Mitglieder am Ende der 90er Jahre. Damit blieb diese Partei weiterhin die Mitgliederstärkste im Parteienspektrum der Stadt.

251 Wahlplakate in der Straße der Aktivisten, 1990

Die Volkskammerwahlen am 18. März und die Kommunalwahlen am 6. Mai 1990 brachten erwartet erdrutschartig ein neues Kräfteverhältnis. Die westdeut-

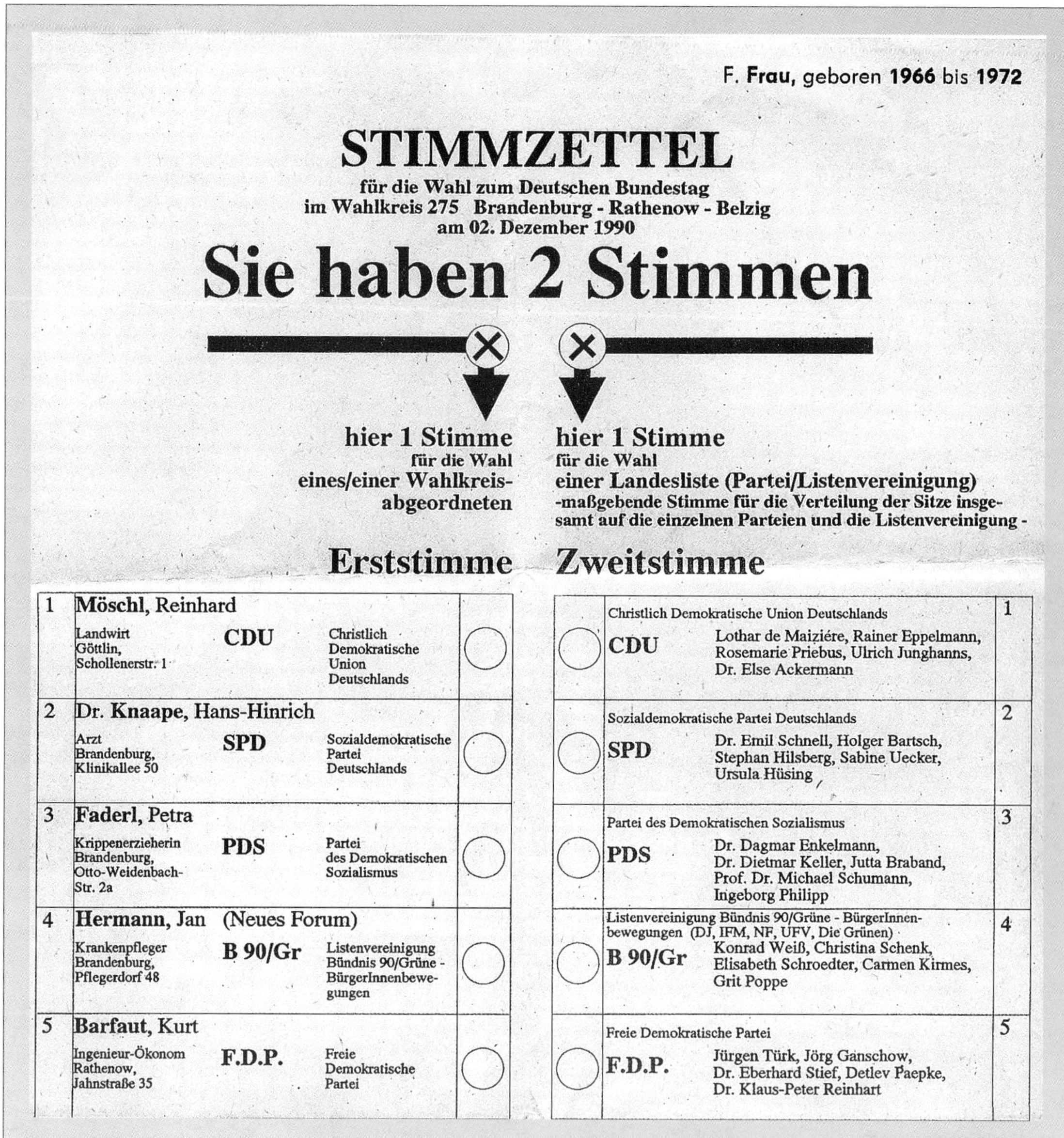

F. **Frau,** geboren **1966** bis **1972**

STIMMZETTEL

**für die Wahl zum Deutschen Bundestag
im Wahlkreis 275 Brandenburg - Rathenow - Belzig
am 02. Dezember 1990**

Sie haben 2 Stimmen

hier 1 Stimme für die Wahl eines/einer Wahlkreis-abgeordneten	**hier 1 Stimme** für die Wahl einer Landesliste (Partei/Listenvereinigung) -maßgebende Stimme für die Verteilung der Sitze insgesamt auf die einzelnen Parteien und die Listenvereinigung -
Erststimme	**Zweitstimme**

	Erststimme					Zweitstimme	
1	**Möschl,** Reinhard Landwirt Göttlin, Schollenerstr. 1	**CDU**	Christlich Demokratische Union Deutschlands	◯	◯	Christlich Demokratische Union Deutschlands **CDU** Lothar de Maizière, Rainer Eppelmann, Rosemarie Priebus, Ulrich Junghanns, Dr. Else Ackermann	1
2	Dr. **Knaape,** Hans-Hinrich Arzt Brandenburg, Klinikallee 50	**SPD**	Sozialdemokratische Partei Deutschlands	◯	◯	Sozialdemokratische Partei Deutschlands **SPD** Dr. Emil Schnell, Holger Bartsch, Stephan Hilsberg, Sabine Uecker, Ursula Hüsing	2
3	**Faderl,** Petra Krippenerzieherin Brandenburg, Otto-Weidenbach-Str. 2a	**PDS**	Partei des Demokratischen Sozialismus	◯	◯	Partei des Demokratischen Sozialismus **PDS** Dr. Dagmar Enkelmann, Dr. Dietmar Keller, Jutta Braband, Prof. Dr. Michael Schumann, Ingeborg Philipp	3
4	**Hermann,** Jan (Neues Forum) Krankenpfleger Brandenburg, Pflegerdorf 48	**B 90/Gr**	Listenvereinigung Bündnis 90/Grüne - BürgerInnenbewegungen	◯	◯	Listenvereinigung Bündnis 90/Grüne - BürgerInnenbewegungen (DJ, IFM, NF, UFV, Die Grünen) **B 90/Gr** Konrad Weiß, Christina Schenk, Elisabeth Schroedter, Carmen Kirmes, Grit Poppe	4
5	**Barfaut,** Kurt Ingenieur-Ökonom Rathenow, Jahnstraße 35	**F.D.P.**	Freie Demokratische Partei	◯	◯	Freie Demokratische Partei **F.D.P.** Jürgen Türk, Jörg Ganschow, Dr. Eberhard Stief, Detlev Paepke, Dr. Klaus-Peter Reinhart	5

252 Stimmzettel zu den Bundestagswahlen Dezember 1990

schen Partnerparteien der aus dem Demokratischen Block ausgeschiedenen und jetzt wieder selbständigen Parteien beteiligten sich massiv mit Geldmitteln aber auch mit prominenten westdeutschen Politikern am Wahlkampf, was im bunten mit Plakaten „geschmückten“ Straßenbild erkennbar war. Bei etlichen Brandenburger rief die wilde und bis dahin ungewohnte Plakatierung von Parteien Verwunderung und ablehnendes Kopfschütteln hervor.

Der Runde Tisch hatte am 4. April seinen Versuch der „Demokratie von unten“ aufgegeben, nachdem noch eine Unterschriftensammlung „Für unser Land“ stattgefunden hatte. Die großen Entscheidungen fielen woanders. In Brandenburg trat am 8. Februar Oberbürgermeister Klaus Mühe zurück; er wurde von seinem Stellvertreter Koslowski vertreten, bis am 21. Mai 1990 Dr. Helmut Schliesing das Amt übernahm, hinter sich ein beachtliches Wählerpotential von 40,5 Prozent für die SPD. Zuvor war am 14. Februar das alte zweiteilige und bekrönte Stadtwappen der „Chur- und Hauptstadt" wieder eingeführt worden.

253 Grafitti 1990/91 am Buchhaus Melcher in der Steinstraße

Der überwiegende Teil der Bürgerinnen und Bürger hatte jedoch andere Sorgen – sie standen an. Menschenschlangen bildeten sich das ganze Jahr hindurch: ab Januar, um D-Mark bei der Staatsbank für bewilligte Reisen einzutauschen, am 1. Juli 1990, um in 79 Umtauschstellen in der Stadt die DDR-Mark in D-Mark umzutauschen, auch vor einigen indessen aufgestellten Containern wie der Deutschen Bank in der Hammerstraße oder der Commerzbank in der Otto-Nuschke-Straße an der Steintorbrücke, jetzt wieder Jakobstraße. Die Bürger standen auch an, um Kredite für Gewerbeanmeldungen zu bekommen oder vor der KfZ-Zulassungsstelle am Grillendamm. Die Ersten kamen schon nachts mit dem Campingstuhl, um früh zur Öffnungszeit ihren neu erstandenen VW, Ford, Opel, BMW, Toyota oder andere Fahrzeugtypen von „Westwagen" anzumelden. Man fuhr stolz mit dem neuen Auto nach Potsdam, passierte, auch in einer Schlange, die Brücke der Einheit nach West-Berlin und stellte sich dort am „Ku-Damm", dem Kurfürstendamm, oder anderswo wieder in eine Schlange vor einer Bank, um 100 DM „Begrüßungsgeld" zu empfangen. Die größten Schlangen in Brandenburg standen vor den ersten „Einkaufs-Centern": bei „Allkauf" vor Rietz und „Massa" vor Brielow.

254 Menschenschlange im April 1991 vor der Stadtsparkasse in der Hauptstraße

Im Stadtbild gab es viel Neues zu sehen: die ersten West-Zeitungen ab Januar 1990, das war zuerst neben einigen kleineren und ungewohnt buntbebilderten Heften die „Hannoversche Allgemeine". Touristen aus West-Berlin kamen in Scharen mit Fotoapparat und kritischem Blick auf die Häuser der Innenstadt.

255 Andrang im neu eröffneten „Allkauf", nahe Rietz, Sommer 1990

Bald erschienen auch Herren "mit vornehmen Gesichtern". Diese brachten wohl Geld mit, um hier zu investieren, einige entpuppten sich irgendwann als moderne "Raubritter"...
Immer mehr standen vor den Verwaltungen PKW mit westdeutschen Kennzeichen. Freiwillige oder abgeordnete Beamte aus den alten Bundesländern wurden eingesetzt, um die Verwaltungsstrukturen mit denen der Altbundesländer zu vereinheitlichen. Viele Mitarbeiter der Verwaltung und Bürger, die bisher über Verwaltungsaufwand und Formularfülle geklagt hatten, mußten nun feststellen, dass für dieselben Verwaltungsvorgänge noch mehr Fomulare, kompliziertere Auslegungen und Duchführungsvorschriften notwendig waren als davor. Der Prozess ging nur dort ohne Spannungen reibungslos, wo die Verwaltungsbeamten aus dem Westen mit dem nötigen Gespür für die Einmaligkeit der Situation geduldig und freundlich die teilweise völlig andersartige Verwaltungsstruktur erläuterten. Weniger segensreich wirkten die ohne Einfühlungsvermögen dafür aber mit vielfältigen Vorurteilen behafteten „Helfer" aus dem Westen. Sie schürten gegenseitige Ablehnung und trennendes Ost-West-Denken.

256 Fahrzeuge der ersten Bundesbeamten im Rat der Stadt, Mai 1990

Die Fluchtwelle nahm nach der Währungsunion nicht ab sondern zu. Aus der „Flucht" wurde die „Abwanderung". Betrug die Abwanderung 1989 2156 Brandenburger, erreichte sie 1990 die Zahl 6055, ging dann zurück auf durchschnittlich etwa 2500 jährlich und stieg im Jahr

257 Zwei Brandenburger Polizisten im April 1992: Links die Uniform der Volkspolizei, rechts die in der BRD verwendete Uniform

1998 wieder an auf 3773.[47] Einige Eltern ließen sogar ihre Kinder zurück. Der "Westen" bot und bietet auch weiterhin für junge Leute bessere Berufschancen und 100prozentigen Lohn.

Nach einem dreiviertel Jahr war der erste Rausch verflogen; der 3. Oktober, der Tag des Beitritts der DDR zur BRD, wurde von vielen Einwohnern kaum noch mit Euphorie gewürdigt, manchen war schon unwohl geworden, manche waren noch immer glücklich, je nachdem, ob sie zu den Gewinnern oder Verlierern gehörten. In der Kaserne Hohenstücken tauchten die neuen Uniformen der Bundeswehr mit den Baskenmützen auf, an denen bisher die „Klassenfeinde" erkennbar gewesen waren – unbemerkt und fast „über Nacht". Auch Polizei und Feuer-

258 Abenstimmung am Stahl- und Walzwerk Brandenburg. Im Vordergrund befindet sich der Silokanal

259 Ansicht des Siemens-Martin-Werkes als die Schornsteine noch rauchten; links die fünf Tiefofenschornsteine

wehr erhielten neue Uniformen. Bei der Zusammenführung der NVA mit der Bundeswehr wurde nahezu die gesamte Kommandeursebene der NVA in den Ruhestand versetzt und durch Offiziere der Bundeswehr ersetzt. Lediglich hochspezialisierte Techniker, ein Teil der Unteroffiziere und die Mannschaften wurden übernommen.

Die Bevölkerung der Stadt erlebte in widersprüchlicher Weise unwälzende Veränderungen ihrer Lebenssituation. Das waren deutliche Fortschritte im Lebensstandard durch das völlig neuartige und vielfältige Warenangebot, durch die neuen Möglichkeiten, in Länder zu reisen, die bisher nicht erreichbar waren und durch die später einsetzende Rekonstruktion und Modernisierung der Wohnungen. Andererseits erlebte ein bisher noch nicht erfasster Teil der Bevölkerung schmerzhafte Einschnitte, besonders durch die Stillegung großer Teile der Industrie.

Arbeitslose, Vorruheständler und Frührentner standen plötzlich vor dem Problem der Untätigkeit und Langeweile. Männer, die gewohnt waren, im Betrieb zuzupacken, begannen jetzt, stundenlang das neue Auto zu putzen oder mit dem nun angeschafften Hund „Gassi zu gehen“; die Schwächsten unter ihnen trafen sich mit Bierbüchsen in der Hand auf den Marktplätzen und vor Kaufhallen.

Betriebszeitung der Stahl- und Walzwerk Brandenburg GmbH

PRO NORDWERK

17. Dezember 1993 | Nummer 22

Letzter Abstich am 13. Dezember 1993

Jetzt gilt: Aufbau des SWB-Industrie- und Gewerbeparkes

Der letzte Stahlabstich im SWB erfolgte am 13. Dezember 1993 am SM-Ofen X unter den Augen Hunderter von Stahl- und Walzwerkern, einige trugen schwarze Fahnen. Damit ging eine fast 80jährige Tradition zu Ende. Am 15. Mai 1914 floß der erste Stahl im Weberschen Walzwerk. Kapazität und Sortiment wurden in der wechselvollen Geschichte des Werkes ständig erhöht, 1944 produzierte man monatlich 60 000 Tonnen Stahl. 1945 kam das einstweilige Aus für das Unternehmen, es wurde bis auf die Fundamente von der sowjetischen Siegermacht demontiert. 5 Jahre später legte man den Grundstein für seinen Wiederaufbau.

Am 20. Juli 1950 floß wieder Stahl, und das Werk avancierte mit rund 2.3 Millionen Tonnen pro Jahr aus 12 Öfen zum größten Rohstahlproduzenten der DDR. Auf mehr als 9 000 Mitarbeiter wuchs die Belegschaft. In seiner Rede würdigte der Leiter Walzstahl Winfried Groth die angestrengte Arbeit der Stahlwerker und dankte ihnen für ihren jahrelangen Einsatz. So wurden in diesem Jahr noch rund 600 000 t Rohstahl erzeugt.

Seit der Wende in der DDR 1990 gab es mehrere fehlgeschlagene Privatisierungsversuche durch die Treuhand. Das Siemens-Martin-Stahlwerk erwies sich als nicht verkäuflich.

Am 5. Juli 1993 fiel nach langwierigen Verhandlungen zwischen Treuhand, Land, Gewerkschaft, Betriebsrat und Geschäftsführung die Entscheidung, das Werk vorzeitig bis Ende 1993 stillzulegen. Als erstes wurde am 16. Juli 1993 die Grobblechstraße geschlossen, nun folgte das Stahlwerk (es erzeugte 63 Millionen Tonnen seit 1950), die 1120er Walzenstraße stellte am 14. 12. und die 850er Straße stellt am 19. 12. ihre Produktion ein. Die im Unternehmen verbliebenen 1670 Arbeitnehmer haben inzwischen einen Arbeitsvertrag mit der GABS für längstens zwei Jahre in der Tasche.

Alle Hoffnungen und Erwartungen sind nun auf eine aktive Ansiedlungspolitik im neu entstehenden SWB-Industrie- und Gewerbepark auf dem Stahlwerksgelände gerichtet. Nach Erklärungen von Treuhand und Geschäftsführung sollen bis 1995 etwa 1560 neue Arbeitsplätze geschaffen werden. Erste Erfolge sind bereits sichtbar, so Geschäftsführer Rechel. Er verweist u. a. auf die Ansiedlung der Drahtverarbeitungsfirma Adamek, den Verkauf des Informationsverarbeitungszentrums an die Schweizer InterDialog-Gruppe und die Absicht der Berliner Drahtverarbeitungsfirma Crampe, sich mit etwa 250 bis 300 Arbeitsplätzen anzusiedeln. Insgesamt stehen 800 000 Quadratmeter Fläche für neue Ansiedlungen bereit.

W. Zidlewitz

260 Die Betriebszeitung des SWB berichtete vom letzten Abstich im Siemens-Martin-Werk

Die Arbeitslosigkeit betrug 1990 erst 8,3 Prozent und erreichte 1998 fast 22 Prozent bei einer jährlichen Zunahme von durchschnittlich zwei Prozent. Während über den Wohlstandszuwachs gut Verdienender schwerlich Angaben zu ermitteln sind, weisen die städtischen Statistiken eine 1991 sprunghafte und danach stetige Zunahme von Sozialhilfeempfängern aus. Die Anzahl der Kindertagesstätten ging von 1991, als 82 Einrichtungen 8893 Kinder betreuten, bis 1995 auf 66 Eirichtungen mit 5063 Kindern zurück.

Die Privatisierung der Wirtschaft durch die Treuhand begann im ersten Halbjahr 1990 mit einer ersten Entlassungswelle (4500 Erwerbstätige). Von 38 größeren bzw. Großbetrieben blieben in der Folgezeit nur wenige übrig. Es war die zweite Deindustrialisierung in diesem Jahrhundert mit einem erheblichen Rückgang der Wertschöpfung in unserer Stadt. Trotzdem blieb Brandenburg noch eine Industriestadt. Die Fortsetzungen der Produktion wurden für das Elektrostahl-

261 Am 27. Oktober 1994 wurde der Schornstein IV der Tieföfen gesprengt

werk (Riva 1991), das Getriebewerk (ZF Ludwighafen, 1991), das Werk für Gleisbaumechanik (DB-AG) und wenige andere gesichert. Einige Betriebe wurden trotz positiver Bilanzen verkauft und dann stillgelegt, zum Beispiel die Centra-Bäckerei GmbH in der Grünen Aue.[48]

Das SM-Stahlwerk hatte am 13. Februar 1992 den letzten Abstich; dem folgte ab 1994 die Gestaltung eines SWB-Industrie- und Gewerbeparks. Von den 1995 angemeldeten 2761 Firmen war auf dem Flurstück "Hohen Stücken" 1992/93 die bedeutendste Neuansiedlung ein Werk der Heidelberger Druckmaschinen AG.

Wurden 1991 noch über 1400 Gewerbeanmeldungen bei 481 Abmeldungen vorgenommen, waren es 1996 nur 738 Anmeldungen bei 670 Abmeldungen eines Gewerbes. Interessierte Investoren konnten nicht für die Stadt gewonnen werden oder wurden durch unbewegliche Verwaltungsarbeit verprellt. Der Kaufhauskonzern Karstadt, die Nürnberger Spielzeugfabrik Richter, vormals E. P. Lehmann, die Binding-Brauerei, das Havelbräu Spandau seien stellvertretend genannt.

Die Entwicklung der Stadt als Oberzentrum erhielt besondere Akzente durch die Ansiedlung überregionaler Einrichtungen, unter anderem die Fachhochschule in der früheren Kürassierkaserne an der Magdeburger Straße mit 600 Studenten im Jahr 1992 und mit etwa 1400 zum Ende des Jahrzehnts, das Oberlandesgericht ab 1993 und schließlich das Technologie-und Gründer-Zentrum auf dem Gelände des SWB-Industrie- und Gewerbepark. Dort entstand auch um den letzten Siemens-Martin-Ofen gruppiert, ein Industriemuseum, das die fast hundertjährige Stahlgewinnung mit dem Siemens-Martin-Verfahren zeigt.

Im Bau- und Wohnungswesen erlebte die Stadt weitere Fortschritte: Eigenheim- und Neubausiedlungen entstanden am Görden-

262 Demonstration der IG-Metall 1991 zum Erhalt des SWB

263 Abriß der Jahrtausendbrücke Juli 1995

264 Einweihung der neuen Jahrtausendbrücke 1998

265 Denkmalgeschütztes Haus in der Wollenweberstraße

wald und vor dem Krugpark. In den letzten Jahren fanden umfangreiche Sanierungen in der Innenstadt und den Neubaugebieten statt, welche die Wohnqualität erheblich steigerten und das Stadtbild sichtbar verschönten. Am Stadtrand entstanden große Einkaufscenter, so das „EKZ Wust“, „Allkauf“, jetzt „Real“ an der Alten Potsdamer Straße und das „Beetzseecenter“, aber auch etliche kleinere innerhalb der Stadt. Die sprunghafte Angebotssteigerung an Waren in diesen Kaufzentren wirkte sich jedoch zunehmend lähmend auf das Geschäftsleben in der Innenstadt aus. In den letzten fünf Jahren des Jahrhunderts rückten andere bedeutende Objekte in das Blickfeld: die neue Jahrtausendbrücke, eingeweiht im Dezember 1996, das Marienbad, ein Theaterneubau, zugleich als Kultur- und Kongreßzentrum gedacht, die Domsanierung. Um die Bebauung des Neustädtischen Marktes gab es einen öffentlich ausgetragenen Konflikt, der immer größere Kreise der Bürgerschaft in die Diskussion einbezog. Höhepunkt der Erneuerung des Straßennetzes war die Schließung des Zentrumsringes bis zum Hauptbahnhof.

Der Verkehr wuchs gewaltig an. Waren 1992 etwa 30 Prozent der Einwohner im Besitz von über 26 Tausend Kraftfahrzeugen, so besaßen schon 1996 fast 50 Prozent über 40 Tausend Fahrzeuge. Die Zahl der Verkehrsunfälle stieg von 1990 mit 424 bei 40 tödlichen Unfällen im Jahr 1991 auf 2886 mit 41 Toten an, ging aber 1996 auf etwa 2500 mit sieben Toten zurück.

Die Bundesregierung hatte Ende Januar 1990 eine Förderung für die Sanierung der drei historischen Stadtkerne bereitgestellt. Bald darauf erschienen an alten Häusern Schilder der GSW, der in Berlin ansässigen Wohnungsbaugesellschaft „Gemeinnütziges-Siedlungs-Werk“, mit der Aufschrift “Bis bald altes Haus”. Zuerst wurden Dächer gesichert, dann geschah nichts mehr. Das meiste Geld verlor sich in Honorarzahlungen an Architekten und in Gutachten. Einige Schilder verfielen mit der

266 Blick in die Linienstraße 1999

Zeit und mit ihnen die betreffenden Häuser. Eine konzentrierte und wissenschaftlich fundierte Sanierungsarbeit setzte erst nach der Kündigung des Vertrages mit der GSW ein, nachdem das Amt für Stadtsanierung und Denkmalschutz aufgebaut worden war. Damit begannen auch umfangreiche archäologische Untersuchungen, bei denen völlig neue Erkenntnisse über die slawische Burg Brandenburg, über die mittelalterliche Stadtentstehung von der Alt- und Neustadt Brandenburg sowie über die Lebensweise der Bürger in den mittelalterlichen Städten Brandenburgs gewonnen wurden. Bedeutende Sanierungsarbeiten fanden in dem vom Einsturz gefährdeten Dom und auf dem Burghof statt, aber auch an anderen hervorragenden Denkmälern wie am Rathenower Torturm und am Steintorturm.

267 Aktion zum "Zuschippen des Loches" am Neustädtischen Markt im Jahr 2000

268 Aktion 1965 zur Rettung des Fontaneklubs

269 Treffen von Brennabor-Oldtimern am 20. Mai 1995

Das Kulturleben zeigte ein verändertes Bild. Die „Kulturlandschaft” wurde vielfältiger und bunter mit Veranstaltungen und Ausstellungen. Eine erfolgreiche Entwicklung versprach der Einsatz des Dezernenten Bertram Schönwälder um die Erhaltung der hochentwickelten Kultursubstanz der Stadt bis zu den Kommunalwahlen 1993. In jener Zeit feierte das Theater unter Eckehard Prophet unter anderem mit der „Dreigroschenoper”, dem „Sommernachtstraum” im Theaterpark, dem „Faust” im St. Paulikloster und mit „Anatevka” wahre Triumphe, eine Hoch-Zeit in der Brandenburger Theatergeschichte. Nach der nicht hinreichend begründeten und tragischen Ablösung von Eckehard Prophet gab es, von den

270 Kunst-Installation „Stadtspiegel” 1999. Interessant ist ein Vergleich mit dem Bild auf Seite 13 oben. Wie stark hat sich doch innerhalb eines Jahrhunderts die Auffassung von Kunst im öffentlichen Raum gewandelt

271 Öffentliches Kunstwerk am Jahrhundertende: Eingangsgestaltung zum Campus der Fachhochschule

erfolgreichen Brandenburger Symphonikern abgesehen, eine permanente Rückentwicklung bis schließlich zur Auflösung des Ensembles und einem Theater-Verfall. Andere Rückschritte wie die Einstellung der monatlichen Ausgabe des „Kulturspiegel”, die Stillegung des Klubhauses der Jugend „Philipp Müller” – des traditionsreichen „Volkshauses” – , die Aufgabe der schönen Freilichtbühne auf dem Marienberg und des Gebäudes der alten Musikschule an der St. Annenbrücke u. a. m. trugen dazu bei, das öffentliche Kulturleben der Stadt zu beschädigen.

272 und 273 Zwei denkwürdige Kulturereignisse in den letzten Jahren des 20. Jahrhunderts

274 Vicco von Bülow (Loriot) wird 1993 Ehrenbürger der Stadt Brandenburg

275 Letztes Konzert des Orchesters der GUS-Truppen am 1. Mai 1992 auf dem Marienberg

Trotzdem fanden schöne und große und mit viel Vereinsengagement und Bürgerfleiß organisierte Feste statt: der "Brandenburg-Tag 1998", die "Roland-Feste" in der Altstadt, der „Fischer-Jacobi“ in Plaue und seit 1999 der „Vereinstag". Als bedeutsam sind auch zwei hochherzige Leistungen zu würdigen: die Vicco-von-Bülow-Stiftung und die Flakowski-Stiftung 1991 und 1992.
Im März 1993 verließ die letzte Einheit der Russischen Armee die Stadt.

Das Milennium 1999 feierte die Stadt mit rauschenden Festen. In Partylaune wurde mit einem großen Feuerwerk über dem Altstädtischen Markt das neue Jahrtausend begrüßt.

277 Silvesterfeuerwerk über der Neustadt

Anmerkungen:

1. Aus Westdeutschland waren etwa 30 000 Teilnehmer gekommen, die sich weniger von den monströsen Stalin- und Pieck-Bildern abschrecken ließen und von Transparentsprüchen wie “Hinweg mit der amerikanischen Unkultur!” als von den polizeilichen Registrierungen bei Rückkehr an der westdeutschen Grenze wieder auf dem Boden der Bundesrepublik.
2. Zit. nach Günther Benser, “DDR – gedenkt ihrer mit Nachsicht”, Berlin 2000, Seite 121
3. Es bestand in der BRD eine offizielle Embargoliste, nach der wichtige Güter nicht in die DDR verkauft oder geliefert werden durften. Das betraf auch Erzeugnisse der Stahl- und Buntmetallindustrie, auch wichtige in der DDR nicht herzustellende Produktionsmittel für die sich gerade entwickelnde Transistortechnik.
4. Erinnerungsbericht in der Sammlung Kusior. Zu dieser Episode sei auch angemerkt, dass in jener Zeit die begleitende Sicherheitsperson wie also hier der Nachtpförtner noch nicht bewaffnet sein musste.
5. Die völkerrechtlichen Grundlagen der Oder-Neiße-Grenze waren wie folgt geschaffen worden: 4. – 11. Februar 1945: Beschluß der Krimkonferenz der drei Großmächte USA, UdSSR und Großbritannien über die Wiederherstellung der Ostgrenze Polens auf Grundlage der Curzon-Linie lt. Versailler Vertrag von 1919 und über die Westausdehnung Polens bis zur Oder und Neiße. Vom 17. Juli bis 2. August: Konferenz von Potsdam und Beschluß der Vier Alliierten über die Fixierung der Oder-Neiße-Grenze und über die Überführung der deutschen Bevölkerung aus Polen, der Tschechoslowakei und Ungarn nach Deutschland. Da hierzu eine Vielzahl von Literatur vorhanden ist, verzichte ich auf Literaturangaben.
6. Das Ergebnis eines geheim durchgeführten Volksentscheides über eine neue sozialistische Verfassung im April 1968 ergab eine etwa 94Prozentige Zustimmung. Wenn das auch keine Wahl war, zeugt dieses Beispiel von einer zu jener Zeit durchaus noch vorhandenen inneren Stabilität der DDR. Die oben geschilderte im bürgerlich-rechtsstaatlichen Sinne nicht legitime “Wahl” war Bestandteil der “Diktatur des Proletariats”, welche als “höhere und konsequentere Form der Demokratie” im Sinne von “Volksherrschaft” aufgefasst wurde.
7. Zum Marshallplan: “Die wirtschaftliche Not...vor allem auch in den Besatzungszonen Deutschlands, war in den Augen der amerikanischen Regierung ein entscheidendes Hindernis, der befürchteten weiteren Ausbreitung des Kommunismus wirksam entgegentreten zu können... (Durch den Marshallplan wurde) das spätere “Wirtschaftswunder” ermöglicht...Der Marshallplan hat aber auch zur Spaltung Deutschlands und Europas nicht unwesentlich beigetragen.” Zit. aus: Schlaglichter der deutschen Geschichte, Mannheim 1986, Sonderausgabe für die Landeszentralen für politische Bildung, S. 322f.
8. Nach persönlicher Auskunft von Herrn Hans A. Taege.
9. Die Aufforderungen an die Mitarbeiter anderer Betriebe, sich an Streik und Demonstration zu beteiligen, war zuweilen auch mit bedrohlichem Nachdruck erfolgt, so zum Beispiel in der Kammgarnspinnerei und im VEB Energieversorgung, was der Vater des Autors berichtet hatte. Zum Ablauf des Geschehens stütze ich mich auf den Beitrag von Wolfgang Ribbe “Der 17. Juni 1953” in: Stahl und Brennabor - Die Stadt Brandenburg im 19. und 20. Jahrhundert, Potsdam 1998, vereinzelt auf den Beitrag von Ullrich Rühmland im 7. Jahresbericht des Historischen Vereins Brandenburg (Havel) e.V. von 1998, weiterhin auf Aussagen von Herrn Klaus Möhle/Paplitz, der als KVP-Angehöriger am Einsatz auf dem Nikolaiplatz beteiligt war und von Aussagen Angehöriger meiner Familie. (W.K.). Der Beitrag von U. Rümland stützt sich vor allem auf Aussagen beteiligter Brandenburger in Westberlin bei Befragungen durch den britischen Geheimdienst.
10. Eigene Erinnerung. W. K.

11. In Rathenow hatte es ein Todesopfer durch Lynchhandlungen gegeben. Bezüglich des “einschneidenden Charakters” des Ereignisses widerspreche ich Herrn Prof. Dr. Gerd Heinrich, FU Berlin, der in einer Podiumsdiskussion im Februar 2001 in Brandenburg den 17. Juni zur Zäsur erklärt hatte, hinter der die Systemwechsel ab 1918, 1933, 1945 und 1989 weniger bedeutend wären, obwohl deren Ergebnisse sowohl qualitative Veränderungen als auch teilweise massenhafte dramatische Menschenschicksale zur Folge hatten – wie mühelos an den Folgen des Jahres 1933 belegbar und mit dem 17. Juni in keiner Weise vergleichbar ist.
12. BStA, 2.0.1.0., Stadtverordnetenversammlungen, Pag. 111....
13. Siehe: Konrad Eichler, 60 Jahre Bau- und Sparverein zu Brandenburg (Havel) e.G..m.b. H. , Brandenburg 1958. Zur Tatsache der “politischen Flurbereinigung” ist es wohl berechtigt, sie als eine noch nicht hinreichend erforschte Erscheinung in beiden deutschen Staaten zu bewerten, die vor allem der Dynamik des Kalten Krieges zuzuschreiben ist.
14. Akten des Kulturbundes, Konsultationsstelle für Stadtgeschichte, Brandenburg, Steinstr. 42.
15. Es sei mir gestattet, darauf hinzuweisen, dass diese Erscheinung ein Gesetz der Macht ist, also jeglicher Hirarchie.
16. BLHA, Bestand der SED-Bezirksleitung Potsdam, IV/402/ Pag. 900ff
17. Ebenda Pag.905
18. Beschluß des V. Parteitages der SED im Juli 1958, Bd. 2, Berlin 1959, S. 1357f.
19. Dazu sei folgende persönliche Bemerkung gestattet: So umstritten diese Aktion damals aus heutiger Sicht ist, ist doch nicht zu übersehen, dass nach 1990 die Sehnsucht der meisten Genossenschaftsbauern nach einer Rückkehr zum privaten Einzelbetrieb nicht sehr ausgeprägt war. Die Mehrheit blieb entweder beisammen, wurde arbeitslos oder “Ruheständler” – je nach Lage im Dorf. Nur eine Minderheit wagte diesen Schritt ins Ungewisse. Etwa 80 Prozent der ostdeutschen Agrarflächen werden jetzt noch nach 10 Jahren von Nachfolgebetrieben der in die Marktwirtschft überführten LPG bestellt.
20. Die Ermittlung von Zahlen der Abwanderung in die BRD oder in das westliche Ausland ist eine noch offene Aufgabe.
21. „Maoismus“: Vom damaligen Vorsitzenden der Volksrepublik China Mao Tse-Tung (1893 bis 1976) geprägte radikalkommunistische und auf chinesische Verhältnisse angepasste Ideologie der “permanenten Revolution”.
22. Zit. nach Günter Benser, a.a.O., S. 240.
23. NVA-Situationsschilderung nach eigenem Erleben; Schilderung bezüglich der Kampfgruppen: Zeitzeugnis von Erich Krüger, Schulzendorf bei Berlin.
24. Über Verhaftungen nach dem 13. 8. 1961: Hinweise von Stephan Rabe, Brandenburg.
25. BLHA, Bestand der SED-Bezirksleitung Potsdam IV/402/ Pag. 905.
26. BStA, Stadtverordnetenversammlungen, 2.0.1.0., Pag 224f.
27. Wenn man Charakter und historische Gestaltung dieses damaligen Heimatfestes mit allen gutgemeinten Bemühungen um Vielfalt an Darbietungen und “Budenzauber” der Stadtfeste in den 90er Jahren vergleicht, dann wird deutlich, daß dieses damalige Fest weiterhin als Modellbeispiel gelten kann. Zu den Kinderfesten in „Nord“ möchte ich einen der damaligen Akteure nennen: Erich Müller. Denke ich an ihn, meinen Freund und Hausnachbarn, wird mir warm uns Herz. Ich wünsche ihm Gesundung von seiner schweren Krtankheit.
28. Mitteilungsblatt der Stadtverordnetenversammlung Brandenburg (Havel) 4/1969.
29. An der Stelle sei angemerkt, dass die in jüngerer Zeit erfolgte “Abwicklung” des Theaterensembles und die Rückkehr zu den Formen der Wanderbühne aus den Zeiten vor 300 und 400 Jahren nicht als Fortschritt erkannt werden kann.

30. Das Ringen von Ost und West um den völkerrechtlichen Status Westberlins – ob als selbständige politische Einheit oder ob als Bundesland – war ein Schwerpunkt im Kalten Krieg. Damit waren Machtdemonstrationen verbunden. Auf eine Bundestagssitzung 1965 antwortete der Warschauer Vertrag mit einem Truppenaufmarsch und mit Tiefflügen sowjetischer Jagdbomber über die Kongresshalle im Berliner Tiergarten, und auf die Bundespräsidentenwahl 1969 in Westberlin mit einer Großübung im grenznahen Raum westlich Magdeburgs.
31. “Immer lebe die Sonne”: ein recht reizvolles sowjetisches Kinderlied jener Zeit mit dem merkwürdig schönen Wunsch im Text: “Immer lebe die Sonne, immer lebe der Himmel, immer lebe die Mutti und auch ich immerdar!”
32. Zit. nach Günter Benser, a.a.O., S. 328. Diese letzte Verstaatlichung von mittelständischen Betrieben war mit angemessen günstigen Entschädigungen für die Altbesitzer verbunden, die recht oft in der Position der Betriebsleiter verblieben. Siehe: G. Benser, ebenda.
33. Stahl und Brennabor...,Potsdam 1998, S. 168.
34. RGW = Rat für gegenseitige Wirtschaftshilfe: Wirtschaftsorganisation der sozialistischen Ostblockländer zur Koordinierung der Wirtschaftspolitik mit dem Ziel der Integration der Volkswirtschaft der Teilnehmerländer.
35. Dazu sei die Anmerkung gestattet, dass heutzutage die Teilnahme eines Kindes an einem zweiwöchigen Kinderferienlager bis zu 500 DM kostet oder mehr.
36. Über das “DDR-Bewußtsein” siehe: Lutz Niethammer. Die volkseigene Erfahreung, Berlin 1991, Seite 135, 637 u.a.; über das “Haus am See” der evangelischen Kirche: Hinweise von Herrn Georg Jagdhuhn/Brandenburg.
37. Bei einer nächtlichen Schrankrazzia im Panzerbataillon hatten Verbindungsoffiziere des MfS von einem heimlich im Regimentsklub aufgenommenen Tonband mehrfach mit der Hand abgeschriebene Liedertexte von Wolf Biermann entdeckt.
38. Der von Honecker geprägte Satz: “Das Teufelszeug muß weg!” hatte in Moskau Argwohn erzeugt, waren doch vermutlich auch die sowjetischen SS-20-Raketen damit gemeint. Siehe: G. Benser, a.o.O., S.371.
39. Hermann Weber, Kleine Geschichte der DDR,Köln 1980, S. 168.
40. JUKUFA – Jugendkulturfabrik e. V., ein Jugendklub der Nachwendezeit nach 1990,
41. “Kinderkombinationen”, auch “KiKo” genannt = kombinierte Einrichtungen mit Kinderkrippen und Kindergärten, einige auch mit Nachtbetreuung für Kinder mit Eltern in Schichtarbeit.
42. Da das Bundeskleingartengesetz nur sehr begrenzt das sommerliche Wohnen in den Gärten zuläßt, hat nach der Wende dieses Problem für sehr viel Unbehagen gesorgt.
43. Siehe dazu: Michael Vester, Michael Hofmann, Irene Zierke, Soziale Milieus in Ostdeutschland, Köln 1995; besonders der Beitrag von Astrid Segert ab Seite 289.
44. “Hausherren von morgen”: ein von der SED, FDJ, Medien u.s.w. verwendeter Begriff der Agitation, insbesondere unter der Jugend.
45. Lt. persönlicher Aufzeichnung des Autors.
46. Sub-Milieu: Begriff der Soziologie für Gruppierungen unterhalb der “offiziellen Gesellschaft”, dazu auch: Anmerkung 26. Siehe weiterhin: Mit Tschekistischem Gruß – Berichte der Bezirksverwaltung für Staatssicherheit Potsdam 1989, Potsdam 1990, S. 60f.
47. Alle folgenden statistischen Angaben wurden den Statistischen Jahresberichten der Stadtverwaltung Brandenburg a. d. Havel im Bestand des Brandenburger Stadtarchivs entnommen.
48. Vorgänge dieser Art aufzuklären und einer späteren Öffentlichkeit zugängig zu machen sollte auch eine Aufgabe der Forschung in einer späteren Zeit sein.

Nachbemerkung

Im nachfolgenden Verzeichnis sind archivierte Dokumente vollständig aufgeführt; auf genaue Angaben der verwendeten Tageszeitungen wurde verzichtet. Diese lassen sich ohne Schwierigkeiten aus dem jeweils geschilderten Tagesereignis ermitteln.
Für die von mir unternommene Darstellung der Brandenburger Jahrhundertgeschichte danke ich allen Autoren, auf deren Vorleistungen ich zurückgreifen konnte. In einigen wichtigen Fällen werden diese in den Anmerkungen direkt erwähnt, sonst sind sie im Literaturverzeichnis genannt. Das gilt vor allem für die am Werk "Stahl und Brennabor" von 1998 beteiligte Autoren.
Besonders herzlich möchte ich mich für die Lektoratsarbeit und die damit verbundenen wertvollen Hinweise bedanken bei: Herrn Prof. Dr. Ingo Materna/Berlin, Herrn Prof. Dr. Günter Benser/Berlin, Herrn Dipl. hist. HAns-Rüdiger Merten, Robert-Bosch-Stiftung, Berlin, Herrn Dr. Klaus Heß und Herrn Dr. Hans-Georg Kohnke, beide Brandenburg. Weiterhin danke ich für wichtige Hinweise: Herrn Dr. Friedrich Hauer/Berlin, Herrn Prof. Dr. Gerd Heinrich/ Berlin, Herrn Georg Jagdhuhn/Brandenburg, Herrn Erich Krüger/Schulzendorf, Herrn Klaus Möhle/Paplitz, aus Brandenburg: Herrn Manfred Ostendorf, Herrn Ralf-Stephan Rabe, Herrn Pfarrer Richard Rupprecht, Herrn Dr. Folkert Schröder, den Herren Werner und Jörg Schulze, Herrn Hans August Taege und Gattin und aus München den Herren Thomas und Matthias J. Ulrich. Weitere Hinweise danke ich zahlreichen Lesern der Artikelfolge im Brandenburger Wochenblatt. Ich danke auch meinen Freunden im Arbeitskreis Stadtgeschichte im Brandenburgischen Kulturbund e. V., die mir oft mit Ermutigung und Tatkraft zur Seite standen, weiterhin allen im Bildverzeichnis genannten Leihgebern von Bildmaterial und schließlich für die Korrekturarbeit Frau Ilse Bogedain, meiner Frau Hannelore und meinem Freund Fritz Gerlach.
Mein Dank gilt besonders Herrn Professor Benser, aus dessen im Jahr 2000 erschienenem Buch "DDR – gedenkt ihrer mit Nachsicht" ich zur rechten Zeit richtungsweisende Anregungen für eine differenzierende Betrachtung der DDR-Zeit in Brandenburg entnehmen konnte, frei von deutungshoheitlichen Zwängen. Daraus sich ergebene Aussagen harren sicher noch der tieferen Untersuchung, der Bestätigung oder gegebenenfalls der Korrektur – sie sind vor allem als Angebote zu verstehen.

W. Kusior

Bildnachweis:

Militärgeschichtliches Forschungsamt, Archiv Potsdam, Nr. 9848, Bl. 098, ("Entwurf einer Vorschrift für die Unterdrückung innerer Unruhen" des Freiwilligen Landjägerkorps v. 31. 3. 1919), 33
Brandenburgisches Landeshauptarchiv: 31, 34
Dokumentationsstelle Zuchthaus Brandenburg-Görden: 36, 37, 38
Stadtarchiv Brandenburg a. d. Havel: 4, 31, 59, 64, 65, 66, 76, 80, 83, 88 (2), 89, 93, 94, 96, 110, 113, 116, 118, 1121, 126, 127, 128, S. 75 (o. Nr.), Nr. 134, 136, 139, 144, 145, 149, 157, 172
Museum im Frey-Haus: 11, 12, 14, 16, 39, 40, 54, 57, 58, 62, 63, 69, 75, 77, 107, 117, 119, 123, 130, 140, 147, 148, 155, 207, 211, 212, 232, 233
SWB-Industriemuseum Brandenburg: 162, 193, 260
Konsultationsstelle für Stadtgeschichte bzw. Sammlung W. Kusior: 4, 5, 7, 8, 9, 13, 15, 20, 21, 26, 27, 28, 29, 30, 33, 27, 28, 29, 30, 41, 42, 46, 47, 51, 52, 53, 55, 60, 61, 69, 70, 71, 78, 81, 82 (2), 85, 87, 95, 99, 100, 101, 102, 103, 104, 105, 106, 107, 108, 112, 114, 120, 129, 131, 132, 133, 135, 137, 138, 141, 143, 150, 151, 152, 154, 156, 158, 159, 160, 161, 162, 164, 165, 167, 168, 170, 171, 172, 174, 175, 176, 177, 178, 179, 181, 182, 183, 184, 185, 186, 187, 189, 190, 192, 193, 194, 207, 214, 218, 221, 222, 225, 226, 227, 228, 240, 241, 244, 247, 248, 252, 258, 259
Kusior, Wolfgang: 188, 204, 206, 250, 251, 253, 255, 256, 262, 266, 271
Alert, Marcus: 10, 13, 269, 270,
Behle, Erhard: 224, (Slg. Kusior)
Bölsche, Beate: 263
BRANDNEU, Heft 4, Juli 1992: 265
Slg. Brekow, Frank: 22, 115,
Eimecke, Waldemar, 208, (Slg. W. Kusior)
Foto-Reich: 264
Foto-Verein "Lichtblick e. V." (Slg. René Rohr): 17, 18, 19
Slg. Fritze, Wolfgang: 24, 35, 56, 86, 168, 210,
Fritze, Wolfgang: 195, 196, 198, 199, 200, 202, 203, 217, 234, 254, 257, 274,
Slg. Freyther, Martha: 49
Garski, Walter: 124 (Slg. Gerhard Zinn)
Slg. Gerlach, Wolfhard: Nr. 2, 25, 43, 44, 45, 48, 69, 97,
Glogau, Heinz: 221 (Slg. Kusior),
Grasow, Friedrich-Karl: 222, 223, 235, 236, 275 (alle Slg. Kusior)
Grothe, W.: 192 (Slg. Kusior)
Heß, Roberto: 268 (Slg. Kusior)
Jetzschmann, Brigitte: 261 (Slg. Industriemuseum)
Kalinna, Lothar: 237, 238, 239, (alle Slg. Kusior)
Kirsch, Rainer: 242 (Slg. Kusior)
Krüger, Hans-Georg: 69
Slg. Kubina, Werner: 125,
Slg. Dr. Küpper, Peter: 32, 91,
Dr. Nothnagel, Peter: 122
Slg. Meisel, Adelheid: 50
Slg. Möhle, Klaus: 98
Slg. Preckwinkel, Ingrid: 154,
Slg. Rabe, Ralph-Stefan: 239,
Radecke, Christian: 270,
Rohr, Rolf: 216 (Slg. Kusior)
Rohr, René: 267
Salge, Hans-Uwe: 79,
Samuel, Heiko: 84, 246, 247,
Slg. Schaefer, Hans: 3, 7,
Slg. Schulze, Paul: 80, 146, 181, 201, 231,
Schulze, Werner: 92 (2)
Slg. Silz, Irmgard: 23
Wernitz, Bruno: 205, 213, 220, 243, 249 (alle Slg. Kusior)
Wittchen, Günter: 210 (Slg. W. Kusior)
Witte, Günter: 197, 231,
Slg. Wolter, Sieghard: 72, 73, 74,
Slg. Zinn, Gerhard: 124 (W. Garski), 143,

Quellen und Literatur

Ungedruckte Quellen

Militärgeschichtliches Forschungsamt, Archiv Potsdam, Stellv. General-Kommando D-XII AK, Deutsche Schutzdivision, Reichswehrbrigade Brandenburg, Abt. IA 1137
Brandenburgisches Landeshauptarchiv:
Pr. Br. Rep. 2 A, Regierung Potsdam, I Pol., Nr. 348, Nr. 660, Nr. 1050, Nr. 1090, Nr 1096, Nr. 1110, Nr. 1116, Nr. 1183,
Pr. Br. Rep 330 I/2/5 und Rep. 333 III/3/3
Bestand des Bezirksparteiarchivs der SED, PA I/3/11/58; PA I/3/59 und 105 und Nr. IV/ 402/

Stadtarchiv Brandenburg a. d. Havel:

21. 16/139, Handakte Cramer,
Bestand Oberbürgermeister, Nr. 2. 0. 2. 18, 27, 50 und 89
Bestand Rat der Stadt, Abteilung Kultur Nr. 2. 0. 14. 1
Stadtverordnetenversammlungen, Nr. 2. 0. 1. 0
Konsultationsstelle für Stadtgeschichte Brandenburg (Havel): Akten des Kulturbundes der DDR, Ortsgruppe Brandenburg/Havel
Sammlung W. Kusior: Schreiben des Oberpräsidenten der Provinz Brandenburg vom 17. Mai 1938 an das Augustaheim zu Brandenburg

Gedruckte Quellen und Literatur

Im Stadtarchiv Brandenburg a. d. Havel:
Brandenburger Anzeiger von 1899 bis 1945
Brandenburger Zeitung von 1899 bis 1933
Märkische Volksstimme von 1950 bis 1989
Märkische Allegemeine Zeitung von 1990 bis 1999
Adreßbücher zwischen 1900 und 1938
001/ Verwaltungsbericht 1920
Mitteilungsblatt der Stadtverordnetenversammlung Brandenburg (Havel) 4/1969
Statistische Jahresberichte der Stadtverwaltung Brandenburg a. d. Havel von 1990 bis 1999
Ausländer, W. (Hg.), Kriegswunden, Bericht über die Auswirkungen des Krieges auf Brandenburg (Havel), Brandenburg o. Jg.
Benser, G., DDR – gedenkt ihrer mit Nachsicht, Berlin 2000
Beschluß des V. Parteitages der SED im Juli 1958, Bd. 2, Berlin 1959
Blobel, H.,Die Schaffung der Einheit der Arbeiterklasse beim Kampf um die Errichtung der Grundlagen der antifaschistisch-demokratischen Staatsmacht in der Industriestadt Brandenburg (Havel), Mai 1945 bis April 1946, Brandenburg 1971

Brekow, F., Vom Doppeldecker zum Strahlbomber, Brandenburg o. Jg.
Das Jahr 1945 in der Stadt Brandenburg, hg. Vom Arbeitskreis Stadtgeschichte im Brandenburgischen Kulturbund e. V., Brandenburg 1997
Eichholtz, D. (Hg.),Brandenburg in der NS-Zeit, Brandenburgische Landeszentrale für politische Bildung 1993
Eichler, K., 60 Jahre Bau- und Sparverein zu Brandenburg (Havel) e. G. m. b. H., Brandenburg 1958
Jackson, R. H.,Dritte Anklagerede am 26. Juli 1946, in: Der Nürnberger Prozeß, Weinheim 1995
Hahn-Beer, E., Ich ging durchs Feuer und brannte nicht, Bern, München, Wien 2000
Heinrich,G., Heß, K., Schich, W., Schößler, W. (Hg.), Stahl und Brennabor – die Stadt Brandenburg im 19. und 20. Jahrhundert, Potsdam 1998, daraus verwendete Beiträge von:
Bodenschatz, H. und Seifert, C.; Brekow, F.;Buchholz, U.;Heß, K.;Kotsch, D.;
Krause, B.;Kreschel, K.;Nothnagel, P.;Pagel, K.;Ribbe, W.; Röhring, K.-H.;
Strobach, E.; v. Treskow, S. u. Sponholz, W.
Kulturspiegel der Stadt Brandenburg, November/Dezember 1983;
Kusior, W., Otto Tschirch – Leben und Werk, in: Historischer Verein Brandenburg (Havel) e. V. 3.-4. Jahresbericht, Brandenburg a. d. H. 1995
Materna, I., Ribbe, W. (Hg.), Brandenburgische Geschichte, Berlin 1995
Materna, I., Ribbe, W., Geschichte in Daten – Brandenburg, München, Berlin 1995
Meinel, R., Wernicke, T (Hg.), Mit Tschekistischem Gruß, Berichte der Bezirksverwaltung für Staatssicherheit Potsdam 1989, Potsdam 1990
Mitzkat, F., Aus den Tagen der Revolution in Brandenburg (Havel). Ein Rückblick in bewegte Zeit, Brandenburg 1919
Müller, H., Geschichte des Stahl- und Walzwerkes Riesa 1843 bis 1945, Berlin 1961
Müller, H. M. u.a., Schlaglichter der deutschen Geschichte, Sonderausgabe für die Landeszantralen für politische Bildung, Mannheim 1986
Neliba, G., Die Opel-Werke im Konzern von General Motors (1929-1948) in Rüsselsheim und Brandenburg, Frankfurt/Main 2000
Niethammer, L., Die volkseigene Erfahrung, Berlin 1991
Poltorak, A., Nürnberger Epilog, Berlin 1971
Rühmland, U., Der 17. Juni 1953 in Brandenburg an der Havel, in: Historischer Verein Brandenburg (Havel) e. V. 7. Jahresbericht 1997 – 1998, Brandenburg a.d. H. 1998
Vester, M., Hofmann, M., Zierke, I., Soziale Milieus in Ostdeutschland, Köln 1995
Watzdorf, B., Charisius, A., Voerster, A., Getarnt – entdeckt und aufgerieben, Berlin 1961
Weber, H., Kleine Geschichte der DDR, Köln 1980
Willems, S., Lothar Kreyssig, Vom eigenenverantwortlichen Handeln, Göttingen 1995
Zeitz, A., Zur Geschichte der Arbeiterbewegung der Stadt Brandenburg vor dem ersten Weltkrieg, Potsdam 1965
Tschirch, O., Geschichte der Chur- und Hauptstadt Brandenburg (Havel), dritte Auflage, Brandenburg 1941
Noske, G., Erlebtes aus Aufstieg und Niedergang einer Demokratie, Offenbach/Main 1947
Schleusener, F., Die Arbeit der Stadtverwaltung seit Kriegsausbruch. Eine Übersicht, Brandenburg 1915

Personenregister

(Name, Vorname bzw. Titel, Stellung)

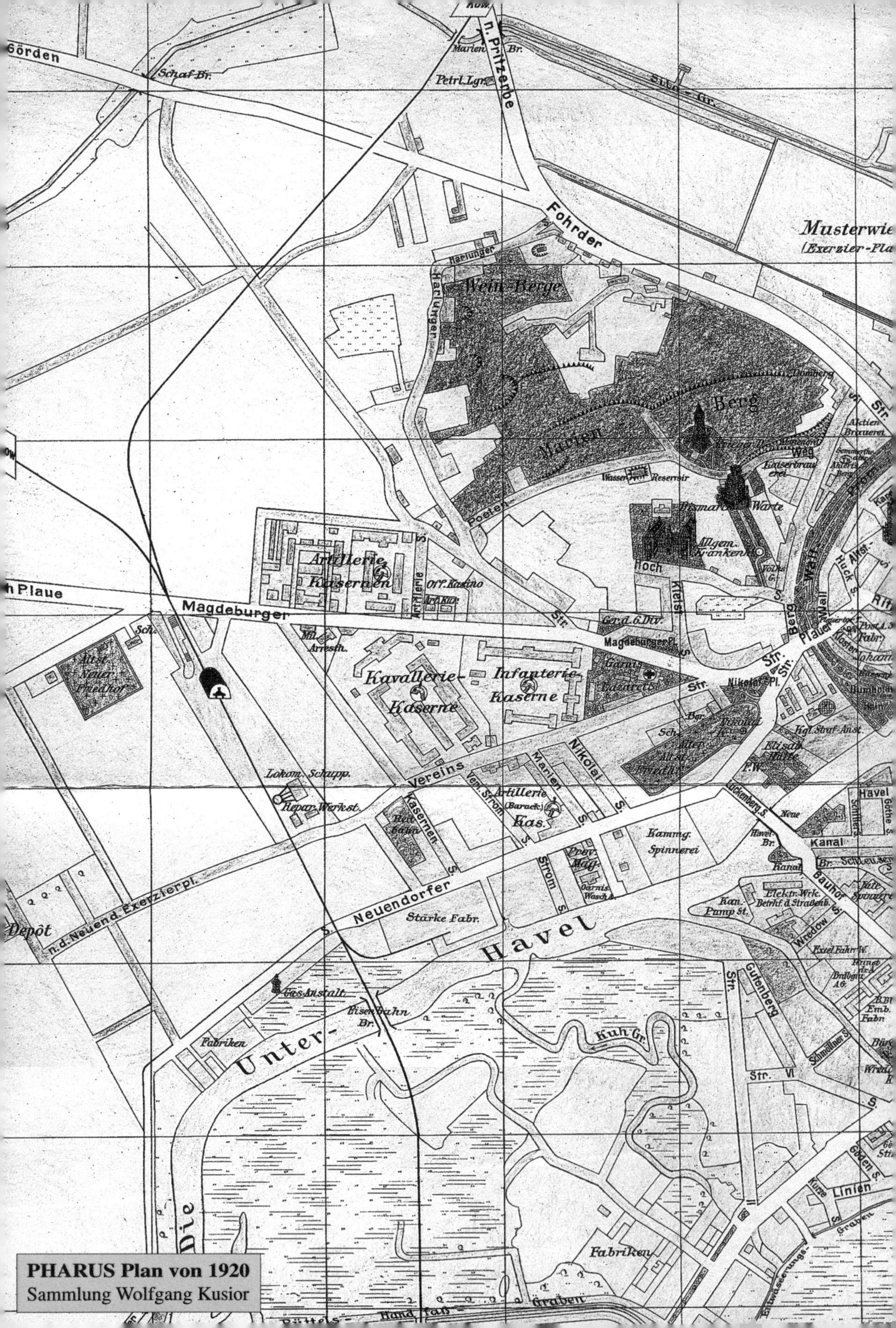

PHARUS Plan von 1920
Sammlung Wolfgang Kusior